哲人哲语

世界哲学大师系列

困惑的生命

[德] **亚瑟·叔本华** / 著

石 磊 / 译

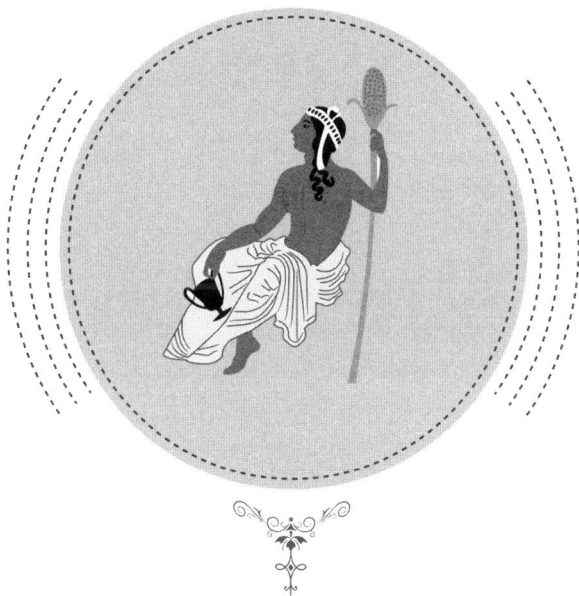

吉林出版集团股份有限公司

图书在版编目（CIP）数据

困惑的生命 / (德) 亚瑟·叔本华著 ; 石磊译. —
长春 : 吉林出版集团股份有限公司, 2017.7
（世界哲学大师系列）
ISBN 978-7-5581-2244-6

Ⅰ.①困… Ⅱ.①亚… ②石… Ⅲ.①哲学理论—德
国—近代 Ⅳ.①B516.41

中国版本图书馆CIP数据核字(2017)第124031号

困惑的生命

著　　者	[德] 亚瑟·叔本华	
译　　者	石　磊	
总 策 划	马泳水	
责任编辑	王　平　姚利福	
装帧设计	中易汇海	
开　　本	650mm×960mm　1/16	
印　　张	17	
版　　次	2017年8月第1版	
印　　次	2020年9月第2次印刷	

出　　版	吉林出版集团股份有限公司
电　　话	（总编办）010-63109269
	（发行部）010-67482953
印　　刷	三河市元兴印务有限公司

ISBN 978-7-5581-2244-6　　　　　定　价：49.80元

序

　　思想因永远能撞击出火花而传世，天才因奋斗的成功而不朽。在二百多年以前，一个命运多舛的哲学家，不是为了他的荣誉，不是为了他的祖国，也不是为了和他同时代的人，而是为了整个人类改变荒唐的世界，为了清除世间那些恶劣的虚伪的东西，花了三十年的时间，写下了一本书。他就是著名的德国哲学家——开创了唯意志论先河的叔本华。这个富有的银行家的儿子，曾一度学习经商并随父母游历了大半个欧洲，他丰富的阅历使得初次与他交往的歌德惊叹不已。在进入葛廷根大学学习之后，他很快地迷恋上了哲学，并以《论充足根据律的四重根》一文，获得博士学位。这本处女作出版后，深获歌德的赏识。歌德告诉叔本华的母亲约哈娜说，她的儿子将来必成大器。从此叔本华开始了一个天才哲学家的人生之路。

　　这位"智慧异常剩余"的哲学家，加上他狂热的求知精神，在此时充分表现出他惊人的学习能力，使得他的脑子成了知识的大杂烩。1807年7月，他到科塔补习古典语文，在短短的六个月间，便获得教授们的交口赞誉，都预料他"将会成为出色的古典文学学者"。然后，他回到魏玛，心无旁骛地埋首书堆两年，取得了大学旁听学历，考进葛廷根大学，再转到柏林大学。实际上，语文方面也堪称是他的长项：从他的作品中，再三再四对古典语文的推崇，我们不难判断他希腊文、拉丁文造诣之高深；他的英语，可使英国人误以为他是老乡。叔本华曾同时几度计划翻译康德（德译英）和休谟（英译德）的作品；他的法文，足可胜任翻译官之职。1813年拿破仑的铁蹄踏遍全欧洲，法军进袭柏林时，叔本华逃难至魏玛，在中途被法军截留，充任翻译官。后来，他又学习西班牙文，并翻译了格瑞显的作品。学术方面，除了他的本行哲学，还兼习医学、物理学、植物学、天文学、气象学、生理学、骨相学、法律学、数学、历史、音乐等。从他做学问的态度来看，可知他对这些学科也是"颇有心得"，因为他听课时有记笔记的习惯，然后再加整理，同时附注自己的批评，一丝一毫都不苟且。加之他独特的个性和见地，从不人云亦云、盲从附和，如果他的见解和教授不相同，就会立即不客气地指出教授的错误，他的哲学系统就是这样逐渐建立起来的。无怪乎叔本华常自豪地说："这就是我能够有权威，并能很光荣地讨论一切的缘故。人类的问题不能单独研究，一定要和世界的关系连带研究——像我那样，把小宇宙和大宇宙联合起来。"

1814 年以后，叔本华利用所有的时间，全心全力写出了他的杰作《意志与观念世界》，他把自己思想的精华全部投入此书，这之后的著作只是加以评注。1818 年春末，他把原稿送到出版商那里，说："这不是旧思想的改头换面，而是结构严密的独创之新思想。""明畅而易理解，有力且优美。""这本书今后将成为其他许多著作之泉源与根据。"这虽是他的狂妄自大之语，但却百分之百是事实。那时，他只有三十岁。

1836 年，他发表了《论自然的意志》，是由研究科学的结果来推证他的中心理论；1841 年发表了《伦理学的两个基本问题》；1844 年出版了《意志与观念世界》增订本；1851 年出版了《论文集》。出版《论文集》之前，人们对叔本华的著作，反应始终很冷淡，原因之一是世人太穷太倦了，他们无能力再阅读关于世界的贫穷与疲惫；另一原因是，他把当时的大学教授，抨击得很刻薄，妨害了他的成名——"增订本"是以那篇"性爱的形而上学"为号召，才勉强出版；《论文集》的出版，则全靠他的学生佛劳因斯特的努力。

叔本华家族具有遗传的疯狂、天才、白痴气质。1805 年，他父亲忽然去世了，他的尸体在他家谷仓旁的运河上浮出，是不慎失足，抑或跳河自杀？原因无法证实，不过一般时评，认为是后者。叔本华的祖母死于疯癫。他的二叔在四十岁时死于结核症。三叔天生白痴。小叔因行为放荡不检，被驱逐离家，在半疯狂状态中潦倒而亡。叔本华自己也说："性格或意志遗传自父亲，而智慧遗传自母亲。"由于长期的孤独生活、长期的抑郁不得志，他的性格更暴躁、更怪癖了。他常被恐惧和邪恶的幻想所困扰；他在睡觉时身边放着实弹手枪；他不放心把自己的颈项交给理发匠的剃刀；只要听到传染病的谣言，便吓得飞奔；在公共场所宴饮的时候，他随身自备皮制的杯子，以免被传染；他把票据藏在旧信中间，金子藏在墨水瓶下面；他对噪音深恶痛绝；他愤世嫉俗，诽谤爱情——事实上，他与母亲完全交恶之前，也曾有过一次如痴如狂的恋爱，对方是大他十岁的女伶，名叫卡诺芩·叶格曼。叔本华的确对她付出了真情，也有娶她为妻的念头，奈何对方却若即若离。一般人常说，真挚的初恋破灭的人，尔后往往对恋爱持怀疑的态度，叔本华的情形正是如此。1818年，他重游意大利时，在威尼斯结识一个"有身份、有财产"的贵妇，两人交往极密切，当时，叔本华若想跟她结婚，实是轻而易举的事，他却始终踌躇不前，但她的魅力久久盘桓在他的心田，直到他晚年时，每当谈起这个旧情人，仍不由得沉浸在甜蜜的回忆中，昵称她是"我的可爱的乡村姑娘。"那次旅行结束返回柏林后，他又有了一个名叫梅兰的情妇，最后仍是不了之局。在他垂暮之年，有人问他："难道你这一生中从未有过结婚的念头吗？"他答道："并不，有好几次我濒临结婚的边缘，所幸，每次总能悬崖勒马。若让我肩负婚姻生活重担的话，我恐怕就不能完成自己的工作了。"总之，他与女人间，情欲的关系多于恋爱。据传，他有很长一段时间，很为性欲的处理而感苦恼，这就是他"爱的苦恼"吧！

欧洲革命虽经努力，但最终相继失败，战祸的悲惨深烙整个欧洲的人心，人们已逐渐厌弃黑格尔之流的理想主义，而倾向于厌世思想，如科学对神学的攻击、社会主义对贫穷及战争的控诉、生物学对生存竞争的强调，这种种事实，终使被冷落三十多年的叔本华哲学渐渐崭露头角，旋即声名大噪，名震全欧。

那时，他还没有老得不能享受他的盛誉，他热切地阅读所有批评和介绍他的文章。1858年，他七十岁生日时，人们从世界各地来看他，贺函从欧陆的四面八方向他涌来。这位素来被称为极忧郁、极悲观的哲学家，最后大概是"乐观地"躺在沙发上溘然长逝。

大体说来，叔本华哲学可说是康德的认识论、柏拉图的观念论、吠陀的泛神论及厌世观四者结合的扬弃。

《世界是我们的表象》，这是叔本华哲学的最初命题。他以为"认识的一切物质——即全世界，仅是对主观而言的客观，是直观者的直观，换言之，仅是表象而已"。表象之世界，是我们的经验世界与认识世界及一切科学的生成世界，在这里，事物化成各种不同的形象而呈现，故亦称现象世界。包罗万象与变化多端的现象世界，只有作为主观的对象才能存在；如无主观，则无法独立。它是由于主观构成的认识能力而产生的世界。所以，主观是世界唯一的支柱；客观则存在于时间和空间之中，受因果律的束缚；而个体因受"时间"与"空间"的阻隔，把生命分为出现在不同时地的个别有机体，此谓之"个体化原理"。时间、空间和因果律，是主观的先天形式。

他又说：一个人认识世界，是按照他认识能力的多寡而决定的，换句话说，认识能力也就是构成客观的表象界的根源，它可分为四大类：第一是"经验的直观"，这是经验世界的基础，为因果律或生成的根据；第二是"纯粹的直观"，这是直观的一般形式，为时间、空间或存在的根据；第三是"概念的思维"，它属于理性的抽象作用，用以判断事物的真伪，是认识的根据；第四是"自我意识"，这是从自我的本质——意志动机而产生的行为，故是行为的根据。这个目前我们还不能充分认识，因为缺乏现实基础的观点，但其可借鉴之处十分明显，因而仍显得超前。

官能活动就是具象化的意志行为，例如，牙齿、咽喉和肠胃是食欲的具象化，生殖器官是具象的性欲，手和脚是抓拿和步行的意志，求知的意志建立了脑髓，整个神经系统则皆为意志的触角——这种意志并无任何道德的意义，它纯粹是非理性的、盲目的求生意志。

若说身体是意志的现象——即意志的客观化，那么，对于形体与自己相同的子女，又如何说法呢？我们必须承认，他们就是同一本质意志的延续。试看，动物或人类为后代所做的种种奋斗、所受的折磨，甚至不惜牺牲自己的生命，又岂是仅为保持自己的生命？唯有如此，意志才能征服死亡。依此类推，其他如植物或自然力亦皆如是。树木为渴盼阳光而向上舒展，为觅水而往地下生根；群花的竞相吐妍，以引诱昆虫；磁针的永远指北；物体的垂直下落；水的穿石和向低流以及化学实验的原子化合游离现象等，这一切，无非都是意志的发现——完全是在强调自我的意志。世界的现象虽千变万化，然其意志则一，因为作为物自体的意志，不是时间和空间之力所能凝固的。

世界虽只是一种意志的表现，但它在形成"现象"之前，却必须通过时空及因果律的关系，在某种独立特定的形体上呈现。叔本华沿用柏拉图的术语将此称之为"理念"。意志无法直接化为现象，必须先形成理念，然后呈现种种不同的现象。因之，它可视之为意志客观化的阶梯。所以叔本华认为，个体是意志间接的客观化，而理念才是直接的客观化。此一"理念"为何物？它就是无机界的自然力，有机界（动植物）的种族，对人类而言，则是个性。它与意志相同，它是永恒不变的，只有个体才可不断地生灭。

意志的本质就是努力，故无所谓目的或目标。努力是由于要满足欲望所产生，但眼前的欲望获得满足之后，新的欲望又接踵而来，欲望无穷，满足却有限，人们就这样无休无止地奋斗挣扎下去。再者，一切快乐皆以愿望为先决条件，愿望如获得满足，快乐亦随之停止，所以"一般的所谓幸福，实际是消极性的东西，遗物者原无意赐予我们永恒的幸福"——一旦失去欲望的对象，无聊便立刻袭之而来，无聊与痛苦同样令人难以忍受。人生实际就像是在痛苦和无聊之间摆动的钟摆。如果把一切痛苦驱进地狱的话，留存在天国的，大概就只有倦怠和无聊。存在的万物，其本质即是：不断地努力和永恒的痛苦。所谓的宁静和平和，仅是一瞬间的幻影，那是意志的喘息机会。

我们如何才能摆脱这种苦恼和争斗的世界？叔本华指出两条途径：第一是艺术的解脱，艺术具有超越自我和物质利害的力量，而达到无意欲的境界。但艺术的解脱，只是一时性的，且须具备天才的直观。第二是寻求永恒的解脱，唯有从根本上否定意志，基督教和佛教的苦修生活，即是一种否定意志的状态，因为求生意志最显著的现象，不外乎是个体保存欲望、种族繁殖欲望和利己心，因之，苦修生活的三大要件就是粗食、禁欲、清贫。能严守此三者，即谓之"圣者"，如此，便可望感悟万法如一之理，而归于完全的无为，从吠陀所谓的"梵我一体"而进入"涅槃"的境界。也唯有达到这个境界才是永恒而完全的解脱状态。这是现实中的人永远达不到的境界。

这本《困惑的生命》一书所选的诸篇文章，即根据叔本华思想中最具代表性的作品编译而成，并参考了霍林道尔所选译的叔本华论文集的英译本，把有关自然科学方面已过时的观念，以及骂黑格尔的内容删去或节选。我们相信本书对于读者了解叔本华的思想和提高人们的理论水平，会有所帮助。

最后尚需说明的是，由于时代的局限和叔本华个人的偏见，本书一些作品中的唯心主义表现得比较明显，有些观点和论述显然是错误的，请读者在阅读中予以鉴别，取其精华，去其糟粕。

目录

一、人生的困惑

从最低以至最高等的意志现象所显现的各阶段中，意志总是孜孜不息地努力着，但并没有最终目标或目的，因为努力就是意志唯一的本质，无所谓达到目标而告终。所以，它永远无法获得最后的满足，沿途只有荆棘障碍，就这样永无尽期地持续下去。我们可举出最单纯的自然现象——重力作为说明。重力无休无止的努力是向着一个也许当抵达时重力和物质都要破灭的重力场中心突进；即使把宇宙弄成一个球体，它也不会终止。我们再观察其他比较单纯的自然现象：固体的努力是想借溶解以形成流动体，因为唯有变成流动体后，它的化学力才得以自由。液体则为形成气体而努力，一旦从压力中解放出来，立刻变成气体状。亲和力，亦非不努力的物体，用德国神秘主义派思想家贝梅的话，它并不是没有欲望或需求的东西。

植物的生存也是如此，它们永无休止、永无满足地努力着，不断地成长，最后结成种子，又成为另一生命的起点，如此周而复始地反复着。凡此种种，都是毫无目标、毫无最后满足、毫无休止地进行着。世界的每一角落，形形色色的自然力或有机物的形态，都是根据这种努力而表现的；相互竞争，各取所需——因为它们所需的物质，只能从另一方夺取而得。就这样，世界仿佛是一个大战场，到处可以看到拼死拼活的战争。并且，这种战争多半会阻遏一切事物最内在的本质——努力，而产生抗拒，奋斗固然到头成空，然而又无法舍弃自己的本质。因为这种现象一旦消灭，其他的现象立刻会取而代之，攫取它的物质，所以只得痛苦地生存下去。

努力与意志一样，是一切事物的核心和本质，是人类接受最明晰、最完全的意识之光所呈现的东西。我们所称的苦恼，就是意志和一时性的目标之间有了障碍，使意志无法称心如意；反之，所谓满足、健康或幸福，即为意志达到了它的目标。此一名称也可转用于无认识力世界的各种现象——虽然程度较弱，但其本质仍然相同。我们可发现它们也经常陷于苦恼，并没有永恒的幸福。因为所有的努力俱是从困苦、对本身状态的不满所产生，只要有不满之心，就有苦恼。并且，世上没有所谓永恒性的满足，通常，这一次的满足只是新努力的出发点而已。努力到处碰壁，到处挣扎战斗，因而也经常苦恼。正如努力没有最终目标，苦恼也永无休止。

至于有认识力的世界——即动物的生命，就可以显现出它们的不断的苦恼。试观察人类的生命，这里的一切都被最明晰的认识之光所照耀，显现得最为清楚。因为意志现象愈臻完全，痛苦也就愈为显著。植物没有感觉，所以也没有痛苦。最下等的动物如滴虫类或放射动物等，所感觉的苦恼程度极为微弱；其他如昆虫类等对于痛苦的感受机能也非常有限。直到有完全的神经系统的脊椎动物，才有高度的感觉机能，并且，智力愈发达，感觉痛苦的程度愈高。如此这般，认识愈明晰，意识愈高，痛苦也跟着增加，到了人类乃达到极点。尤其是，如若一个人的认识愈明晰，智慧愈增，他的痛苦也愈多，身为天才的人，他便有最多的苦恼。"智慧愈增，痛苦也愈多。"这句话中的所谓智慧，并不是指关于抽象的知识，而是指一般性的认识及其应用。素有"哲学画家"或"画家的哲学者"之称誉的狄基班，曾以一幅画直观而具体地描写出意识程度与苦恼程度间的密切关系。这幅画的上半幅描绘的是承受着丧子之痛的女人群像，以各种表情和姿势，表达出做母亲的深沉悲伤、痛苦和绝望；下半幅则为描绘失去子羊的一群母羊，这些动物的表情、姿势与上半幅互成对应。从而可以了解，并非有明确的认识和明敏的意识才有强烈的苦恼，即使在动物迟钝的意识中，也有痛苦的可能。

由此，我们可充分确信：一切生命的本质就是苦恼。这是意志内在本质的命运，动物世界的表现虽较微弱且有程度上的差别，却无可避免。

为认识所照耀的各阶段中，意志是化为个体而表现的。人类个体投进茫茫空间和漫漫时间之中，是以有限之物而存在，与空间和时间的无限相比，几乎等于无。同时，因为时间和空间的无限，个体生存所谓的"何时""何地"之类的问题，并不是绝对的，而是相对的，因为其场所和时间，只是无穷尽之中的一小点而已——他真正的生存只有"现在"。"现在"不受阻碍地向"过去"疾驰而去，一步步移向死亡，一个个前仆后继地被死神召去。他"过去"的生命，对于"现在"遗留下什么结果？或者，他的意志在这里表现出什么证据？这些都是另一回事；一切都已消逝、死亡，什么都谈不上了。因此，对于个体而言，其"过去"的内容是痛苦，抑或快乐？这些都是无足轻重的问题。但是，"现在"往往一转眼即成过去，"未来"又茫然不可知，所以，个体的生存从形式方面来看，是不断地被埋葬在死亡的过去中，是一连串的死亡。但若就身体方面来看，众所周知，人生的路途却崎岖坎坷，充满荆棘和颠簸；肉体生命的死亡经常受到阻塞、受到展缓，使我们的精神苦闷也不断地往后延伸。一次接一次的呼吸不断地侵入，预防了死亡。如此，我们无时无刻不在和死亡战斗着，除呼吸外，诸如饮食、睡眠、取暖等都在和死亡格斗，当然，最后必是死亡获胜。这一路径之所以呈现得那样迂回，是因为：死亡在吞噬它的战利品之前——就是我们从开始诞生到归于死亡期间，每一时刻都在遭受它蓄意的摆弄。但我们仍非常热心、非常审慎地冀望尽可能延长自己的生命，那就像吹肥皂泡，我们尽可能把它吹大，但终归会破裂。

我曾说过，没有认识力的自然内在本质，是毫无目标、毫不间断地努力着。若观察动物或人类，则更显得清楚。欲望和努力，是人类的全部本质，正如口干欲裂必须解渴一样。欲望又是由于困穷和需求——即痛苦。因为，人类在原来本质上，本就难免痛苦。反过来说，若是欲望太容易获得满足，欲望的对象一旦被夺而消失，可怕的空虚和苦闷将立刻来袭。换句话说，就是生存本身和他的本质，将成为人类难以负荷的重担。所以，人生实如钟摆，在痛苦和倦怠之间摆动；这二者就是人生的必要要素。说起来真是非常奇妙，人类把一切痛苦和苦恼驱进地狱后，残留在天国的却只有倦怠。

一切意志现象的本质——不断地努力——臻于高度的客观化后，意志即化为身体而呈现，受到一则铁的命令：必须养育这个身体。于是获得其主要的最普遍性的基础。给予这道命令的，不外就是这个身体客观化后的求生意志。因此，人类是这种意志最完全的客观化，也是宇宙万物中需求最多的生物。人类彻头彻尾是欲望和需求的化身，是无数欲求的凝集，人类就这样带着这些欲求，没有借助，并且在困穷缺乏以及对于一切事物都满怀不安的情形下，生存在这个世界上。所以，人类的一生，在推陈出新的严苛要求之下维持自己的生存，通常必是充满忧虑的。同时，为避免来自四面八方的威胁人类的各种危险，还须不断地警戒，不时留神戒备，小心翼翼地踏出每一个步子，因为有无数的灾难、无数的敌人环伺在他四周。从野蛮时代到现在的文明生活，人类皆是踏着这样的步伐前进。人，从来没有"安全"的时刻。

啊！生存多么黑暗，多么危险，人生就这样通过其中，只要保住生命。

大多数人只不过是为这种生存而不断战斗着，并且，到最后仍注定会丧失生命。但使他们忍受支撑这一场艰苦战斗的力量，与其说是对生命的热爱，毋宁说是对死亡的恐惧。无可避免的死亡如影随形地站在他们背后，不知何时会逼近身来——人生有如充满暗礁和漩涡的大海，虽然人类曾小心翼翼地加以回避，然而即使用尽手段和努力，也未必能顺利航行，尽管如此，他们的舵仍然朝这方面驶来。那是人生航程的最后目标，是无可避免，也无可挽救的整体性破灭——死亡；对任何人而言，它比从前所回避的一切暗礁都更险恶。

这里，有几件事情仍须注意。综观人生的一切作为，虽是从死亡的隙缝中逃脱，但苦恼和痛苦仍是很容易增大的。为此，也有人渴望一死，而以自杀方式使死亡提前来临；其次，如若穷困和苦恼稍止，容许人们略事休息，倦怠也将立刻随之而来。如此，人类势必又得要排遣烦闷了。生物活动的动机是为生存而努力，但生存确保之后，下一步又该做些什么呢？人们并不了解。因此，促使他继续活动的是，如何才能免除或感觉不出生存的重荷，换句话说，就是努力从倦怠无聊中逃脱出来，即平常所谓的"打发时间"。如此，没有困穷或忧虑的人，虽卸下了其他一切负担，但现在生存本身就是负担。倦怠是一种决不可轻视的灾祸。最后，甚至会使人将绝望之色表现于脸上，而认为：缩短过去花费偌大的努力维持下来的生命，似乎较为有利。人类相互间尽管没有爱心，却能热心相劝，即因倦怠之故，这也是社交的起源。

人是必须靠面包和娱乐生存的，倦怠与饥饿相同，常有使人趋于放纵不检之虞，所以常被作为预防灾祸的对象。费拉德弗监狱即以"倦怠"作为惩罚重犯的一种手段，让囚犯处于孤独和无为之中。仅此就很令人吃不消了，有的甚至因为不堪寂寞而自杀。正如贫穷是人们苦恼的通常原因一样，厌倦是上流社会的祸害。而在中等阶级，星期日则代表厌倦，其他六天代表穷困。

所谓人生，就是欲望和它的成就之间的不断流转。就愿望的性质而言，它是痛苦的；成就则会令人立刻生腻。目标不外是幻影，当你拥有它时，它即失去魅力，愿望和需求必须再以重新更新的姿态出现。没有这些轮替，则人便会产生空虚、厌倦、乏味无聊的情绪。这种挣扎，也可跟贫穷格斗同样痛苦——愿望和满足若能相继产生，其间的间隔又不长不短的话，这时苦恼就最少，也就是所谓幸福的生活。反之，如果我们能够完全摆脱它们，而立于漠不关心的旁观地位，这就是通常所称"人生最美好的部分""最纯粹的欢悦"，如纯粹认识、美的享受、对于艺术真正的喜悦等皆属之。但这些都须具备着特殊的才能才行，所以只惠予极少数人，并且拥有的时刻极短暂。原因是他们的智慧特别卓越，对于苦恼的感受自然远较一般人敏锐，个性上又与常人截然相异，所以他们必然难逃孤独的命运。身为天才的人，实是利害参半。一般人则只生存于欲望中，无法享受到纯粹智慧的乐趣，无法感受到纯粹认识中所具有的喜悦。若要以某种事物唤起他们的同感，或引发他们的兴趣，非先刺激他们的意志不可。因为他们的生存是欲望远多于认识，他们唯一的要素就是作用和反作用。这种素质常表现在日常的琐碎事情中，例如，有人在游览名胜古迹时，老爱刻下自己的名字"以资纪念"，就是为了要把"作用"带到这个场地来。又如，有人在参观珍奇的动物时，观看仍嫌不足，还要想尽方法去触怒、逗弄、戏耍它们，这也是为了感觉作用和反作用而已。刺激意志的需求，更表现在赌博游戏的出奇翻新上，凡此具见人类本性的肤浅。

　　然而，不管自然如何安排，不论幸运是否曾降临你身上，不论你是王侯将相或贩夫走卒，不管你会拥有什么，痛苦都是无法避免的。古神话中尚且记述：

　　　培留斯之子仰天而悲叹。

　　　"我是宙斯之子，克罗诺之子，

　　　却要忍耐不可言宣的苦恼。"

　　人们虽为驱散苦恼而不断地努力着，但苦恼不过只换了一副姿态而已。这种努力不外是为了维持原本缺乏、困穷的生命的一种顾虑。要消除一种痛苦本就十分困难，即使幸获成功，痛苦也会立刻以数千种其他姿态呈现，其内容因年龄、事态之不同而异，如性欲、爱情、忌妒、憎恨、抱怨、野心、贪婪、病痛等皆是。这些痛苦若不能化成其他姿态而呈现的话，就会穿上厌腻、倦怠的阴郁灰色外衣，那时为了摆脱掉它，势必要大费周折了，而纵使倦怠得以驱除，痛苦恐怕也将回复原来的姿态再开始跃跃欲动。总之，所谓人生就是任凭造物者在痛苦和倦怠之间抛掷。但我们不必为了这种人生观而感到气馁，它也有值得慰藉的一面，从这里也许可以使人提升到像斯多噶派一般——对自己现在的苦恼漠不关心的境界。对于这些苦恼我们无法忍受，于是，在这样的心情下，就有许多人把它当作偶然的、由于容易变化的因果关系而产生的东西。如此，对于某些必然性、一般性的灾祸——如衰老、死亡或日常生活的不顺遂等——人们便往往不觉得悲伤，反而能对它持以嘲弄的态度。但痛苦原是人生中固有的、不可避免的东西，而其表现的姿态和形式，皆被偶然所左右，所以，苦恼在现在人生总占据着一个位置，若移去现在的苦恼，从前被拒在外的其他苦恼必定立刻乘虚而入，占据原来的位置。因之就本质而言，命运对我们并不发生任何影响——一个人若能有这样的省悟，认识上述道理，他就能获得斯多噶派的恬淡平静，不再为本身的幸福惦念了。然而，事实上究竟有几个人能以这种理智力量来支配直接感受的苦恼呢？也许完全没有。

由以上的观察可知，痛苦是不可避免的，旧的痛苦刚去，新的痛苦便来。由此，我们进而可以引出一个不算不合理的假设：每个人身上固有的痛苦分量是一定的，即使苦恼的形式经常更迭，痛苦的分量也从不会有过或不足的现象，因此，决定一个人苦恼和幸福的因素，决非来自外界，而是来自其分量和素质的不同。这些纵然由于身体的状态、时间的不同，而有几分增减，但就全体分量而言并无改变——此一假设，可由众所周知的下列经验证得：一个人若有巨大的苦恼时，则对比它小的苦恼就几乎毫无所觉；反之，在没有大苦恼时，即使一丁点儿的不愉快，也会使他痛苦不堪。所以，经验告诉我们，一种即使想象起来足令人不寒而栗的不幸，一旦降临于实际的生活，从发生以至克服它的期间，我们的全体气氛也并未有任何改变；反之，获得长期所急切等待的幸福后，不会感到有何特别的愉快欣慰。一种深刻的悲伤或强烈的扣人心弦的兴奋，只有来自刚产生变化的那一瞬间。但这两者皆以幻想为基础，所以不久后将告消失。总之，产生悲哀或欢喜的原因，并非直接为了现存的快乐和痛苦，而是由于我们是在开拓自己预期的未来而已。痛苦或欢喜之所以会如此高腾，实是由于它们是借自未来，因此它们并非是永恒的东西——根据以上的假设，可知大部分的苦恼和幸福也与认识力相同，是主观的、由先天所决定的。我们还可另举事实证明：财富并未见能增加人的快乐，穷人露出愉快神色的机会，至少并不比富人少。由此可知，人类的快活、忧郁与否，决非由财产或地位等外在的事物而决定。进一步来说，我们也不能断言：某人遭遇到偌大的不幸，恐怕会自杀吧！或者，这是芝麻大的小事，大概不致造成自杀吧——话说回来，一个人快活和忧郁的程度，并不是任何时刻都相同。这种变化，也并非由于外界事物，而应归于内在的状态——身体状态的变化。这种变化，纵使是短时的，常可增强我们的快乐气氛而造成欢喜，但通常那不是由任何外在原因所产生。当然，我们以往只看到自己的痛苦是缘于某种外在关系，因而感到意气消沉，以致认为如能消除它，必可获得最大的满足，其实这是妄想。根据我的假设，我们的痛苦和幸福的分量是整体性的，任何时刻都由主观所决定，忧郁的外在动机和它的关系，正如分布全身的毒瘤脓疮与身体的关系一般，因为它已在我们的本质中扎根。驱逐不去的痛苦，一旦缺乏某种苦恼的外在原因，就会分散成数百个小点，以数百个细碎烦琐或忧虑的姿态呈现；但当时我们一点也感觉不出来，因为我们的痛苦容量，已经被"集分散的烦恼于一点"的主要灾祸所填满了。如此，一件重大而焦急的忧虑刚从胸中移去，另一个苦恼立刻接替了它的位置，全部痛苦的原料早已准备在那儿，之所以尚未进入意识之中成为忧虑，是因为那儿还没有余地一齐容纳它们，暂时成为假寐的状态，停留在意识界限的末端。然而，现在场所已敞开，这已准备停当的材料就乘虚而入，占据了那支配一天的忧愁王座。虽然实质上它比先前消失的忧虑要轻得多，但它却可以膨胀成如同刚才的一般大，使之恰好占满那个王座，成为那一天的主要忧虑。

过度的欢喜和激烈的痛苦，经常会在同一个人身上发生，因为两者是互相的，且都以极活泼的精神为前提。正如以上所述，此二者非由真实的现存物所产生，而是对未来的预想；又因痛苦是生命所固有，其强烈度依主观性质而定，因而，某种突然的变化（通常属于外在的），并不能改变它的程度。因此，一种激烈情绪的发生是以错觉或妄想为基础，而精神的过度紧张，则可由认识力加以避免，

一、人生的困惑

但"妄想"一般人并无法察觉，它悄悄地、源源不绝地制造着使人苦恼的新愿望或新忧虑，使人想要获得永久性的满足，但又一个接一个枯萎干涸。因而从妄想所产生的欢喜愈大，在它消失时，所回报的痛苦也愈深。就这一点来说，妄想有如高崖绝壁，除非避开这里，否则只有艰苦地沿壁下落；妄想的消失而带来的突如其来的过度痛苦，则正如在峭壁上失足陡然坠落下去一般。因此，一个人如果能战胜自己，经常能够很清楚地看透事物的整体性，以及与它相关联的一切，这样，他就不会在实际事物中赋予欲望和希望的色彩，如此即可回避痛苦或妄想。斯多噶派的道德观，即从这种妄想和结果中挣脱出来，而代之以坚实的平静。荷拉西的名著《颂歌》，对这一点亦有深刻入微的观察。他说：

> 遇难境当保持沉着，
>
> 在顺境中，
>
> 宜留心抑制过度的欢喜。

然而，苦恼并非从外界所注入，它就像流不尽的苦汁，而它的泉源正在我们心底。但一般人的认识力人都对它闭起眼睛。不仅如此，我们还不时找些借口，到外界寻找痛苦的原因，使痛苦永远与你形影不离。那正如一个原本自由自在的人，却无端去塑造一个偶像，待其像侍奉主人一般。总之，我们孜孜不倦地去追求一个接一个的愿望，即使获得满足，也不会就此满意，大抵在不久后又将发现那是一种错误而有受辱的感觉。我们正如希腊神话中达那瑟斯国王的女儿一般，尚不知自己身在永远都不满的汲水罚役中，还经常渴求新的愿望。

> 我们所希求的东西在得手之前，
>
> 总以为比什么都好，
>
> 既到手之后，又不免大失所望，
>
> 我们是为需求生命而喘息挣扎，
>
> 永远成为希望的俘虏——

这种现象将继续到什么时候？或者，需要多少性格之力，才能走到既无法满足又无法勘破的愿望尽头？——虽然罕有其例。至此，我们可以发现，我们所搜寻的是什么，使我们苦恼的又是什么了。现在，我们既已认识苦恼是生存的本质，人类无法获得真正的满足，尽管我们和自己的命运尚不能取得调和，但我们却可与生命求得妥协。如此开展的结果，也许将使某些人带着几分忧郁气质，经常怀着一个大的痛苦，但对其他小苦恼、小欣喜则可生出蔑视之心。这种人比之那些不断追求新幻影的普通人，要高尚得多了。

所有的满足——通常所谓的幸福，实际上往往是消极性的东西，而非积极性的。本来，自然就无意赐予我们幸福，不为一个愿望的达到而感到满足。因为愿望虽是一切快乐的先导条件，但愿望的产生却是出于"缺乏"。并且，愿望获得满足后，即告消失，因而快乐也随之俱灭，因此，所谓满足或幸福，也不可能免于痛苦（即穷困）以外的其他状态。总之，愿望的纠缠不休，扰乱我们的平静，连倦怠也是一种痛苦，它将给我们的生存造成重荷。我们要获得或达到某种成功，总是困难重重，一个计划总要遇到许多阻力，沿途布满荆棘，并且当你好不容易克服一切而获得时，实际你只是除了免除一种苦恼、一种愿望之外，再也得不到什么，它和此愿望表现之前的状态并无丝毫差异。直接给予我们的通常只有缺乏——痛苦。也许当满足或快乐呈现之时，可使我们回忆起从前的苦恼或缺乏，但这仅属于间接的了解。其实，我们从未正确认识或珍视过现在所拥有的幸福或利益，而仅视之为当然的事情，这是因为它们仅以抑制痛苦来消极地满足我们。但当我们一旦失去它，才会渐渐察觉出它们的价值；这就是因为缺乏、穷困、苦恼能够积极地直接传达给我们。因此，当我们回想摆脱穷困、病痛或缺乏时，常想起欣慰之情，只因那是享受现在所拥有的唯一方法。总而言之，就求生欲望所表现的自私立场来看，我们无法否认，当我们目睹或叙述他人的苦恼时，也可得到一种满足或快感。路克雷特就曾很率直地叙述出这种心理：

海上狂风大作时，伫立岸边，

看着舟人的劳苦，心生快慰，

不是幸灾乐祸，

而是庆幸自己得以幸免灾祸。

但对这种喜慰、这种幸福的认识，实已非常接近积极性的恶意了。

一切的幸福都是消极的，而非积极的，所以不可能有永远的满足或喜悦，我们只是避免这一次的痛苦或缺乏，但接踵而来的不是新的痛苦，便是倦怠——空虚的憧憬和无聊。这可从世界和人生最忠实的镜子——艺术，尤其是诗歌中证实出来。所有的叙事诗或戏剧，不外是表现人类为获得幸福所做的挣扎和努力，而从未描绘永恒而圆满的幸福；这些诗的主角历尽了千辛万苦或通过重重危险，终于走到他的目标，一旦到达终点后，便匆匆闭幕、草草收场。因为如果再继续写下去，只有表示书中（剧中）的主角原以为在那里将会得到无比幸福的灿烂目标，原来却是那么稀松平常，那样使人沮丧失望，同时，他达到目的之后，境况并不比先前为佳。在那里，不可能有真正永恒的幸福，所以也不能成为艺术的对象。诚然，"牧歌"的目的，本来是想描绘这类幸福，但显而易见，若如此那就不成其为原来的牧歌了。那类题材，在诗人手中通常是以叙事形态表现，由小小烦恼、小小喜悦、小小努力构成一首叙事诗，或者成为描写自然美的叙述诗。自然美本来是没有意志的纯粹认识，事实上确是唯一纯粹的幸福，在它之前没有苦恼、没有欲望，在它之后不会伴随后悔、苦恼、空虚、倦怠。但由这样的幸福所填满的并不是全部人生，仅为其中的一个季节而已，在诗歌中可看到的东西，在音乐中也可以表现出来。在音乐的旋律中，可以看出解脱后的意志之最内在的历程——人类心情涨落、憧憬、苦恼、欢喜的最神秘内部。旋律经常离开基音，而继续无数的犹疑彷徨，以致成为最悲痛的不谐和音，但最后又复归于基音。基音虽是意志的满足和安心的表现，但若继续太长的时间，则变成腻烦而无意义的调子。这相当于倦怠。

　　根据以上的观察，我们可以明了，一切的幸福都是消极的，我们不可能得到永恒的满足，同时由前所述——人生和所有的现象皆为意志的客观化；意志的努力是没有目标、没有结局的——亦可得到说明。这种没有结局的特征，在意志的一般现象（其最普遍的形式——无限的时间和空间）以至最完全的现象——人类的生命和努力，都充分显现着——我们可以假定，理论上人生有三种极端，并可把它当作现实人生的要素。第一是强烈的热情、激烈的意欲，此要素表现于历史的伟大人物中，此外在叙事诗或戏剧中亦常有所描绘。第二是纯粹的认识和理念的把握。此项须以认识力摆脱意志的羁绊为前提，即天才的生活。第三是意志和认识俱皆昏睡的状态，有着空虚的憧憬和使生命麻痹的倦怠。个体的生命并非永远停留在其中的某一个极端，甚至连触碰它们的机会也极少，多半只是畏缩在其中一者的身侧踟蹰地向它接近，需求些微的东西，如此周而复始地重复着以避免倦怠——大多数人终其一生，外在生活是那样空虚无意义，内在则是愚蠢而不自觉，实在可悲可叹。那就像一个梦游患者，带着缥缈的憧憬和痛苦，蹒跚地度过一生一般。他们与钟表的构造相仿，发条扭紧后，它就不知理由地摆动着。人类呱呱落地时，人生钟表的发条就开始扭紧，从此一节一节、一拍一拍地重复着单纯的变化，不知反复多少遍的相同曲调——不论任何个体或任何人，他的一生只是无限的种族之灵的顽固求生意志中的一场梦而已。在这所谓"种族之灵"和"时间""空间"构成的无限广阔的平面上，所勾画出的个体形像，实是若有若无，并且也容许我们一瞬间的生存之后，还必须空出场所，由别的个体取代。但这里也有人生庄严的一面，为了这一个个虚幻的影像及接二连三的空虚计划，求生意志必须倾其全力，饱尝许多激烈痛苦作为交换。最后，经过长时间的恐惧忧虑，死神遂告出现。我们看到尸体所以会显得严肃，正是因为如此。

综观个体的一生，若只就其最显著的特征来看，通常它是一个悲剧，但若仔细观察其细节，却又带着喜剧的性质。因为如果我们把每天的辛劳活动、每瞬间的嘲弄、每周的愿望和恐怖、每一时刻的不幸，都当作"偶然"来戏弄的话，实际上，不外乎就是喜剧的场面。但，永远无法满足的欲望、徒劳无功的努力、被残酷的命运践踏的希望、苦恼增殖到最后亦难逃一死的生之迷惑等，这些通常都属悲剧。我们的一生必须带着悲剧的一切苦恼，似乎命运对我们生存的悲惨也加以嘲笑，而且，我们还不能坚持悲剧性人物的品位，在人生的广泛细节中，有时仍不得不扮演愚蠢的喜剧性角色。

人生虽然充满着大小不等、形色不一的灾厄，经常处在不安和动摇之中，照理已够使我们穷于应付了，但这尚不包括生存的空虚或浅薄，不包括人类在无忧无虑的闲暇时候的倦怠无聊。换句话说，人类精神对现实世界所施诸的忧虑、悲哀、工作等仍嫌不足，还要以种种方法制造各种迷信，从而开拓幻想世界，以它们作为对象，去浪费时间和劳力；纵使现实世界给予我们休闲，我们也不领情。这种现象大多发生在气候温和、土地肥沃、生活容易的国度，尤以印度人为最，希腊、罗马、西班牙等地次之——人们创造了类似自己形象的鬼神、神灵和圣者，不时向他们供奉祭品、祈祷或装饰神殿神像，此外当然少不了要许愿、解愿、朝圣、顶礼膜拜一番。我们对他们的忠诚服务到处与现实同在，甚至人生所做的事情，都要考虑他们的反应。为此，致使我们被幻影所迷惑，对希望锲而不舍地追逐着。我们与他们的交往几乎占了人生的一半，甚至往往觉得比和现实交往来得有趣，这是人类二重要求的表现。其一是对助力和保护的要求，另一是对工作和消遣的要求。当发生灾难或危险时，人们并不用宝贵的时间和努力，以谋求补救或预防，而徒以祈祷和浪费祭品，乞怜于神明；纵使未必有效，可借着与虚幻的神灵世界的想象性交往，而吻合第二要求——消遣和工作。这正是所有迷信的不可轻侮的功效所在。

从研究人生最主要的特征概括来说，在先天方面我们可确信的是：人生的全部根底不适于真正的幸福，它的本质已变形为各色各样的苦恼，人生彻头彻尾是不幸的状态。

我们若取出某一特定的场合，试想象其光景，或翻阅历史的每一角落，看看其中所记载的许多难以名状的悲惨实例，如此，必可从心底唤起上述的确信。然而，那已远离了哲学本质的普遍性立场，容易被责难：那是从个别的事实出发的，是片面的，并且易于引起争论，认为人类的幸与不幸，是见仁见智的。

因此，唯有以先天性的方法、完全冷静的哲学态度，证明人生本质的难以避免的苦恼是从普遍性出发，才能免于非难和疑虑。但通常还是从后天方面较易获得确证。当我们从梦幻的青年期觉醒后，只要时刻注意自己或他人的经验，逐渐扩展见闻，学习过去或现在的历史，最后再读读大诗人的不朽杰作，先祛除既有的先入主见，不使自己的判断力麻痹，必可获致这样的结论：人间原是偶然和迷惑的世界；愚蠢和残酷恣意地挥动鞭子，支配着世界上大大小小的事情。要使"更好的东西"见诸实行，仍有待更大的努力。一个高尚而贤明的措施，要使人倾听，要表现它的效果，更难于登天；相反的，思想界充满着不合理和错误，艺术界充斥着平凡和愚劣，行为领域则由邪恶和虚伪掌控，只是偶尔中断而已。在这种情形下，一篇出类拔萃的著作，通常是作者苦心孤诣的研究成果，从未依赖任何凭借，然而它所赢得的却是同时代人的憎厌和唾弃，人们对于这些作品，恰如对异于地球事物秩序的太空星球一样，始终被隔离、漠视。——然则，个人的一生又是如何呢？我们可以说，所有的传记都是一部"苦恼史"，是大小灾难的连续记录，一般人之所以尽可能隐藏它，是因为他们了解，别人一般不会对它感觉同情和怜悯，反而因为自己得以免除那些痛苦而暗自庆幸。——一个有思虑而正直的人，当他濒临人生终点的时候，一定不希望再度生于此世，反而宁愿选择完全的虚无。莎翁名剧《哈姆雷特》，归纳主角的独白内容，不外乎说明他已彻悟人世的悲惨状态，而断然以为"完全的虚无"更值得欢迎。如果自杀确实可获得这种虚无的话，当一个人面临"要不要活下去"的抉择时，自杀岂不成为他的最大期望，而毫无条件地选择它？那样做并不能解决一切，我们内心也不那样想，似乎有某种东西喃喃念着：死亡并非绝对性的毁灭。

连有"历史之父"之称的梅洛德斯亦云："世上没有一再希望不要活下去的人。"两千多年来未见人予以驳斥，可见这句话实在有它的真理性。所以，虽然我们经常感叹人生的短促，但短促岂非正是一种幸运？——如果我们把一个人的生命中所会遭遇到的痛苦与不幸，统统摆在他的眼前，他必定会大吃一惊，不寒而栗；如果我们引导那些最顽固的乐观主义者，到医院、疗养院、外科手术室去参观，再带他们到牢狱、拷问室、奴隶窝去，或者陪他到战场和刑场走一趟；如果把所有阴森悲惨的巢窟打开让他们看看；最后，再请他参观乌格林诺的死牢，那么，他必定能了解"可能有的世界之最佳者"到底是何物了。但丁所描写的地狱，其材料若非取自现实世界，又能来自何处？而且，那也正是真正地狱的模样。反之，当他着笔描写天堂境况和它的快乐时，他便遭遇到难以克服的难关。因为我们生活的世界，对于这方面完全不能提供任何材料，因此，他只有再三重复他的祖先或比特丽丝及许多圣贤的教训，来取代天国的快乐。由此，使我们充分了解这个世界是何物了。当然，表面的人生，有如粗糙的货品涂上彩饰一般，通常苦恼都被隐藏着，反之，手中若有什么引人侧目的华丽物品，任何人都会拿出来搬弄一番；人心的满足愈感欠缺，愈希望别人认为他是幸福的人。一个人的愚蠢到了这种地步，要以他人的所思所想，当作努力的主要目的，这种完全的空虚，从常言的虚荣一词，原意即为空虚、乌有表现出来。——人生的烦恼纵是如此的瞒人耳目，有时候却也无比明晰，然又那么令人绝望，烦恼者有时很清楚地看到命运的捉弄，却连逃避的场所都没有，只有接受它的慢慢宰割。因为操纵他的是"本身的命运"，即使向神灵求救也没用。但，就是这样的无可挽救，已足以反映出意志的难以克服的性质；其意志的客观化，就是他的人格。——正如外在的力量不能改变也不能去除这种意志一样，同理，其他任何力量也不能从意志现象（生命）中所产生的苦恼解放意志。人们经常在自然界中，或是在任何事情中，想回复自我；人们造出诸神，乞求、谄媚神灵，想获得唯有借自己的意志力量才能成就的东西，但却无济于事。旧约圣经告诉我们说，世界和人类由神所创造，但新约圣经又告诉我们，要从这个悲惨世界获得解救和解脱，只有靠这个世界所产生的事情，为此，神也不得不以人类的姿态出现。左右人类一切的，通常都是人的意志。所有的信仰，所有瞑目的殉教者，以及先贤圣哲们，之所以能够忍耐或甘于尝受任何苦难，是因为他们的求生意志已告断绝；对他们而言，那时的意志现象，甚至已逐渐喜欢破灭之途了。总之，我认为乐观主义者的空谈，不但不切合实际，而且是卑劣的见解，他们的乐观无异在对人类难以名状的苦恼做讥刺的嘲弄。——我们切不要以为基督教教义对于乐天主义非常适合，哪一点吻合呀？福音书中不是几乎把世界和罪恶都看做相同的意义吗？

在无意识的夜晚，一个被生命所觉醒的意志，化成个体，它从广漠无涯的世界中，从无数正在努力、烦恼、迷惑的个体间，找出了他自己，然后又像做了一场噩梦一般，迅即回归以前的无意识中。——但，在走到那里之前，他有无限的愿望、无尽的要求，一个愿望刚获得满足，又产生新的愿望。即使赐予他们世界上可能有的满足，也不足以平息他的欲望、抑制他的需求、满足他内心的深渊。试想，纵使能获得所有种类的满足，那对人们究竟会形成何种局面呢？不外乎仍是日月辛劳以维持生存。为此，他仍须不断地辛苦、不断地忧虑、不断地和穷困战斗，而死亡总随时在前头等待。我们要能明确了解幸福原是一种迷妄，最后终归一场空，如此来观察人生万事，才能分明。其中道理存在于事务最深的本质中，大部分人的生命悲惨而短暂，即是因为不知此理。人生所呈现的就是或大或小无间断的欺瞒，一个愿望遥向我们招手，我们便锲而不舍地追求或等待，但在获得之后，立刻又被夺去。"距离"这一魔术，正如天国所显示的一般，实是一种错觉，我们被它欺骗后便告消失。因此，所谓幸福，通常不是在未来，便是业已过去，而"现在"，就像是和风吹拂阳光普照的平原上的一片小黑云，它的前后左右都是光辉灿烂，唯独这片云中是一团阴影。所以，"现在"通常是不满，"未来"是未可预卜，"过去"则已无可挽回。人生之中的每时、每日、每周、每年，都是或大或小形形色色的灾难，他的希望常遭悖逆，他的计划时遇顿挫，这样的人生，分明已树起使人憎厌的标记，为何大家竟会把这些事情看漏，而认定人生是值得感谢和快乐的，认为人类是幸福的存在呢？实在令人感到莫名其妙。我们应从人生的普通状态——连续的迷妄和觉醒的交叠，产生一种信念：没有任何事物值得我们奋斗、努力和争取，一切的财宝都是空无，这个世界终究归于破灭，而人生乃是一宗得不偿失的交易。

个体中的智慧如何能够知悉和理解意志所有的客体都是空虚的？答案首先在于时间。由于时间的形式，呈现出事物的变易无常，而显出它们的空虚。总之，就是由于"时间"的形式，把一切的享乐或欢喜在我们手中归于空无后，使我们惊讶地寻找它到底遁归何处。所以说，空虚，实是时间之流中唯一的客观存在，它在事物的本质中与时间相配合，而表现于其中。唯其如此，所以时间是我们一切直观先天的必然形式，一切的物质以及我们本身都非在这里表现不可。因为我们的生命就像是金钱的支付，受款之余，还得交出一张收据。就这样，每天受领着金钱，开出的收据就是死亡。由于在时间中所表现的一切生物的毁灭，因而使我们了解到那是自然对于它们的价值的宣告。

如此，一切生命必然匆匆走向老迈和死亡，这是自然对于求生意志的努力终究归于乌有的宣告："你们的欲求，就是以如此作终结。再企盼更好的东西吧！"——它是在对生命提出如下的教训：我们都是受到愿望之对象的欺蒙，它们通常先是动荡不定，然后趋于破灭，最后，连它的立脚点也被摧毁无余。所以，它带给我们的痛苦远多于欢乐。同时，由于生命本身的毁灭，也将使人获得一个结论：一切的努力和欲望，皆为迷误。

老年与经验携手并进，

引导他走向死亡。

那时他所觉悟的是：

这一生的最大错误，

是徒然花费如此长久、如此辛劳的努力。

但此一见解，是我遭受反对最多之点，所以，在这里我还要再详细深究解说。——以下，我们必须先确定，所有的满足——一切的享乐或幸福，都是消极的，反之，只有痛苦才是积极的。

我们只有对痛苦、忧虑、恐惧，才有所感觉，反之，当你平安无事、无病无灾时，丝毫无感觉。我们对于愿望的感觉，就如饥之求食、渴之求饮一般的迫切，但愿望获满足后，则又像吞下一片食物的一瞬间一样，仿佛知觉已停止。

当我们没有享受或欢乐时，我们总是经常痛苦地想念它。同时在痛苦持续一段长时间、实际已经消失、而我们不能直接感触到它后，我们却仍是故意借反省去回忆它。这就是因为唯有痛苦和缺乏才会产生积极性的感觉，因为它们都能自动呈现。反之，幸福不过是消极的东西，例如，健康、青春和自由可以说是人生的三大财宝，但当我们拥有它时，却毫无所觉，一旦丧失后，才意识到它们的可贵，其中道理正是如此，因为它们是消极性的东西。总之，我们都是在不幸的日子降临取代往日的生活后，才体会到过去的幸福。——享乐愈增，相对地对它的感受性就愈减尽，积久成习后，更不觉自己身在福中。反之，却相对增加了对痛苦的感受性。因为原有的习惯一消失，特别容易感到痛苦。如此，所拥有得愈多，愈增加对痛苦的感受力。——当我们快乐时，觉得时间很快；当处在痛苦时，则觉度日如年，这也正可证明能使我们感觉它的存在的积极性的东西，是痛苦而非享乐。同理，当我们百无聊赖时，才会意识到时间的存在，趣味盎然时则否。以上种种事实都可以看出：我们生存的所谓幸福，是指一般我们所未感觉到的事情；最不能感觉到的事情，也就是最幸福的事情。最令人雀跃的大喜悦，通常在饱尝最大的痛苦之后。相反地，若"满足"的时间持续太长，所带来的却是如何排遣或如何满足其他虚荣心等必需的问题。所以，诗人不得不让他们笔下的主角先安排个痛苦不安的境遇，然后再使他们从困境中摆脱出来。因此，通常的戏剧或叙事诗，大都是描写人类的战争、烦恼和痛苦；至于小说，则是透视不安的人类的心灵的镜子。英国历史小说家史谷脱在他的小说《老人》一书的结尾中，曾坦率地指出这种美学上的必然性。得天独厚的伏尔泰亦云："幸福不过如同梦幻，痛苦才是现实的。"并且，附带注明道："这是我八年以来的切身体验，我只有看开地告诉自己，苍蝇是为充作蜘蛛的食饵而生存，人类则是为被烦恼蚕噬而生存。"——与我所揭示的真理完全一致。

确信人生是值得感谢的财富的人，不妨心平气和地试把人类一生中所能享受到的快乐总和与人们一生中所遭遇到的烦恼总和比较一下，我想便不难算出其中的比重如何。我们不必争论世上善与恶之类的问题。恶，既是存在的事实，论争已属多余，因为不管善、恶是同时存在，抑或善在恶之后存在，既然我们无法将恶祛除净尽，我们也就只好默认事实。所以，佩脱拉克说道："一千个享乐，也不值得一个苦恼。"

总之，纵使有一千个人生活在幸福和欢乐之中，但只要有一个人不能免于不安和老死的折磨，我们就不能否认痛苦的存在。同理，即使世界上的恶减少到实际的百分之一，但只要它表现出来，就足以构成一个真理的基础。这个真理虽带着几分间接性，但却有种种的表达方式。例如，"世界的存在并非可喜，毋宁是可悲的。""不存在胜于存在。""就根底而言，世界原不应存在。"有拜伦的诗为证：

> 我们的生存是虚伪的，
> 残酷的宿命，注定万事不得调和；
> 难以洗脱的罪恶污点，
> 像一棵庞大无比的毒树——使一切枯萎的树木，
> 地面是它的根，天空是它的枝和叶，
> 把露珠一般的疾病之雨洒落在人们身上；
> 放眼到处是苦恼——疾病、死亡、束缚，
> 更有眼睛所看不到的苦恼，
> 它们经常以新的忧愁填满那无可解救的心灵。

如果正如斯宾诺莎或他今天的信徒所说："世界和人生都有它们各自的目的，所以不需在理论上辩护，不必在实践上补偿和改良。它们是生命的原因，是神所显现的唯一存在，或者说，是神为了看到自己的反影，故意让他那样地发展，因此，其存在不必以理由来辩护，也不必借结果而解放。"人生的苦恼和劳苦，就无须由享受和幸福来加以补偿了——果如上述，则我现在的痛苦填满"现在"的时间，同理，本来的喜悦也填满"本来"的时间，因为前者不能由后者加以消除，所以不可能有这样的事态。也就是说，完全的苦恼是不存在的，死亡也是不存在的；或者说死亡对于我们应该不是值得恐惧的事情。也许唯有抱持这种看法，人生才有它的报偿吧！

但是，正如地狱的周围都带着硫黄味道一般，我们周围亦显示着要我们"最好不存在"的迹象，试看：一切事情通常皆不完整而令人迷惑，愉快的事情总掺杂着不愉快，享乐通常只占一半，满足

反而形成一种妨碍，安心则伴随着新的重荷。对于每天每小时所发生的困难，虽有良策，但它却坐视不管，眼睁睁看着我们所攀登的楼梯，在脚底下一阶一阶被拆毁，不仅如此，还有大小不等、形色不一的不幸在前面等着我们。一言以蔽之，我们就像盲目预言家费诺斯一样，哈皮怪兽把他所有的食物都弄污了，已经无物可吃。对此，有两种手段可以试用，第一是利用才智、谨慎和谋略，但它的功效非常有限，结果往往只有自取其辱。第二是要有斯多噶派的恬淡，彻悟万事，对任何事都加以轻视，借以缴除"不幸"所赖以为祸的武器；从厉行实践方面而言，就是要有犬儒学派的达观，干脆放弃一切手段和助力，有如希腊哲学家狄奥真尼斯般，把自己当作犬。事实上，人类是应该悲惨的，因为人类所遭遇灾祸的最大根源，乃在人类本身，"人便是吃人的狼"。若能正视这最后的事实，那么这个世界看起来即是地狱，比之但丁所描写的地狱，有过之而无不及，人类相互间都成了恶魔。其中一人取得头目资格，以征服者的姿态出现，然后使数十万人相互敌对，并且对众人呐喊："你们的命运就是苦恼和死亡。来吧！大家用枪炮互相攻打吧！"于是众人也就糊里糊涂地拼起命来。——总之，综观人类的行为，大抵不歪不正、极端的不公平、冷酷，甚至残忍，纵有与之相反的情况，也仅是偶然发生而已。这样，才有国家和立法的需要。一旦法律有所不及，人们立刻又表现出人类特有的对同类的残忍性。人类之间究竟如何互相对待？我们只要看看黑人奴隶买卖的情形，便可了然，它的最终目的，不过是为了砂糖和咖啡。但他们原可不必这样做的，这实在是出于人类不能满足的自私心，偶尔是有恶意的。再看看，有的人从五岁时就开始进入纺织工厂或其他工厂，最初工作十小时，其次十二小时，最后直至十四小时，每天做着相同的机械性劳动。付出这样高的代价，只为了得以苟延残喘。然而，这却是数百万人共同的命运，而其他数百万人的命运也莫不如此。

除此之外，一些微小的偶然因素亦可导致我们的不幸。世界上没有所谓完全幸福的人，一个人最幸福的时刻，就是当他醋睡时；而一个人最不幸的时刻，就是在他觉醒的瞬间。——实际上许多不幸都是间接的，人们之所以经常感到自己不幸，是因为任何人心底都有强烈的嫉妒心，不管处在何种生活状态，只要看到别人胜过自己——不管哪一方面，即足以造成嫉妒的动机，并且无法平息。人类因为感到自己的不幸，所以，无法忍受别人的幸福。相反的，当他感到幸福时——即使只有短暂的一刹那，立刻扬扬自得起来，恨不得向周围的人夸耀："但愿我的喜悦，能成为全世界人的幸福。"

如果能明白显示人生本身就是贵重财富的话，那么对死和死亡的恐惧守卫者，就不该设置在它的出口。反之，若说死亡真如想象中那般可怕的话，又有谁愿意逗留在这样的人生中呢？——还有，若人生纯粹是欢乐美好的话，当想到"死亡"时，又是何种滋味？恐怕也将无法忍受吧！话虽如此，以死亡作为生命的终点，也有好的一面，在苦恼的人生中，由于有死亡，可以得到一种慰藉。其实，苦恼和死亡是连结接在一起的。它们制造了一条迷路：虽然人们希望离开它，但却相当困难。

从实践方面而言，如果说世界并不宜于存在，在道理上也应该可以站得住脚。因为存在的本身已显示得很清楚，或者从存在的目的，也可以观察出来，常不致使人对它有所惊讶或怀疑，至少无须多加说明。但事实并不如此，世界原是永远无法解决的难题，不论任何完整的哲学，也有无法触及的一面，它就像不能溶解的沉淀物，又如两个不合理数之间的关系。所以，如果有人提出这样的疑问："如果除世界之外再无任何东西，不是更好么？"它（指世界）也没办法替我们解释，我们无法从这里发现其存在的理由或终局的原因，即它本身不能表示它是否为自身的利益而存在的命题。

根据我的见解，这件事可以从下述理由加以说明：世界存在的理由并没有明显的根据，只是由物体盲目的求生意志以现象的形式来表示"为什么"，而不受根本原理的支配。这和世界的性质是相一致的，因为安排我们活动的，是肉眼所看不到的意志，如果眼睛能够看到这种意志，它应该马上能估计这种事业的得不偿失，能知道：在不断的忧虑、不安和穷困之中，即使我们付出全力，努力奋斗，任何个体的生命也无法免除破灭的厄运，所能得到的生存只是一时性的，到最后仍难免在我们手中归为乌有，而得不到任何报偿。所以，如果世界正如希腊哲学家安那萨哥拉斯所说，世界是"理性（即认识）引导意志"的话，那就难怪乐天主义者会那样乐天了。所以，尽管世界充满悲惨是昭然若揭的事，一般人仍打着乐天主义的旗号。在这种场合中，生命被称为一种赠物，但是我们若能预先详细调查这个赠物的话，很明显地，任何人都将谢绝接受它。德国诗人莱辛之所以惊叹他儿子的智慧，是因为他的孩子似有先见之明，并不愿来到这个世界，而是被助产妇强行拖出来，但在落地后，立刻又匆匆逃去。反之，也有人认为人生的过程，只是一种教育。果真如此，也许大多数人将这样回答：

"我们宁愿投身于虚无的休息中，因为这里没有教育之类烦人的东西。"——根本见解错误的话，就会形成这种结果。所以，与其说人类的生存是一种附属物，莫若说是一种负债契约，负债的原因是由于生存的实际要求、恼人的愿望及无限的穷困。通常，我们的一生都是耗费在这种负债的支付上。但，也仅仅勉为其难地才把利息偿还。至于本金，只有由死亡来偿付了。——然则，这种负债契约是在何时订的呢？——是在生殖之时。

因而，我们一定要把人类的生存当作一种惩罚、一种赎罪的行为，唯有如此，才能正确地观察世界。人间"堕落"的神话，虽然只不过是个比喻，但也具有形而上的真理，这是我在旧约全书中唯一承认的东西，也是整部旧约全书中唯一和我的见解取得一致的地方。我们的生存类似一种过失的结果，一种宜受惩罚的情欲的结果。新约圣经的基督教最聪明之处，即在直接地和这个神话相结合，而其伦理精神则和婆罗门教或佛教相同。至于其他方面，则又与乐天的旧约圣经毫无关系。实际上，若不如此，它与犹太教即无任何关联了。——如果有人想要测量一下我们的生存本身的负罪程度，不妨看看与它联结在一起的苦恼。不论精神上或肉体上的巨大苦恼，都可明显地表示出我们究竟价值多少。换言之，如果我们的价值不如苦恼的话，苦恼经常不会到来。基督教对我们的生存持这样的看法，我们只要翻翻路德的加拉太书第三章注释，便可了然。"我们的肉体、境遇及一切皆被恶魔所征服，这个世界中不过是些外邦人，他们的主人、他们的神是恶魔。因此，我们所吃的面包，我们所喝的饮料，我们所穿的衣物，甚至连空气等一切供养我们身体的东西，都要受其支配。"——我的哲学常被抨击为消沉悲观，但我并无意制造一个补偿罪恶的未来地狱，"现在"即是罪恶的场所；我的意思在于表示这个世界就像地狱一般。即使你想否定这件事也办不到，因为你本身就经常经历到它。

再进一步说，这个世界就是烦恼痛苦的生物，互相吞食以图苟延残喘的斗争场所，是数千种动物以及猛兽间的活坟墓，它们经常不断地残杀，以维持自己的生命。并且，它们感觉痛苦的能力是随着认识力而递增的，因此，到了人类，这种痛苦便达到最高峰；智慧愈增，痛苦愈甚。——在这样的世界中，竟然有人迎合乐天主义的说法，来向我们证明"可能有的世界中之最佳者"，这种理由显然太贫弱了——不过如此，乐天主义者还叫我们张开眼睛看看世界：世界中有山、有谷、有河、有植物、有动物等，在美丽的阳光的照耀下，这一切不是很美很可爱吗？诚然，如若大略一瞥，情况的确如此，但仔细调查其中的内容，却不是那回事了。——接着，神学家又出来向我们赞美世界的巧妙组织。由于这种组织的精巧，星辰的运行永远不会相碰头，陆地和海洋不会错置相混，寒流不会滞留不去而使万物僵硬，酷暑不会长在而使万物烧灼，春夏秋冬四季的轮转井然有序而有各种作物的收成。——然而这一切的一切，仅是世界不可或缺的条件而已；如果它不要谈我们像莱辛的孩子一般，降生后立刻离去的话，这个世界的构造当然不至于拙劣到连基柱都会崩坏的程度。但我们试着再进一步观察这个被赞美的作品的"成果"，在这坚固舞台上的演员，他们的痛苦是和感受性同时表现的，感受性发达后，形成智慧，痛苦随之俱剧增，欲望与之共同发展，永无止境地繁衍着，高腾到提供人类生活的材料，除悲剧和闹剧外，竟再也成就不出其他东西了！看到这些情景，我想除了伪善者外，必当会忍不住怀着合唱"哈利略亚"的心情了！上述最后一项，虽然它的真正起源一直被隐匿着，但在休谟所著的《宗教自然史》一书中却曾毫不容情地将它暴露出来，这该是真理的一大胜利。同时，他的那一篇《自然的宗教对话》，立论虽然和我完全相反，但他以适切的论据，率直明显地说出了这个世界的悲惨性质，以及一切乐天主义的缺乏根据，并把乐天主义的根源抨击一番。休谟的这两篇著作，虽然今天的德国人还大半不知，但却颇有一读的价值。他在字里行间所教导我们的事情，比之黑格尔、赫伯特、舒莱尔马赫三者的哲学著作总和，还要更多。

我不否定乐天主义的集大成者——莱布尼兹在哲学上的功绩，也无暇深究他的"单子论"和"预定调和说"是否一致。他的《新悟性论》不过是些摘录，以订正洛克的名著《人类悟性论》为目的，但其中虽有详细的批评，内容却失诸贫弱。他的反对洛克，正如他写《关于天上动力的原因的试验》——反对牛顿的重力学说一般，最后仍然招致失败。康德的《纯粹理性批判》即是特别为反对莱布尼兹的这种哲学而执笔，对它的论点是攻击性，甚至是破坏性的，但与洛克和休谟则有继承和发展的关系。今天的哲学教授们，对莱布尼兹各方面都推崇备至，一心一意复兴他的"蒙蔽术"；另一方面，对康德则尽可能贬抑并且排挤他。究其原因，不外乎是为生活问题。《纯粹理性批判》认为，犹太神话不能与哲学并称，它们甚至轻率地把灵魂当作实存之物。这种说法必须要有所根据，以科学态度来证实这种观念，不能轻下断论。但是，在我们这个生活第一、哲学次之的哲学界，却只能埋葬康德，捧出莱布尼兹。——因此，莱布尼兹的《辩神论》虽将乐观主义系统化而广泛地展开，然而从其性质来看，它只不过为后来伏尔泰的不朽名著《纯洁》提供了契机而已，此外并无任何贡献。由莱布尼兹再三对恶的世界所作的并不完美的辩解中——恶有时会促成善的实现——最后得到的却是出乎意料的结论。伏尔泰在书中主角的名字里，已暗示为了认识乐天主义，我们必须要有诚实的态度。实际上，在这散布着罪恶、苦恼和死亡的舞台上，乐天主义所表现的姿态委实很奇妙，如前所述，乐天主义的秘密源泉（伪善者奉承地说，那是成功的信心）已被休谟无情地揭发出来，认为他们对其起源并不能作充分说明，由此乐观主义也许可说是对人类灾难作一种讥讽的嘲弄了！

对莱布尼兹那种明显的诡辩中所说的，这个世界是"可能有的世界中之最佳者"，我可以举出更堂而皇之的理由，来证明这个世界是"可能有的世界中之最坏者"。因为所谓"可能有"并不是以人的幻想杜撰出来的，而是本来即已存在的。然而，由于过去人类历史所显现出来的无非是永无休止的烦恼和无可疗治的哀伤，如人的生老病死等，我们可以知道，这世界的构成早已为痛苦的存在做了最好的准备，比它更坏的世界似乎是不可能存在了。所以我们说，它是"可能有的世界中之最坏者"。这不是故作惊人之语，因为不但行星会互相碰头——行星的运行会产生移动现象，两个行星间会因相互影响而使其中之一逐渐失去平衡，严重的话，还可能使两者互相碰撞，所以也许世界在不久后也将寿终正寝。虽然一般天文学家认为那些不过是偶发现象，其主要原因是由于运行时相互间的不协调产生，他们还费尽心血推算出今后或许可能顺利运行下去，以及世界应该可以继续照常存在的理由，但牛顿却持相反的意见。当然我们也希望天文学家的计算并无错误，行星系统的机械式的永久运动能与其他系统相同，得以永无休止地运行下去！——而且，行星的坚硬外壳下还潜藏着无数强烈的自然力，如因偶然的触发，给予了它们活动的余地，必会破壳而出，而使地球上的一切生物毁灭。这类事情在我们的地球上至少已经发生过三次，今后恐怕还会接二连三地发生。里斯本和海地的地震，以及龙贝的毁灭，只不过是对于它的可能性给我们一点开玩笑似的暗示而已。化学方面，无法证明的空气的一点点变化，也都可能成为霍乱或黄热病、黑死病流行的原因，轻而易举地攫取了数百万人的生命，如果再发生稍大的变化，也许会灭绝一切生命了。再者，上苍赋予动物的器官和力量，不管如何努力，充其量也仅能勉强供应自身使用，以及哺育幼儿而已，所以，动物的手足若失其一，或者不能充分利用它，大抵都非死不可。人类虽然具备所谓"悟性"和"理性"两种强力工具，但其中的90%却都消耗在与贫乏的挣扎中，经常站在破灭的边缘，痛苦地保持着身体的平衡。可见，不论就全体的持续或个体的持续而言，上苍所赋予我们的条件都不完备。因此，个人的生命只有为生存而不断斗争，而且，破灭的危险还在一步步向我们逼近。正因为这些危险成为事实的例子极多，所以，我们必须妥为照顾自己的幼儿，总不致因个体的灭亡而引起种族的灭绝。对自然而言，真正重要的只有种族。因此，若世界仍宜于存在的话，恐怕没有比这更坏的世界了，其实例不胜枚举。——曾经住在地球上的任何动物化石，都可作为我们推算的蓝本，它们的持续已成明日黄花，这正可向我们提供：比"可能有的世界之最坏者"更坏的世界的有力证明。

乐观主义其实就是世界真正的创造者——求生意志的自我陶醉，在自己的作品中自我欣赏而得意忘形。这不但是错误的，而且是有害的学说。因为乐观主义对人生的状态表示欢迎，并把幸福列为它的最高目的。每个人似乎都相信他有要求幸福和快乐的权利。但，通常世上这些东西是不会赋予任何人的，因此人们转而认为自己碰上霉运，甚至还以为自己的生存目的有了错误。——实则，劳动、缺乏、穷困、苦恼以及最后的死亡等，把它们当做人生目的，才是正当的（婆罗门教、佛教以及纯正的基督教，均做如是观）。为什么呢？因为唯有如此，才能把我们引导向求生意志的否定。新约圣经中形容世界是"眼泪之谷"，称人生是一种净化的过程，基督教则以拷问的道具

（十字架）作为象征。所以，当莱布尼兹、夏夫悌斯伯利、柏宁布洛克、波普之徒搬出乐天主义时，却换来一般世人的激愤，主要即在于乐天主义和基督教的基础不能并立。伏尔泰在他那篇出色的诗集《里斯本震灾赋》的序言中，亦述及此，该文坚决反对乐天主义。这位备受德国下三滥文人诽谤反对、而为我所钟爱赞美的伟人，他的学术地位毫无疑问应该凌驾于卢梭之上，理由是他产生了以下三种见解，表示出他的思想极为深刻。（一）确信恶的绝对性大小和生存悲惨的见解。（二）有关意志行为之残酷的必然性见解。（三）把洛克的命题——在物质中亦可能有的思想——当作真理的见解。相形之下，卢梭只具有一个浅薄的新教牧师哲学。他在那篇《沙波亚牧师的信仰告白》中，拼命批驳伏尔泰的上述几点。同时，又在1756年8月18日寄给伏尔泰的信函中，以肤浅错误的逻辑，对上述优美的诗句大肆攻击，而表示拥护乐天主义。尤其，卢梭哲学的特征和他的根本错误在于：他说人类本来是善的，是无限而完整的，却因为文明及其结果而使人类陷入邪途。他以此来取代基督教教义——原罪和人类根源性的堕落，作为他的乐天主义和人道主义的基础。

如伏尔泰在《纯洁》中以诙谐的作风向乐天主义挑战，而拜伦亦以其严肃悲壮的作风，在不朽的杰作《凯因》诗集中展开相同的宣战。为此，他也光荣地招致反启蒙主义者费德利希·薛林格的诽谤辱骂。

从历代伟人的言论中，我们不难找出许许多多反乐观主义的名言，他们都看出了这个世界的悲惨，而以发人深省的语句叙述出来。在这里，我想引述其中的几则，以作为我的见解的诠释和佐证，并作为本文最后的点缀。先说希腊，希腊人的世界观与基督教及亚细亚高地人大异其趣，尽管他们是站在坚决主张意志的立场，但仍深刻地感到生存的悲惨，因而才有悲剧的发明。另一个证据，出于海德洛斯所述，而且常被后人引用。他说，特拉基亚人往往以伤感的心境迎接新生婴儿，对着他们喃喃历数其前途中所有的灾祸。同时又以欣喜和玩笑的心情埋葬死者，因为他们从此可免除许多苦恼。在普鲁塔克所保存的美丽诗句中，这样写道：

之所以感叹生者，是因为他们要面对许多灾祸，

之所以为死者欣慰和祝福，

是因为他们今后可免除许多苦恼。

据说，墨西哥人当婴儿降世时就对他念道："我的孩子！你的诞生是为了忍耐，所以你必须忍耐、烦恼、沉默。"该地与前面所述的国度，远隔千山万水，民俗上该不致有历史上的渊源，因此这种雷同可以归之于道德观念的一致。正是这种心理，所以史威夫特从孩童起对自己的生日就不当作是欢喜的日子，而以一种悲哀的仪式来纪念，每逢这天他必定反复阅读圣经约伯记第三章中的一节（事见史谷脱编著《史威夫特传》），这一节是写约伯诅咒自己生日的情形。柏拉图在《苏格拉底的辩护》一书中曾谓：死亡虽永远攫夺了我们的意识，但也有意想不到的好处，最聪明的人不求最幸福的日子，但求没有酣梦的睡眠。这一节必早为世人所熟知，由于篇幅太长，在此不必阐述。

海拉克利图斯的格言也说得妙：生命之义一如其名，而死亡是它的事业。

特库里斯也有如下的一段名诗：

对人而言，最善之策是不要出生，

不要看到太阳神所惠予的光。

生存中人！

莫若尽早进入黄泉国度之门，

走向地下吧！

索福克里斯名著《在科罗那之伊底帕斯王》中也有几句简短的话，叙说前述的观感：

不生，是最善的事，

至于生者，

应尽速回到原来的场所，

即为第二之善。

尤里匹斯也说：

悲惨充满人的一生，

永无尽期。

同时，荷马也说：

世上没有比人更悲惨的——

在地上呼吸步行的一切东西中。

连普利纽斯都说："任何人内心都有'得救第一'的念头，所以自然赋予人类最大的财富，无过于取得适当时机而死。"

莎士比亚也让老亨利四世说：

噢！

人们若能读出命运的天书，

若能看到时间的回转，看到命运的嘲笑，

看，"虚幻无常"化为形形色色的美酒，倾满一杯杯不同的杯子。

现在处身非常幸福的青年，

若回头眺望，

他曾摆脱多少危险和苦难，

他也许将寂坐迎接死亡。

最后，我再举拜伦的诗为证：

试数数看你一生中所有的欢欣，

再数数你没有烦恼的日子究竟有多少？

纵使你现在拥有些什么，

但最善之策是不要存在。

以目前而言，讨论此问题最彻底、最根本的应推雷奥帕地，他的脑海永远充满这些思维，他的著作完全在强调：世界到处都是生存的嘲笑和悲惨；翻开他的每一页作品，无非是以各种形式和表现来叙述这些，并且比喻非常丰富，读起来不仅不感厌倦，还可以说很能引人入胜。

二、生命的永恒

死亡是给予哲学灵感的守护神和它的美神，苏格拉底之所以说哲学的定义是"死亡的准备"，即是为此。诚然，如果没有死亡的问题，恐怕哲学也就不成其为哲学了。

动物的生存不知有死亡，每个动物，只意识着自己的无限，直接享受种族的完全不灭。至于人类，因为具备理性，必然产生对死亡的恐惧。但一般而言，自然界中不论任何灾祸都有它的治疗法，至少有它的补偿。由于对死亡的认识所带来的反省致使人类获得形而上学的见解，并由此得到一种慰藉，反观动物则无此必要，也无此能力。所有的宗教和哲学体系，主要针对这种目的而发，以帮助人们培养反省的理性，作为对死亡观念的解毒剂。各种宗教和哲学达到这种目的的程度，虽然千差万别互有不同，然而，它们的确远较其他方面更能给予人平静面对死亡的力量。婆罗门教或佛教认为：一切生灭，与认识的本体无关。此即所谓"梵"。他们并教导人们以"梵"观察自己。就此点而言，实此一般解释"人是从无而生""在出生之后始而为"，比有的西方思想高明得多。因而，在印度可发现实行安乐死和轻视死亡的人，这在欧洲人的眼中简直是难以理解的事。因为欧洲人太早就把一些根据薄弱的概念强迫灌输进人们脑中，致使人们永远无法接受更正确、更合适的概念，这实在是很危险的事。其结果，就像现在英吉利某些堕落者和德意志新黑格尔派学生一样否定一切，陷入绝对形而下的见解，高喊着："吃吧！喝吧！死后什么也享受不到了！"也许他们就是因为这点才被称为兽欲主义吧！

然而，由于死亡的种种教训，却使一般人——至少欧洲人，徘徊于死亡是"绝对性破灭"和"完全不灭"的两种对立见解之间。这两者都有错误，但我们也很难找出合乎中庸之道的见解，因此，不如让它们自行消灭，另寻更高明的见地吧！

我们先从实际的经验谈起。——首先，我们不能否定下列事实：由于自然的意识，不仅使人对个人的死亡产生莫大的恐惧，即使对家族之死也哀恸逾恒。而后者显然并非由于本身的损失，而是出于同情心，为死者的遭遇之大不幸而悲哀。在这种场合下，如果不流几滴眼泪，表示一些悲叹之情，就要被指责为铁石心肠、不近人情。若复仇之心达到极点，所能加诸敌人的最大灾祸，就是把敌人置于死地。——人类的见解虽因时代场所的不同，经常有所变迁，唯独"自然的声音"，却不拘任何角落，始终不变。从上述看来，自然之声显然在表示"死亡是最大的灾祸"，死亡意味着毁灭，以及生存的无价值。死亡的恐惧实际是超然独立于一切认识之上的，动物虽不了解死亡是怎么回事，但对它仍有着本能的恐惧。所有的生物最终都带着这种恐惧离开世界。这是动物的天性，正如他们为自我的保存时时怀着顾虑一般，而对本身的破灭常生恐惧。因此动物遭遇切身的危险时，不但对其本身，连其子女亦加以小心翼翼地守护，不仅为了逃避痛苦，更是因为对死亡的恐惧。动物为何要逃窜、颤抖、隐匿？无非动物的生存意志使它们力图延迟死亡而已。人类的天性亦同，死亡是威胁人类的最大灾祸；我们最大的恐惧来自对死的忧虑；最能吸引我们关心的是他人生命的危险；而我们所看到的最可怕的场面则是执行死刑。但我要特别强调，人类所表现出的对生命的无限执著，并非由认识力和理智所产生；它们反将眷恋生存认为是最愚蠢不过的事，因为生命的客观价值是非常不确定的——最少它会使人怀疑存在究竟是否比非存在好。经验和理智必定会告诉我们，后者实胜于前者。若打开坟墓，试问那些死者是否还想重返人世，相信他们必定会摇头拒绝。从柏拉图对话录的《自辩》篇中，可以看出苏格拉底也有类似见解，即连笑口常开的伏尔泰也不得不说道："生固可喜，但'无'亦佳。"又说："我不知道永恒的生命在何处，但现在的生命却是最恶劣的玩笑。"并且，人生在世，只是短短几十年，比之他不生存的无限时间，几乎可说等于零。因此，若稍加反省，为这短暂的时间而太过忧愁，为自己或他人的生命濒临危险而大感恐惧，或创作一些把主题放在死亡的恐怖上而使人感到惶恐悚惧的悲剧，实在是莫大的愚蠢。

人类对于生命的强烈执著，是盲目而不合理的。这种强烈的执著充其量旨在说明，求生意志就是我们的全部本质。因此，对意志而言，不管生命如何痛苦、如何短暂、如何不确实，总把它当作至高无上的瑰宝；同时，也说明了意志本身原本就是盲目、没有认识力的。——反之，认识力却可暴露生命的无价值，而反抗对生命的执著，进而克服对死亡的恐惧。——所以通常当认识力获胜，得以泰然自若地迎接死神时，那些人就可以被我们推崇为伟大而高尚的人。反之，若认识力在与盲目求生意志的对抗中败下阵来，而一心一意眷恋生命，对于死亡的逼近极力抵抗，最后终以绝望的心情迎接死亡，则我们对这样的人必表轻蔑。（但后者这类人，也只不过是表现着自我和自然根源中的本质而已。）在这里，我们不禁要提出疑问：为什么对于生命有无限执著的人，以及尽一切方法延长寿命的人，反而被大家鄙视轻贱呢？还有，如果生命真是大慈大悲的诸神所赠与的礼物，我们应衷心地感谢才是，为什么所有宗教皆认为眷恋生命与宗教有所抵触？为什么轻视生命反而被认为是伟大高尚？——总之，从以上这些考察，我们可以获得以下四点结论:（一）求生意志是人类最内在的本质。（二）意志本身没有认识力，它是盲目的。（三）认识是无关本来意志的附带原理。（四）在认识与意志的战斗中，我们一般偏于前者，赞扬认识的胜利。

既然"死亡""非存在"如此令人恐惧，那么，按理对于"尚未存在"的事情，人们也该会有恐惧之心。因为，死后的非存在和生前的非存在，应该不会有所差别，我们在出生前，不知已经经过多少世代，但我们绝不会对它悲伤，那么，死后的非存在，又有什么值得悲伤的？我们的生存，不过是漫长无阻的生存中之一刹那间，死后和生前并无不同，因此实在大可不必为此感觉痛苦难耐。若说对于生存的渴望，是因"现在的生存非常愉快"而产生，可正如前所述，事实并不尽然。一般说来，经验愈多，反而对非存在的失乐园怀有更多憧憬。还有，在所谓灵魂不灭的希望中，我们不也是常常企盼着所谓"更好的世界"吗？——凡此种种，皆足可证明"现世"并没有多么美好。——话虽如此，世人却很热衷于谈论有关我们死后的状态问题：一般书是借论述家常闲话触及这方面的，可说比谈生前状态问题的还要多出几千倍。这两者虽然都是我们的切身问题，谈论原无可厚非，但若过分偏于一端，则难免钻入牛角尖。不幸，几乎所有的世人都犯这毛病。其实，这两者是可以互相推证的，解答其一也可查究另一面。现在，我们权且站在纯粹经验的立场，假定我过去全然不曾存在，如此，我们可进而推论，在我不存在时的无限时间，必是处于非常习惯而愉快的状态；那么对于我们死后不存在的无限时间引以为慰。因为死后的无限时间和出生前的无限时间，并没有两样，毫无值得恐惧之处。同时，证明死后继续存在（如"轮回"）的一切，同样也可适用于生前，可以证明生前的存在。印度人或佛教徒，对于这一点，即有着脉络一贯的解释。如上所述，人既已不存在，一切与我们生存无关的时间，无论是过去或未来，对我们而言，都不重要，为它悲伤，实在毫无来由。

反之，若把这些时间性的观察，完全置之度外，认为非存在是灾祸，其本身也是不合理的。因为一切所谓的善善恶恶，都是对生存的预想，连意识也如此。但意识在生命结束之时，便告停止，在睡眠或晕倒的状态下也同样停息。我们都知道若没有意识，也就根本不会有灾祸了。总之，灾祸的发生是一瞬间的事情。伊壁鸠鲁从这种见地做出他研究死亡问题的结论，他说："死是与我们无关的事情。"并加注释说：因为我们存在时死亡不会降临，等到死神光临时，我们就又不存在了。即使丧失些什么，也不算是灾祸。因此，不存在和业已不存在的两者即应视为相同，无须惦挂在心。因而，从认识的立场来看，绝不致产生恐惧死亡的理由。再者因意识中有着认识作用，所以对意识而言，死亡亦非灾祸。实际说来，一切生物对于死亡的恐惧和嫌恶，纯粹都是从盲目的意志中产生的，那是因为生物有求生意志，这种意志的本质有着需求生命和生存的冲动。此时的意志，因受"时间"形式的限制，始终将本身与现象视为同一，它误以为"死亡"是自己的终结，因而尽其全力以抵抗之。至于意志是否有必然恐惧死亡的理由，我将在后文再详细分析。

生命，不论对任何人来说都没什么特别值得珍惜的，我们之所以那样畏惧死亡，并不是由于生命的终结，毋宁是因为有机体的破灭。因为，实际上有机体就是以身体作为意志的表现，但我们只有在病痛和衰老的灾祸中，才能感觉到这种破灭。反之，对主观而言，死亡仅是脑髓停止活动、意识消失的一刹那间而已，继之而来的是有机体诸器官停止活动的情形，究其实不过是死后附带的现象。因而，若从主观来看，死亡仅与意识有着关联。意识的消失究竟是怎么回事呢？这点我们可以由沉睡的状态作某种程度的判断。有过晕倒经验的人，更可有深刻的了解。大体言之，晕倒的过程，并不是逐步而来，亦非以梦为媒介的。在意识还清醒时，首先是视力消失，接着迅即陷入完全无意识的状态，这时的感觉决不会不愉快。的确，如果把睡眠比喻为死亡的兄弟，那么晕倒就是死亡的孪生兄弟。"横死"或"暴毙"想来也不会痛苦，因为受重伤时，通常最初都没感觉，过一阵后，发现到伤口才开始有疼痛的感觉。以此推测，若是立即致命的重伤，当意识还没发现到它时，业已一命呜呼了。当然，若受伤很久以后才致死，那就和一般重病没有两样。其他，如因溺水、瓦斯中毒、自缢等，足以使意识瞬即消失的，都没有痛苦。最后，谈到自然死亡，因衰老而慢慢地死亡，通常那是在不知不觉间生命徐徐消逝的。因为人一到老年，对于亲热和欲望的感受逐渐减低，以至消失，可说已没有足以刺激其感情的东西；想象力渐次衰弱，一切心像模模糊糊，所有印象消逝得无影无踪，事事俱丧失其意义，总之一切皆已褪色，只觉岁月匆匆飞逝。老人的蹒跚脚步，或蹲在角隅休息的身子，不过是他昔日的影子、他的幽灵而已，这里面又还有什么值得死亡去破坏的东西呢？就这样，有一天，终于长睡不醒，像梦幻一般——那种梦，就是哈姆雷特在他的独白中所寻觅的梦境。想想，我们现在正是在做那种梦啊！

还有一点必须附带说明的，生活机能的维持虽也有着某种形而上的根据，但那不是不须努力的。有机体每晚皆对它屈服，脑髓作用因而为之停顿下来，各种分泌、呼吸、脉搏及热能之产生等也因而减低。就此看来，若是生活机能完全停止的话，推动它的那股力量，大概一定会感到不可思议的安心。自然死亡者的面孔大都显出满足安详的表情，或许就是因此之故。总之，在临死的一刹那，大致和噩梦觉醒时的那一瞬间相类似。

从以上的结论，可知不管死亡如何令人恐惧，其实它本身并不是灾祸，甚至我们往往还可在各种死因上找到你所渴望的东西。当生存中或自己的努力遭遇到难以克服的障碍，或为不治之症和难以消解的忧愁所烦恼时，大自然就是现成的最后避难所，它早已为我们敞开，让我们回归自然的怀抱中。生存，就像是大自然颁布的"财产委任状"（造化在适当的时机引诱我们从自然的怀抱投向生存状态，但仍随时欢迎我们回去。当然，那也是经过肉体或道德方面的一番战斗之后，才有这种行动。）大凡人就是这样轻率而欢天喜地地来到这烦恼多、乐趣少的生存中，然后，又拼命挣扎着想回到原来的场所。——印度人为他们的死神雅玛塑成两种面孔，一种是令人毛骨悚然的恐怖脸庞，另一种则是神色愉快的脸孔。何以若此？这可以从我以上所作的观察中，获得某种程度的说明。

我们仍从经验的立场，以观察尸体作为说明。众所周知，尸体已停止知觉、感受性、血液循环、恢复作用等现象。虽然我一直无法查明，这些现象为什么会停止、如何停止等问题，但我们可以推断，从前推动人体活动的那一股力量，如今业已离去。那股力量究竟是什么？若说它是意识——一般理性所谓的"灵魂"的话，显然是不当且错误的。因为以我向来的看法而言，意识并不是有机体生命的原因，毋宁说还是它的所产物，是其结果的表现物。总之，意识会因年龄的不同，而有所差异；因健康情形、睡眠、觉醒、晕倒等不同的状态而呈现或强或弱的现象。

说它不是有机体生命的原因，而是其结果的表现，通常它只限于有机体存在时才能发生作用，一旦有机体死亡，它的作用也随之停止。我又发现，意识的完全错乱（即疯狂），虽会伴随着诸种活动力的低下或衰弱，使生命陷于危险的境域，然而他（精神错乱的人）的感受性和肌肉力量却反而增强；只要没有其他原因加诸他身上，他的寿命不但不会缩短，反而会延长。——其次，我又发现个体性是一切有机体的特性，同时它也是意识的特性。我虽然完全不了解这种个体性，但至少知道自然界的个别现象都是由一种普遍性的力量在无限相同的现象中推动着。——再者，我们也不能因为如今有机体的生命已停止了，以此推动它活动的那股力量也归于乌有。——那就像纺车虽已停止不动，但我们却不能因此推测纺织女郎亦已死亡一样。它也像钟摆再度回复它的重心，然后静止一样。乍看虽已停止活动，但不能认为重力已消失，重力依然在无数的现象中活动着。诚然，或许有人会反对我以上的比喻，认为在这种场合下，重力并没有能力停止这个钟摆的活动，只是我们肉眼看不到而已（钟摆仍永远在摆动之中）。有这种主张的人，不妨回头观察一下电气，当放电之后，电气实际上已停止其活动。我之所以引用此例，不过是想表示即使最下等的自然力中，也有永远性和普遍性。我们切不可被那些短暂无常的现象所迷惑，更不必以为生命已停止，赋予生命的原理即已根绝，而认定死亡是人类完全的破灭。虽说现在已没有人有那么强的腕力能拉起三千年前奥狄塞的那把弓，但一个有正确理解力的人，总不致认为那一把弓强劲的活动力已完全根绝。由此推论，当可知，以前使那业已消灭的生命活动的那一股力量，与如今欣欣向荣的生命中活动的力量是相同的，这种思想，才比较切近真理。不错，我们的确知道，被因果的锁链所束缚的东西，是会破灭的，因为那仅是状态和形式而已。但另有两种东西与这些因果变化无关，一是物质，另一是自然力，这两者都是一切变化的前提。至少，我们若要进行深一层的探究，认识一下赋予我们生命的基本因素到底是何物，必须在最初把它假设为自然力，同时还要假它和形式、状态的变化完全无关。这些形式或状态，由于原因和结果的束缚，而时有改变，它们必须受存在的生成和消灭因素所支配。从这一点，也足可证明我们的真正本质是不灭的。当然只凭这些，还不能证明我们死后生命的持续与否，更不能期待从上述证明中得到些什么慰藉。虽则如此，但这点往往很重要，连认为死亡是绝对的破灭因而产生恐惧的人，也无法对之轻视。生命最深奥的基本因素是不会被死亡所拘束的。

物质也同于自然力，并未参与因果所引导的无间断的状态变化，它以绝对的固执性，保证人类的不灭性，因此连一般愚夫蠢妇，脑海中也有本身不灭的信念。或许有人要说："哪里？物质如尘灰，怎么可说固守着物质的自然状态，就可当作人类本质不灭的证据？"——错了！你们知否这些尘灰是何物？知道它们是由什么制造而成？你们在轻蔑它之前，对这些应该要有所了解。如今，那些被当做尘灰或躺在那里的物质，如溶解于水中立刻变为发出金属光辉的结晶体，如施以电气的压力，甚至可发生电光。不仅如此，物质可自行变成动物或植物，从那神秘的怀抱中发生生命——因为人类的肤浅而时刻担心着不知是否会消失的那种生命。但是，以这样的物质当做永恒，是否太无谓呢？并不，我敢下断言，唯有物质的这种固执性，纵使不过是比喻，甚至不过是影绘，却正可证明我们真正本质的不灭性。只有这些纯粹无形的物质——不是知觉所能感触到的，才正可作为思考永恒性事物的经验基础。——这些物质是物自体（即意志）的直接反映，同时，它们以时间不灭性的姿态再现意志真正的永恒性。

我们已曾述及，自然之声是毫不虚伪的。但诸位切不可将上述见解与"物质不灭"相提并论。一般从逻辑所产生的论点，虽不致有绝对的错误，但大抵是片面不完全的，例如，伊壁鸠鲁的彻底唯物论以及与之相反的英国哲学家柏格莱的绝对观念论，皆为极端片面的见解。这些学说固有"真"的一面,但必须附带某些特定的条件,才能显现出它的真理。若从更高的立场去观察,则可发现它仅是相对的真理,甚至是错误百出的。所以,唯有站在最高的立场,才能获知绝对的真理。我上述的见解,应是极不成熟的,但从古老的唯物论中所主张的物质(或谓影像)不灭,已显现出人类真正本质的不灭性;再从更高一层的绝对物理学立场,显现出自然力的普遍性和永恒性——生命力为一种自然力。因此,上述不成熟的见解,实际也蕴涵着生物不会由于死亡而蒙受绝对破灭的主张,而认为生物是在全自然之中或者和全自然共同存续。

现在我们且换个角度,试观察死亡与全体自然究竟有何关系。以下我们仍以经验的根据来讨论这个问题。

无可否认的,生死的决定应是最令人紧张、关心、恐惧的一场豪赌,因为在我们眼中,它关乎一切的一切。但永远坦率正直、绝不虚伪的自然,以及圣婆伽梵歌中的昆瑟孥,却向我们表示:个体的生死根本无足轻重,不管动物或人类,他只把他们的生命委之于极琐细的偶然,毫无介入之意。只要我们的脚步在无意识中稍不留意,就可决定昆虫的生死;蜗牛不论如何防御、逃避,或施展隐匿、欺骗的手段,但任何人都可轻而易举地将他捕获;再看看在张开的网中悠游浮沉的鱼,欲逃无门,无法作逃走的打算;还有,在老鹰头顶上飞翔的鸟,在草丛中被狼所看准的羊,它们都毫无戒心地漫步着,竟不知威胁自己生存的危险已迫在眼前。就这样,自然非但把这些构造巧妙得难以形容的有机体强烈的贪欲,并且将它们毁灭在极盲目的偶然,或愚者的反复无常,或小孩子的恶作剧之中。自然极明显地表示——他以简洁的神论口吻说出,并未多加注释——这些个体的破灭与他毫无关联,既无意义,也不值得怜惜,并且,在这种场合,原因或结果都不是重要的问题。但万物之母所以一任其子民处于无数恐怖危险的境遇中,丝毫不加保护,乃是因他知道他们虽毁灭,但仍可安全回到自然的怀抱中;它们的死不过是一种游戏而已。自然对待人类与动物相同,他的话也可应用在人类身上,个人的生死对于自然根本不成其为问题,因为我们本身等于自然。仔细想想,我们的确应该同意自然的话,同样不必以生死为念。——附带必须说明的一点是,自然之所以对个体生命漠不关心,是因为这种现象的破灭丝毫不影响其真正的本质。

但是，更进一步讲，正如现在所观察的一般，生死问题不仅是被极细微的偶然所左右，并且一般有机体的存在，短暂无常，不论动物或人类也许今天诞生明天就消灭，出生和死亡迅速地交替着。但另一方面，那些远为低级的无机物却有非常漫长的生命过程，尤其是绝对性无形式的物质（无生物），连我们的先天性都可看出它们无限长的持续。——遗物何以厚彼而薄此？我相信他本来的意旨是这样的：这种秩序只是表面的现象，这种不断的生灭只是相对性的，决不会波及事物的根底；不仅如此，一切事物真实的内在本质，虽是我们肉眼所看不到的神秘东西，但他向我们保证：其本质决不会因生灭而有所影响。至于谈到这些是如何发生的，我们既看不到，当然也无从理解，因而只有把它当作是一种戏法。因为，最不完全、最低级的无机物，都可不受任何事态的影响继续存在，然而具有最完、最复杂，并且巧妙得无由解答的组织的生物，却经常除旧更新，短时间后必归于乌有，而把自己的场所让给从而进入生存之中的新同类。——显而易见，这是很不合理的现象，它绝决不可能是事物的真实秩序，它所秘而不宣之处一定很多。说得确实一点，那是由于我们的智慧被限制之故。

总之，我们必须要能了解，生与死、个体的存在与非存在，两者虽是对立的，但那仅是相对性的，更非自然之心声。它之所以使我们产生错觉，皆因自然实在无法表现事物的本质和世界的真正秩序。——绕着大弯说了一大堆，相信诸位心里必定会涌起我刚才所述的那种直接而直观的信念了。当然，如果他是个平庸至极的人，他的精神力和动物的智慧无大差别，只限于能认识个体的话，则属例外。反之，只要有稍高的能力的人，可以看出个体之中的普遍相，可以看出其理念的人，便该有某种程度的那种信心。而且，这种信心是直接的，因而也不会有差错。实际上，那些以为死亡是本身的破灭而过分恐惧的人，多半只是一些观念狭隘的人；至于极优秀卓越的人，便可完全免除这种恐惧心。柏拉图把他的哲学基础放在观念论的认识上（即在个体中看出他们的普遍相）这是很正确的。然而，我刚才所述的那种直接从自然的理解所产生的信念，在"吠陀经"奥义书中，作者的心胸却是根深蒂固，出乎常人所想象之外的。因为从他们所说的无数言辞中，能把那种信念强烈地迫近到我们胸中来，令人不得不以为他们的精神之所以能直接受到这种启发，是因为这些贤哲在时间上比较接近人类的根源，能够明显地理解深刻的事物本质。印度那种阴郁神秘的自然背景，对于他们的理解，的确是有所帮助。——但是，我们也可以从康德的伟大精神所形成的彻底反省中，达到和他们相同的结果。反省告诉我们，那迅速流转而为我们的智力所能理解的现象，并非事物的真相，也不是事物的终极本质，而不过是它的现象而已。若再进一层说明的话，那不过是因为智慧原本就是由意志赋予动机，当意志追逐它的琐碎目的时，指定智慧要为它服务而已。

我们再客观地观察自然现象——假若我现在想杀死一只动物，不管是狗、鸟、青蛙或昆虫，这时，它们大概万万想不到，他们的生命原动力会在我的恶作剧或不慎的行为下归于乌有。——反之，在所有的瞬间中，以无限多样的姿态，满载着自然力和生命欲而诞生的数百万种动物，它们也绝对想不到在生殖行为之前，是完全没有的，它们是从无中创造出新生命。——再说，一个动物从我的眼前消失，它将往何处去？不知道。另一个动物出现，他又是从何而来？我也不知道。这两个具备着相同性质、相同性格和体型的动物，唯一不同的只是物质，他们把这些物质不断地丢弃，而产生新的生命，使其自身的生命得以更新。——就此看来，已消失的东西和代之而起的生命，其本质应该完全相同，只不过稍微有了变化，生存形式稍微更新而已，因此，我们不妨说死亡的种族，不过犹如睡眠的个人而已——这种假定是很合理的。

不论在哪里都无例外，自然的纯粹象征是圆形，因为圆形是循环的图式。这实是自然界中最普遍的形式，上自天体的运行，下至有机体的生生死死，万物之中的所行所为，只有这种图式，在时间和其内容不断的流动中，才可能产生一种现实存在，即眼前的自然。

我们不妨观察一下秋天时昆虫的小宇宙，有的为了漫长的冬眠，预先准备自己的床铺；有的变成蛹以度过冬天，到春天时，才觉醒自己业已返老还童已是完全之身才作起茧来；更有许多昆虫像被死神的手腕抱住似地休息，只为了他日从它们的卵中产生新的种子，专心一意仔仔细细地整顿适合卵生存的场所。——这些都是自然的伟大不朽的法则，他告诉我们，死亡和睡眠之前根本上并无任何区别，对于生命并无任何危害。昆虫的预备巢穴或营筑自己的小房子，在那里产卵，把翌年春天即将出世的幼虫的食物安排妥当，然后，静待死亡的来临。——这正如人们在前一天晚上为翌晨所要用的衣物或食物而张罗、忧虑，或是准备，然后，才能安心地就寝一般。同时，昆虫的秋死春生，也和人类的就寝和起床一样，如果这种秋死春生和它的自体或真正本质不同的话，那么它根本就不会发生。

我们做这样的观察之后，再回到我们本身和我们的种族，若瞻望遥远的未来，人们脑中难免升起：此后将有数百万的个人以异样的风俗习惯而表现，他们究竟从何而来？他们如今又是在哪里——难道有一种巨大无比的"虚无"，隐匿着那些后代人？这也许是唯一的答案——如果你无视本质问题的话。但你所恐惧的虚无深渊究竟在哪里？至此，你应该领悟，万物都有它的本质。以树木为例，那是树木内部有着神秘的发芽力，这种力量通过胚芽，每一代都完全相同，尽管树叶生生灭灭，它仍继续存在。所以说："人间世代，犹如树木的交替。"现在在我周围嗡嗡作响的苍蝇，夜晚进入睡眠，明天还嗡嗡飞旋，或者，晚上死去，但等到春天它的卵又会生出另一只苍蝇。苍蝇在早上可再现，到春天仍会再现，冬天和夜晚对于苍蝇又有何区别？——布达哈所著生理学一书中这样写道："尼基曾连续作六天的观察，他发现在浸剂中的润虫类，上午十时以前还看不到，十二时以后就发现它们在水中乱动乱窜了。而一到夜晚它们便死亡，但到第二天清晨它们又产生新的一代了。"

就这样，万物只有一瞬间的逗留，又匆匆走向死亡。植物和昆虫在夏天结束它们的生涯，动物和人类则在若干年后死亡。死亡始终不倦怠、不松懈地进行它的破坏。尽管如此，万物似又毫无所损、照常地生存，仿佛不灭般地存在于各自的场所。植物经常一片绿油油，百花竞妍；昆虫嗡嗡作响；动物和人类不拘任何时候永远朝气蓬勃；已经很久不结果实的樱桃，一到夏天又鲜红圆润地呈现在我们眼前。有的民族虽然不时改变它的名称，但仍以不灭的个体延续着，不仅如此，历史虽是经常叙说不同的故事，但通常它的行动和苦恼则是相同的。总之，历史有如万花筒，每当回转时，都让我们看到了新的形状，而实则不论何时我们所看到的都是相同的东西。因此，这样的生灭并不影响事物的真正本质；同时，这种本质的存续与生灭毫无瓜葛，因而它是不灭的。生存和一切的欲望，在现实中无间断而无限地涌现着，因此，从蚊子以至大象，在一切动物中，即使我们随意抽取一段时间来观察，它们皆保持着一定的数量，虽

二、生命的永恒

037

然它们已经过几千次的更新，虽然它们不知道在自己之前生存或在后来生存的同类，但出现的永远是相同之物。种族常存，只有他是不减的，而个体也意识到他和自己为同一之物而快乐地生存。求生的意志表现在无限的现在中，因为"无限的现在"，乃是种族生命的形式。因而种族是不会衰老、永远年轻的。死亡种族，犹如个体的睡眠，或者是眼睛的一瞬。印度诸神化身为人的姿态时，即知悉个中的奥秘。一到夜晚世界似乎已消灭，实则却一瞬也不停止它的存在。同理，人类和动物看起来似乎是由于死亡而告消灭，但其真正的本质仍不间断地延续着；出生与死亡，迅快地交替着，而意志永远地客观化——即本质不变的理念，却像出现在瀑布上的彩虹一般，是确立不动的。这是时间性的不朽，为此，死亡和消灭经过数千年后，一切皆已消失净尽，但自然所表现的内在本质，仍丝毫无损。所以，我们经常快活地叫着："不管海枯石烂，我们永不分离。"

对于这个游戏，我们应该把那些曾衷心地说"此生已不虚度"的人除外。但对此我们不准备详加叙述，这里只特别提醒读者一件事情：出生的痛苦和死亡的难捱，这两者本是求生意志本身为走向客观化及通往生存的不变条件；只有在这两个条件之下，我们的本质本身才能不参与时间的经过或种族的死灭，而存在于永远的"现在"中，享受求生意志的真实果实。

"现在"的基础，不论就其内容，或材料而言，通过所有的时间，本来是相同的。我们之所以不能直接认识这种同一性，正是因为时间限制了我们的智慧形式，使我们对未来的事情产生错觉，须待到来时，才能察觉这种错觉。我们的智慧的本质形式，之所以会有这种错觉，乃是因为它并不是为理解事物的本质而生，它只要能理解动机即可。

归纳以上的观察，诸位或许已能理解伊里亚学派所说的"无所谓生灭，全体并未变动"的真正意义了。巴门尼底斯和梅利索斯之所以否定生灭，是因为他们深信万物是不动的。同时，普鲁塔克为我们保存的恩匹多克里斯的优美语句，也很明显地说出了这些现象："认为存在的东西是由生至灭，以至归于零的人，是个欠缺深沉思虑的愚者。一个贤者，决不会在我们短暂的生存期间——此称之为生命——为善善恶恶所烦恼，更不会以为我们在生前和死后皆属乌有。"

此外，狄德罗在《宿命论者杰克》一书中，有一节常为人所疏忽的文字，在这里大有一记的价值。"一座广大的城堡入口处写着：'我不属于任何人，而属于全世界，你在进入这里之前、在这里之际、离开此地之后，都在我的怀抱中。'"

诚然，人类由"生殖"凭空而来，"死亡"也不妨说是归于乌有。若能真正体会这种"虚无"，也算颇具兴味了。因为这种经验性的"无"绝不是绝对性的"无"。换言之，只需具备普通的洞察力，便足以理解：这种"无"不论在任何意义下，都不是真正的一无所有。或者，从经验也可以看出，那是双亲的所有性质再现于子女身上，也就是"击败了死亡"。

尽管永无休止的时间洪流攫夺了它的全部内容，存在于现实的却始终是确定不动而永远相同的东西，就此而言，我们若能以纯客观的态度来观察生命的直接进行，将可很清楚地看出：在所谓时间的车轮中心，有个"永远的现在"。——若是有人能与天地同寿得以一眼观察到人类的全盘经过，他将可看到，出生和死亡只是一种不间断的摆动，两者轮流交替，而不是陆续从"无"产生新个体，然后归之于"无"。种族永远是实在的东西，它正如我们眼中所看到的火花在轮中的迅速旋转，弹簧在三角形中的迅速摆动，棉花在纺锤中的摆动一般，出生和死亡只是它的摆动而已。

一般人对于我们的本质不灭这一真理的否认，根据经验，是来自偏见，这足以妨碍我们认识人类本质不灭之说。所以，我们要断然舍弃偏见，遵循自然的指引，去追求真理——首先，我们先观察所有幼小的动物，认识那决不会衰老的种族生存。不论任何个体，都只有短暂的青春，但种族却永远显得年轻，永远新鲜，令你觉得世界宛如在今天才形成似的。试想想看，今年春天的蓓蕾，与天地始创那年春天的蓓蕾，不是完全相同吗？同时，你能相信，这些事实是：这期间世界发生过数百万次从"无"创造出的奇迹，以及相同次数的绝对性毁灭，那是同一因素所引导的吗？——如果我郑重其事地断言说，现在在庭院里游戏的猫，和三百年前在那里跳跃嬉游的猫，是相同的一只，的确会被认定是疯子，但若坚信今天的猫和三百年前的猫，根本上完全相异，那就更像疯子了。诸位不妨仔细认真地观察任何一种高等脊椎动物，当可看出，这些动物的理念（种族）的永恒性，是表现于个体的有限性之中。只有通过个体，种族这一个集合名词才有意义。就某种意义言之，在时空之中所表现

二、生命的永恒

的个别存在，当然是真实的，但"实在性"是隶属于理念，只有它才是事物不变的形式，个别的存在只是在显示"实在性"而已。柏拉图深悉于此，所以，理念成为他的根本思想、他的哲学中心。对这一点必须要有所理解，才会有深入一般哲学的能力。

哗哗飞溅的瀑布，像闪电一般迅速地转变，但横架于飞瀑之间的彩虹，却始终确定不动。同样，一切的理念——即一切动物的种族，亦无视于个体不间断的转变。求生意志原本扎根于此、表现于此，所以，对意志而言，真正重要的只是理念（种族）的持续，生物的生生死死，正像飞溅的瀑布，而理念的形态，正如横架飞瀑之上牢固不动的彩虹。所以，柏拉图看出，只有理念（种族）才是真正的存在，个体只是不断地生灭。唯其能深深意识到本身的不灭，不管动物或人类，才能平心静气、心安理得地面对不知何时降临的个体毁灭，所以，两眼之中呈现着不受死亡的影响及其侵犯的种族的安详。若说人类会具有这种安详的话，该不是由于不明确而易变的教条吧！正如以上所述，我们不论观察任何动物，都可了解死亡并不妨碍"生命核心"——意志的发现；这或许是因为一切动物都蕴藏某种难以测度的神秘吧！诸位且试观察你所饲养的狗，它们活得多么安详！多么有生气！这只狗的先世，必已经历数千只狗的死亡，但这几千只狗的死，并不影响狗的理念，它的理念也不因它们的死，而产生丝毫的紊乱。所以，这只狗就像不知有末日来临似的，生气蓬勃地生存着，它的两眼，散发出不灭的真理——原型的光辉。那么，数千年以来死亡的是什么呢？那不是狗，狗仍丝毫无损地呈现在眼前，死去的仅是它的影子；出现在被时间所束缚的我们的认识中的，不过是它的影像而已。我们怎可相信，时时都生存着、填满一切时间的东西，竟会消灭呢？——当然，这些事情也可由经验方面来说明，也就是说死亡若是个体的毁灭的话，一个由生殖产生的个体便会代之而生。

康德以他主观的见解，认为时间的形成先于我们的理解，所以不属于物自体，此虽带消极性，却也是一项伟大的真理。如今，我再以客观的方法，努力寻求以显示它积极的一面。要物自体只有和时间结合，才能显示出来它无关乎生灭；再者，如果时间的生灭现象，没有永恒的核心的话，恐怕也无从周而复始、生生灭灭了。永恒是不以任何直观为基础的概念，它意指超越时间的生存。但正如普罗提诺说"时间是永恒性的复制品",时间只是永恒的影像。同理,我们的生存也只是本质的影像。因为时间是我们认识的一种形式,所以这个本质一定存在于永恒之中,但也由于这个形式,我们才认为我们的本质及一切事物的本质是无常的、有限的、会破灭的。

作为物自体的意志,最充分的客观化是其各阶段中的(柏拉图式的)理念。然而,本质的诸种理念,只有在特别优惠的条件下(即无上智慧的关照中)才偶尔呈现。反之,对于个体的认识而言,在时间中,理念是采取种族的形式而表现。理念在时间之洪流中变成对全种族的关照。种族是物自体(则求生意志)最直接的客观化,一切动物以及人类最内在的本质,乃是在于种族中。求生意志强烈活动的根源也在于种族中,而绝不是在个体内。相反地,直接的意识,则只存在于个体中,因而,个体总以为自己与种族相异。为此,我们才会恐惧死亡。求生意志所表现的关系于个体的是饥饿和死亡的忧虑;关系于子孙的则是性欲以及对于子孙之情。同时,造化并未具有个体所特有的妄想,它只密切注意种族的维持,对个体的破灭,则表冷淡。因为对造化而言,个体仅为手段,种族才是目的。为此,造化所加诸个体的恩赐,只是尽力而已。再者,它们的生存极短暂,且不断地遭遇被动,当此之际,它们就似乎以不可解的方法求其节约,加诸种族的,则为大量浪费,其间差距极为显著。我们且举后者的例子,如树木、鱼、虾、白蚁等每一个体年均可产生数百万以上的胚种,而对于它们自身的力量或器官,则往往不甚周全,只有经过不断的努力,才勉能维持它的生存,因此,某些动物一旦残废或衰老,通常只有饿死。有时,如果在缺少了一种器官的场合下又将如何呢?如果可以节约的话,有的会变态,有的甚至免掉该器官,例如,许多幼虫没有眼睛,就是如此。那些可怜的动物,在树叶中摸索着,因为没有触角,在触到物体之前,四分之三的身体总是在空中晃来晃去的,经常连身旁的食物也错过了。然而,这就是自然界的节约法则。我们甚至可以在"大自然从不制造任何无益或多余的东西"的语句下,另加一句:"大自然从不浪费任何东西。"——与此相同的自然倾向,表现在以下诸点:个体的年龄如愈适合生殖,则他的自然治愈力愈强,创伤和疾病较易康复,这种治愈力随生殖力的衰弱而减退,生殖力消失后,则极微弱。因为,在自然的眼中看来,此时的个体已毫无用处了。

试回顾从水螅以至人类的各阶段生物，以及伴随他们的意识等级，我们诚然可发现这可惊的金字塔，由于个体不断地死亡，的确是在动摇着，但由于生殖的维系，通过无限的时间，种族仍可持续不坠。所以，正如前面所说明的，虽然客观的种族表现着不灭，但其主观仅是生物的自我意识而已。再者，它们的生存极短暂，且不断地遭遇破坏，但每当此际，它们就似乎以不可解的方法，再从无中生出有来，生出新的个体。

归根结底，一切客观性的东西（即外在的存续）不外乎是主观性（即内在）的不灭表现，同时，前者若不是借自于后者，必将一无所有。其中道理至为明显，因为客观性必须借助于主观性的表现才能存在；主观性是本质，而客观性是现象。以上秩序决不能颠倒错置，因为一切事物的根源，必是为了事物的本身，且必定存在于主观性的东西中，而不存在于客观性的东西中，即不是为他物、不存在于他者的意识中。因而，哲学的出发点，是本质性、必然性、主观性，即观念性的东西。反之，若从客观性的东西出发，则流于唯物论了！

我们常会涌起这样的感觉：一切实在的根源，在于我们的内部中。换句话说，凡人都有着"本质不灭"的意识，这种不会因死亡而破坏的深刻信念，也可由人们在临死时无法避免的良心自责证明出，任何人的心灵深处无不具备它。这种信念完全是以我们的根源性和永恒性的意识为基础的。所以，斯宾诺莎说过这么一句话："我们能感觉着、经历着我们是永恒的。"总之，凡是有理性的人，只要不认为本身是起源，而能超越时间去思索，就会了解自己是不灭的。反之，认为自己是从无中产生出来的人，势必也要以为自己会再回到乌有中去。

有几句古代格言，实可作为生物不灭说最确实的根据。"万物并不是从无中所产生，同时，也不是复归于乌有。"所以，瑞士科学家巴拉塞斯曾说过一句很确切的话："我们的灵魂是从某物所产生，因此不会回归于乌有——就因为他是从某物所产生的！"他已隐约指出真实的根据。但对于那些认为人类的出生是"绝对"起点的人而言，就无法不认为死亡是人类绝对的终结了，于是两者意味相同。因此只有认为自己非"出生"的人，才会认为自己不死。所谓出生，若按其本质及含义言之，实亦包括死亡，那是向两个方向伸出的同一条线。如果前者是从真正的无所发生，那么后者也是真正的灭亡。但实际上，唯其我们的真正本质是永恒的，我们才可以承认它的不灭，所谓不灭，并不是时间性的。如果假定人类乃是从无中所产生，当然也只有假定死亡是它绝对的终结了。这一种观点，和旧约所持的理论完全相符。因为，万物是从无中所创出来的理论，与不灭说大相径庭。新约的基督教也有不灭说，但它的精神是属于印度化的，也许它的起源也来自印度，而以埃及为媒介注入基督教中。但是那种印度的智慧，虽接上迦南之地的犹太支干，但与不灭说并不调和。这正如意志自由论之不调和于意志决定论一样。

　　不是根本的、独创性的东西，或者，不是由同一块木料所做成的家具，它总是显得有点别扭。——反之，婆罗门教或佛教的论点就能够与不灭说前后衔接，脉络一贯。他们认为，死后的持续也连带着生前的生存，生物是为偿还前世的罪孽而有生命。在哥鲁·布尔克的《印度哲学史》中的一节写道：昆耶婆虽认为婆伽龛派的一部分稍涉异端，但他所强调反对的是，如果灵魂是"产生"出来的话——亦即有"开始"的话，那就非永远的了。乌布哈姆在《佛教教义》中更有如下的叙述："堕于地狱者，是受最重惩罚的人，因为他们不信任佛陀的证言，而皈依'一切生物始于母胎，而止于死亡'的异端教义。"

　　把自己的生存解释为偶然现象的人，当然不免对因死亡而丧失生存的权利而感到无比的恐惧；反之，若能洞察大体的人，尚可了解其中有某种根源必然性，而不相信我们的生存只限于短暂的一刹那。试想，在我们"实存"的过去，既已经过无限的时间，发生无限的变化，在我们的背后，亦有着无限的时间，以此推测，我们不能不说，我们实是生存于所有的时间中——现在、过去和未来。因为，若"时间"的力量能引导我们的"实存"走向破灭，我们应早已破灭。我们更可说，"实存"是一种固有的本质，一旦形成这种状态，即永远屹立不坠，不受破坏。它正如阳光，虽在黑夜消失，或偶受云雨、暴风的遮挡，但黑夜过去，阳光复现，云破雨霁，阳光仍普照大地，它是永恒的，不可能归之于乌有。基督教告诉人们"万物复归"，印度人认为峭于梵天不断地反复而创造世界，希腊哲学家亦有类似的说法。这些教训都可显示出存在与非存在的巨大秘密，即它在客观构成无限的时间，主观方面形成一个"点"——不能分割、经常现存的现在。康德的不灭说亦曾明白地说明：时间是观念性的，物自体才是唯一的实在性。但有谁能了解此中的道理呢？

如果我们能够站在更高的立场，即"出生"并非我们生存的开始，当可升起这样的信念：必有某种东西非死亡所能破坏的。但那并不是个体，个体只在表现种族的一种差别，它借着生殖而产生，具有父母的性质，故属于有限的东西。个体不复记忆生前的生存，死后也无法带去今生的生存记忆，然而人的自我仍留存于意识之中，"自我"常存着与个体性结合的欲望，更希望能与自己的生存永远结合在一起，故当个体性不存在时，即意气消沉。因为，意识具有这样的特性，所以，要求死后的无限持续的人，恐怕只有牺牲生前无限的过去，才可望获得了。所以他对生前的生存没有记忆，在他的认识中，意识是与出生同时开始的，以为他本为乌有，而由出生带来他的生存。这一来，就得以生前无限的时间去买取死后的无限生存了。所以，我们必须把意识的生存，当作另一回事，才能不介意死亡的问题。

我们的本质可区分为"认识"和"意欲"两部分，即可了解"我"实际是很暧昧的词汇。有人认为"死亡是'我'的完全终止"，有的见解则较乐观："正如'我'只是无限世界中的一小点，'我'的个人现象亦为'我'的真正本质的极微小部分"。仔细探究，"我"实际是意识中的死角，因它正如网膜上视神经所穿入的盲点一般，并无感光作用，也如我们的眼睛，能够看到一切，唯独看不到自己。此正与产生认识力的脑髓作用完全相应，我们的认识能力完全外向，其目的仅在保存自我，即为搜寻食物、捕获猎物而活动。因此，各人所知悉的，只有表现于外在直观中的本身个体而已。反之，如果他了解透彻的话，反而会对这副臭皮囊付之以冷笑，甚至舍弃自己的个体性："即使丧失这个个体性，与我又有何碍？因为我的本质中仍可产生无数个个体性"。

退一步说，个体性果真能无限地延长下去，人也势必会感到过分单调而厌腻。为避免于此，他反倒希望早些归于乌有。试看，大多数人——不，一切的人类，不论置身任何状态下皆不能得到幸福，如果免除了穷困、痛苦、苦恼，随即陷入倦怠无聊；如果为预防倦怠，则势必痛苦，苦恼终生，两者交替出现。因而，人类若仅处于"更好的世界"是不够的，除非本身发生根本的变化——即中止现在的生存，置身于另一个世界，而在这个世界中，人的本质毫无变化，结果还是相同的。

客观物必须依存于主观物，其结局也以此为基础。"生命之梦"以人体器官为组织，以智慧为形式，不断地编织下去，等到人的全体根本组织消灭时，梦，终于觉醒了。真正的做梦，醒来时，人还是存在着；而担心死亡后一切皆将终止的人，却犹如没有梦的人而还强要他做梦一样。个人意识由于死亡而终止，然而，又是什么使他还能燃起对永恒生命的热爱呢？他所希求的究竟是什么呢？细察人类意识活动的大部分内容，不，几乎是全部内容，可以知道，那不外乎是由于他对世界的怜悯和对自我的执著（或者为了别人，或者为了自己），他的目的无非为了求得活得"不虚此生"而已——所以，古人往往在死者的墓碑上刻着"无愧此生"或"愉快安息"的字样，其中实在是有着无比深刻的含义。

那些为了自我的执著（为了一己的欢乐）的人且不谈，为了对世界的怜悯的人，则是与世间的"来世责罚"或"精神不朽"相关联的，他们希望在死后获得赐福或获得永远的尊敬。而这正是以"德行"为手段，以"利己主义"为目的的一种做法（它的本质还是自私的）。然而也正由于这种做法，人类的仁爱精神——如对敌人的宽恕、冒险救难的行为以及不为人知的善行等——才得以永久维系不坠。

其实，所谓"开始""终止"或"永存"，其意义纯系借自时间而得，是以时间为前提才能通用的概念。但时间并不能带来绝对的生存，亦非存的方法，它只是用以认识我们及其他事物之生存的一种认识形式。因此，"停止""永存"等概念唯有在这种认识力的范畴——即发现于现象界中的事物——才能适用，而非关乎事物的本质。

经验的认识固然明白显示着："死亡"是时间性生存的终止。然而仍然必须知道一切经验的认识以及所有卷入生灭过程的物质，实际仅是现象而已，它们并非物自体。那么，对于死后究竟能否持续的问题，应该做何解答呢？我们只有这样说："生前若不曾存在的话，死后也不会存在；反之，若某些东西非'出生'所能制造出来的话，死亡亦无法加以破坏。"

斯宾诺莎说得对："我们可以感觉或经验到'永恒'。"试看我们对最遥远的儿时记忆是何等新鲜！任何人必曾有过这样的感觉：我们本身中必有某种绝对不灭、不能破灭、不会衰老、不会与时俱逝、永远执一不变的东西。但那到底是什么呢？恐怕任谁也无法明确指出。但显而易见，那并不是意识，意识隶属于有机体，它与有机体同时消灭；亦非肉体，肉体是意志的产物或影像，也是属于现象之一。如此逐步搜求，我们或可依稀找出答案，它应是那层于意识之上，为意识与肉体共同的意志。意识与死亡同时消失，但产生及维持意识的物质，并未消失；生命虽已逝去，但表现于其中的生命原理，并未消失。它就是永恒不灭的意志，人类一切形而上的、不灭的、永恒的东西，皆存在于意志之中。

在现象界中，由于认识形式的限制——即由于"个体化原理"之时、空的分隔——人类的个体看来是必会趋于破灭的，然而实际上却不断地有其他新个体代之而起，种族的不灭，即为个体不灭的象征。因为对生存的本质（意志）而言，个体与种族之间并无任何区别，而是一体的两面。在此，我必须特别强调：现象与本质二者是无从比较的，换句话说，表象世界的法则完全不适用于物自体（意志）的法则，甚至可以说两者根本对立。兹以死亡的反面——动物存在的发生（生殖行为）为例略加说明，读者或可了然于怀。生殖行为是意志最直接和最大的满足，但它只是盲目冲动之下的肉欲工作，在通过了意志的自我意识下，轻易地形成有机体。然而，表象世界的有机体，构造却极尽巧妙、极端复杂和无比精密。按理，造物者应该尽其可能地去照顾和监护这些个体，但事实正好相反，他却是漫不经心地任其破坏。从以上的对照，我们不难了解现象与物自体间的差异所在，进而可以察知，我们真正的本质，并不因死亡而有所破坏。

我在本文开头即曾说明，我们对于生命的眷恋——不，应该是对死亡的恐惧——并非从认识所产生，而是直接根源于意志，这是没有认识力的盲目求生意志。正如我们的肉欲完全是基于幻想的冲动，而被诱进生存的圈套中一样，对死亡的恐惧亦纯属幻想的恐惧。意志之所以恐惧死亡，是因它肉眼所见，意志本质仅表现于个体的现象，因此，那正如我们在镜中的影像一般，镜子破碎，影像即告消失，而使意志产生它与现象同时消灭的错觉——所以，尽管哲学家们从认识的立场找出许多合适的理由，反复说明，"死亡并无任何危害"，但仍无济于事，因为它是盲目的意志。

意志是永恒不灭的，所有的宗教和哲学，只赐予善良的意志（善心）酬报——在"永恒的世界中"。而对其他——如卓越的智慧等，却从未有过类似的承诺。

附带说明，形成我们本质的意志，其性质很单纯，它只有意欲而无认识；反之，认识的主体——智慧，则是意志客观化所产生的附属现象——因为，意志知道自己的无力和盲目，根据自然的意旨，智慧的产生是为了协助意志，以作为它的引导者和守护者——认识必须依附于有机体的肉体，有机体又以肉体为基础，所以，在某种意义下，有机体也许可以解释为"意志与智慧的结合"。智慧虽是意志的产物，但它与意志却站在对立及旁观者的地位；不过，它所认识的只是在某一段时间中之经验的、片断的、属于连续性刺激和行动中的意志而已。动物的意志也可获得智慧，然而它的作用更小，仅在追求自己的目的时，作为照明之用——本质之为物，对智慧而言始终是一个谜，因为它所看到的只是个体不断地产生和破灭，它永远不能了解本质的超越时间性。不过，我们也许可以这么说：对于死亡的恐惧，或多或少是缘于个体的意志不愿脱离原来的智慧。

绝大部分的死亡恐惧不外乎是"自我已消灭，而世界依然存在"的错误幻觉所致。这实在是一种很可笑的心理，世界伴随意志，原如影之附身一般，世界唯有在这个主体的表象中才能存在，这个世界的真正主人就是意志，它赋予了一切生物的生存，它是无所不在的。如今，这个世界的主人却因个体化原理所形成的妄想所困扰而绝望，以为自己行将死灭，踏入永远乌有的深渊，岂非可笑至极？事实上，正确的答案应是："世界虽消灭，而自我的内在核心却永远长存。"

只要意志不实行否定，我们死后仍存留着另一完全不同的生存。死亡于物自体（意志），犹如个体睡眠，意志由于这种"死亡的睡眠"，而获得其别的智慧和新的意识，于是，这个新的智慧和意识以新鲜生物的姿态再度登场。——反之，如果记忆和个体性永远存留于同一意志中的话，意志将感到非常难耐，因为它只有无穷无尽地继续着相同的行动和苦恼。

但我们的智慧因受时间形式的限制，并不了解物自体的问题，因此，上述情况就被宗教解释为"轮回"。——现在，我们如果再引出"性格（意志）遗传自父亲，智慧遗传自母亲"的论点，加以参

二、生命的永恒

证的话，即可了然所谓"轮回"与我上述的见解，非常吻合。即人类的意志虽具有各自的个体性，但在死亡之后，借着生殖而从母亲那儿获得新的智慧，于是遂脱离原来的个体性，成为新存在。这个存在业已不复记忆前世的生存，因为记忆能力的根源——智慧，属于一种形式，是会消失的。借此，这种状况，与其名之为"轮回"，不如说"再生亡"较为贴切——根据哈地的《佛教手引》及柯宾的《佛教纲要》等书的记载，皆说明佛教的教义与上述的见解原是一致的，但对大部分佛教徒而言，因为这种教义太过深奥难解，故而以较浅易单纯的轮回说取而代之。

此外，从经验的根据，也可证实这种再生，换句话说，新生物的诞生与活力消失的死亡之间，实有着极密切的关系。据舒努雷《瘟疫史》中所述，十四世纪时，鼠疫症曾一度流行于世界各地，死者无以胜数，使世界人口大为减少，但之后即呈现异乎寻常的多产现象，而且双胞胎非常多。据说，还有此时期所降生的孩童，竟无一人长着完全相同的齿列，这岂非是很不可思议的事情？又，德国医学家卡斯培曾撰有《关于人类寿命》一书，该书作如下两点结论：（一）出生率对于寿命和死亡率有着决定性的影响。（二）出生率与死亡率往往相一致，即按相同的比率增减。这是作者从许多国家和地区，搜集许多例证后所确立的原则，其精确性想来应毋庸置疑。——虽然，某个个体自己业已死亡，多产的是与自己毫不相关的另一对夫妇，但其间因果实不可说只是形而下的关系。这件事说明了，每一个体皆含着"不灭之芽"，经过"死亡"后再被赎取回来，于是产生新生命，这就是它的本质。如果能沟通出两者之间（不灭之芽与新生命）桥梁的话，也许，生物生死之谜即可迎刃而解。

众所周知，"轮回"是婆罗门教和佛教的中心教义，实际上它的起源极古老，也在很早就取得大多数人的信仰。大概除犹太教及它的两个分支外，几乎所有的宗教，皆有轮回之说。基督教主张，人们在赎回他的完全人格后，即可在能自我认识的另一世界中相会。而其他宗教则认为这种相会在现世已进行着——只是我们无法分辨。也就是说，借轮回或再生的生命循环，在来生时，我们仍可和亲戚朋友共同生活；不论是伙伴抑或敌人，在来生时我们与他们仍只有类似的关系和感情。——当然，这时的再认，只是一种朦胧的预感，而非明晰的意识。

轮回的信仰，实际可说是人类自然的信念所产生，它深植于世界各个角落的一般民众和贤者的脑海中。绝大多数亚洲人自己不在话下，同时它也为埃及和希腊人所信奉。希腊哲学家曾说："一般希腊人皆信灵魂不灭之说，即灵魂可以从一个人的身体移到另一人之中。"此外，如北欧、印第安族、黑人及澳大利亚，也有此信仰的痕迹可寻。它又是督伊德敌派的基础；印度境内的一支回教，也信仰轮回，因而禁止一切肉食。此外，一般异敌，轮回信仰均极根深蒂固。毕达哥拉斯、柏拉图等大哲，更将它纳入他们的学术体系中。里希田堡在《自传》中也说道："我始终丢不开'我在出生前即已有过死亡'的思想。"休姆在《灵魂不灭论》也特别强调："在这种学说中，轮回是哲学唯一值得倾听的东西。"——只有犹太教和它的两个支派，持相反的意见，因为他们认为人类是从"无"中创造出来的。虽然他们凭着火和剑，在欧洲及亚洲的部分地区驱逐了这足以慰藉人类的古老信仰，但它究竟能持续到何时呢？从宗教史来看，我们实不难判定它的命运。

　　死亡，也许可以解释为"求生意志中的利己心，在自然的进行中所受到的大惩戒"，或者是"对人类生存的一种惩罚"。就后者而言，死神将说道：你们是不正当行为（指生殖）的产物，应是根本的错误，所以应该消灭。因此死神借"死亡"辛苦地解开由生殖欲望所作的结，让意志备受打击，以彰神。就前者而言，意志中的利己心，总妄想着自己是存在于一个个体中，一切的实体只局限于自己。因此，死亡便以暴力破坏此一个体，使意志在失望之余唤醒它的迷误。其实，意志的本质是永远不灭的，个体的损失仅是表面的损失而已，以后它仍将继续存在于其他的个体中。所以，一个最善良的人，"自他"的区别最小，也不会把"他人"当作绝对非我的人；反之，恶人对他人之区别则甚大，且是绝对性的。死亡是否被视为人类的破灭，其程度的多寡，可依此区别而定。

　　如果能够善用机会的话，"死亡"实是意志的一大转机。因为在生存中的人类意志并不是自由的，一个人的行为是以性格为基础，而性格是不会改变的，其所行所为完全隶属于必然性。如果他继续生存的话，只有反复相同的行为，而各自的记忆中必定存留着若干的不满。所以，他必须舍弃现在的一切，然后再从本质之芽萌生新的东西。因此，死亡就是意志挣脱原有的羁绊和重获自由的时

二、生命的永恒

候。吠陀常言："解开心灵之结，则一切疑惑俱除，其'业'亦失。"死亡是从褊狭的个体性解脱出来的瞬间，而使真正根源性的自由得以再度显现。由此，瞬间也许可以视之为"回复原状"。很多死者的颜面——尤其善人——之所以呈现安详、平和之态，其原因即在此。看破此玄机的人更可欣然、自发地迎接死亡，摒弃或否定求生意志。因为他们了解，我们的肉身只是一具臭皮囊而已；在他们眼中看来，我们的生存即是"空"。佛教信仰将此境界称之为"寂灭"。

三、幸福的分类

　　亚里士多德将人生的幸福分成三类，那就是自外界得来的幸福、自心灵得来的幸福和自肉体得来的幸福。这种划分除数目外没有指出什么。据我所观察的人的命运中的根本不同点，可以分为不同的三类：

　　一、什么是人：从人格一词的广泛意义来说，人就是人格，其中包括健康与精力、美与才性、道德品性、智慧和教育等。

　　二、人有些什么：人有财富和他可能占有的事物。

　　三、如何面对他人对自己的评价：也就是大家所知道的他人把你看成什么样子，或更严格一点来说，他人对你的观感如何。这可以从别人对你的意见中看出来；别人对你的意见又是从你的荣誉、名声和身份上表现出来的。

　　上面第一类的差异是自然本身赐给人的，正由于是自然本身赐给人的，它们对人生快乐与否影响之大和深刻，远超过后来两类对人的影响。后面两类只是由人安排的结果。所有具有特权身份或出生在特权世家的人士，即使他是出生在帝王之家，比起那些具有伟大心灵的人士来说，只不过是为王时方为王而已，具有伟大心灵的人，相对于他的心灵来说，永远是王。希腊哲学家伊壁鸠鲁最早的弟子麦关多鲁斯也说"从我们内心得来的快乐，远超过自外界得来的快乐"。生命幸福的主要因素，我们存在的整个过程，在于我们内在的生命性质是什么，这是天经地义和人人都可以体验到的事实。人的内在生命性质是我们心灵满足的直接源泉，我们整个感性、欲望和思想使我们不满足，直接的源泉也是因为我们内在生命的性质。另一方面来说，环境只不过会对我们产生一种间接的影响而已，这就是为什么外界的事件或环境对两个人的影响各不相同。即使环境完全相同，每一个人的心灵也并不全合乎他周围的环境，各人都活在他自己的心灵世界中。一个人能直接领悟的，也就是自己的观念、感受和意欲。外在世界的影响也不过是促使我们领悟自己的观念、感受和意欲。我们所处的世界如何，主要在于我们以什么方式来看我们所处的世界。正因为如此，世界相同，各人却大异其趣：有的人觉得枯燥乏味，了无生趣；有的人却觉得生趣盎然，极具意义。听到别人在人生经验历程中颇感兴味的事件，人人也都想经历那种事件，完全忘记那种事件会令人忌妒，在描述那些事件时，把自己的心灵落在那些事件所具有的浮泛意义中。某些事情对天才来说是一种极具意义的冒险，但对凡夫来说却单调乏味，毫无意义。在歌德和拜伦的诗中，有许多地方是化腐朽为神奇，化平凡为不平凡。愚痴的读者忌妒诗人有那么多令人愉快的事物，他们除了忌妒外，也不想想诗人有着莫大的想象力，只是把极平凡的经验变得美丽和伟大。

同样地，对一个乐观的人来说，某种情景只不过是一种令人发笑的冲突，忧郁的人却把它当做悲剧，但在恬淡的人看来又毫无意义。所有这些都须依赖一种事实，那就是要了解和欣赏任何事件，必须具有主体和客物两种因素；主体和客物关系的密切和必然连接在一起，就像水中的氢氧与氧关系密切和必然连接在一起一样。在一种经验中客物或外界因素一样，但主体或个人对它的欣赏却因人而异，每一个人对相同的客物看法都不同。愚痴的人认为世间最美好的事物微不足道，这就好像在阴霾的天气中看令人流连忘返的风景一样，以为并不值得流连忘返；或者就像在不太好的影画镜中看画，影画镜固然不好，影出来的画未必不好。明白一点说，每一个人都受自己意识的限定，我们并不能直接地超出自己意识的限定而变成另一个人，因此，外界的帮助对我们并没有多大用处。同在一个舞台上，有的人是帝王，有的人是阁员，有的人是将军、士兵或仆人和其他等，他们彼此的不同只不过是外在的不同而已，但各种角色内层核心的实在性却是相同的。大家都是可怜的演员，对自己的命运充满着渴望与焦虑。在人类的生命中就正是这种情况。各人依身份和财富的不同而扮演不同的角色，但这决不意味大家内在生命的快乐与欢愉有什么差异。我们都是集忧患困厄于一身，可怜兮兮地活到死而已——每个人展示生命内容的原因当然不同，但生命形式的基本性质却是一样的。各人的生命强度自然也因人而异，生命强度的差异绝不是要符合各人所应扮演的角色，或者要符合地位和财富的有无。因为事物的存在或发生，仅存于我们的意识中，且只是为意识而存在，人的意识素质是人的最重要的事物。在大部分情况中，意识素质的重要性远超过形成意识内容的外在环境。世界上一切的骄傲与快乐，对虫子的迟钝心灵来说，当然微不足道。虫子的迟钝心灵决不能与塞凡提斯在悲惨的监牢中写堂·吉诃德时的想象相比。生命的实在客观的一半是在命运中，在不同的情况中采取不同的形式。另外主观的一半却属于我们自身，生命自始至终就是这种情况。

因此无论外在的环境如何不同，每个人的生命终其一生都是具有相同的性质。生命就像在一个题目上发挥不同的内容而已。任何人决不能超出他的个性。一种动物无论在什么样的环境下，总是狭小地限定在自然所赋予它的那种不可更改的性质中。我们努力使自己所"宠爱的对象"快乐，必须就着那个对象的性质和限定在它所能感受的范围以内。人又何尝不是这样呢？我们所能获得的快乐，事先就由我们的个性决定了。人的心性能力更是这种情况，人的心性决定了我们是否能觅取较高生命精神价值享受的能力。心性能力如果不高，又不加以外在的努力，别人或者财富是不能把他提升到人的一般快乐和幸福以上的。虽然人也具有一半动物性，但如果心性高的话，是可以提升自己的。心性不高的人幸福和快乐的唯一源泉是他的感官嗜好，充其量是过一种舒适的家庭生活，与低级的伴侣在一起俗不可耐地消磨时光。教育对这类凡夫俗子也不能增加他的精神价值。人的最高、永恒和丰富的快乐实是他的心灵，虽然我们在青年时不了解这一点，事实上却是如此的。心灵的快乐主要又在依赖我们心灵的能力。很明显的是，我们的幸福大半依赖我们的本性和我们的个性；所谓命运一般是指我们有些什么，或者我们的名声如何。就这一点来说，我们当然可以促进我们的命运，但是，如果我们内在的生命富有的话，我们就不会奢求我们有些什么了。另一方面，愚人终其一生还是愚人，即使在乐园中被美女包围，他也难以脱离愚人的个性。

通常的经验指出生命中的主体因素的重要性，对人生的快乐与幸福来说，实远超过客观因素，这从饥者不择食、少年与成年人不能相与为伍到天才和圣人的不同生活均可看出来。在一切幸福中，人的健康超过任何其他幸福，我们真可以说一个身体健康的乞丐要比一位疾病缠身的国王幸福得多。一种平静欢愉的气质，快快乐乐地享受非常健全的体格，理智清明、生命活泼、洞彻事理、意欲温和、心地善良，这些都不是身份与财富所能作成或代替的。因为人最重

三、幸福的分类

要的在于他自己是什么，当我们独处的时候，也还是自己伴随自己，上面这些美好的性质既没有人能给你，也没有人能拿走，这些性质就比我们所能占有任何其他事物重要，甚至比别人如何看我们来得重要。一个具有理智的人在完全孤独的时候沉没于自己的遐思中，其乐也无穷。来自世俗的快乐，剧场、游览、娱乐并不能使愚人忘掉烦恼。一个有着良好、温和优雅性格的人，即使是在贫乏的环境中也能怡然自得；然而一个贪婪、充满嫉妒和怨恨的人，即使他是世界上最富有的人，他的生命也是悲惨的。具有常乐的特殊个性的人士，他拥有高度的理智，别人所追求的那些快乐，对他来说不但是多余的，甚至是一种负担和困扰。当苏格拉底看到许多奢侈品在贩卖的时候，他不禁说道：这个世界有多少东西是我不需要的啊！

因此，我们生命快乐的最重要和最基本因素是我们的人格，如果没有其他原因的话，人格是在任何环境中活动的一个不变因素。人格不像在此文中另两类所描述的幸福一样，并不是命运可以支配的，也不是人可以扭曲的。正因为这样，人格比之另两类所描述的幸福之相对价值，就更具有绝对性价值，这样一来，常人把握人就比一般人所想象的困难得多。在此，时间又进入到我们的生命中而发挥其无限的作用，我们受时间的影响，肉体和精神的种种便将渐渐消失，唯有道德的品性才不受时间的影响。就时间所造成的毁灭性结果来看，在此文当中另两类所指的幸福，因不受时间的直接左右，这样在事实上就似乎优于第一类。由这两类所得的幸福尚有其他的益处，那就是由于它们极具客观和外在的性质，要得到它们是不难的，至少每个人都可能占有它们。但是，所谓主体性就不是随时可以得到的，主体性是与生俱来的一种神妙的权利，主体性是不变的，是不可让与的，这对人生的命运来说是注定不变的。一个人的命运自生开始是如何的不能改变，如何的只能在已注定的生命活动线上开展自己，我们的生命像行星一样，在什么样的位置就在什么样的位置。请看古代的女巫和先知们是如何断言人不能逃脱自己生命的道路？也不能借时间的任何力量改变自己生命的道路的。

在我们生命力量中唯一所能成就的事物，只不过是尽力地发挥我们可能具有的个人品质，且只有依我们的意志的作用来跟随这些追求，寻求一种圆满，承认可以使我们圆满的事物，和避免那些使我们不能圆满的事物。这样一来，我们便选择那些最适合我们发展的职位、职业以及生活方式。

我们可以想象一位具有极大体力的人士，他由于环境被迫干一种固定的职业，从事某种手工的精细工作，或者研究某种需要其他能力的心灵工作，恰好他又没有这种能力。处在这种环境下的人是一生都不会感到快乐的。更为不幸的一种人是他具有非常高的理智能力，却未得到高的发挥和被人雇用，而进行一种其体力不能胜任的劳动。我们是应该注意这种情形的，特别在青年时，应避免站在能力所不能胜任的悬崖上，或施出多余的能力。

因为在人格项目下所描述的幸福，大大地超过其他项目所描述的幸福，懂得维护健康和培育心灵，就比只知聚集财富要聪明得多了，但这绝不是说我们可疏忽为生活获得必需的供给。就健康一词的严格意义来说，只是脑满肠肥，是对我们的快乐没有什么帮助的。许多富人常感不快乐，是因他们缺少真正的精神文化或知识，结果就没有理智活动的客观兴趣。因为人除了某些实在的和自然性的必需满足外，一切财富的占有，就对幸福一词的适当意义来说，影响是较小的。事实上，有时财富反而妨碍人们获得幸福，因为保存财富常给人带来许多不可避免的悬念。然而人乐于使自己富有是远超乎获得文化的兴趣，虽然人的文化对幸福的影响远超过财富对幸福的影响，人还是不断地追求财富。我们看到有许多人像蚂蚁一样，整天劳碌，忙着不停地聚集财产，除了知道搞钱外，其他便一无所知。这种人的心灵空白一片，结果是对任何其他事物的影响麻木不仁。他们对理智的高度幸福无能力感受，就只有沉迷在声色犬马中，任意挥霍，求得片刻的感官刺激。如果幸运的话，他奋斗的结果，是得到了巨大的财富，死后留给继承人，或者乱花一通。像这种人的人生，看来虽像煞有介事和具重要感，实际上就和其他许多傻子一样，愚昧地度其一生而已。

因此，人自身所具有的是什么，主要的因素是存在于他的幸福中。因为这是一种规则，大部分的人尽一切力量与贫穷奋斗，那是很难获得幸福的。这种人的心灵是空虚的、想象是迟钝的、精神是贫乏的，物以类聚，他就只有和与他一样的人混在一起，放浪形骸，纵情纵欲。富有家庭的年少子弟继承了大量的财产后就尽情挥霍，究其原因，无非是心灵空虚，对自己的生存感到厌倦。他来到这个世界外表虽是富有的，内在却是贫穷的，他唯一无望的努力便是用自己外在的财富来弥补其内在的贫穷，企图从外界来获得一切事物，就像一个老人一样，努力地要使自己成为大卫王。结果是，一个内在贫穷的人到头来外在也变得贫穷。

前面所说的构成幸福的另两类因素的重要性是无须我再强调的，今天的广告就一再宣称具有这两类因素的价值。至于第三类与第二类比较起来，因为只是存在于别人的意见中，在性质上就比较不重要了，然而每个人仍要追求名誉。另一方面，官位只有让服务政府的人去追求，而名声则是由少数人所追求的。在任何情况中，名誉都被视为一种无价的财宝，而名声则是一个人所能获得最宝贵的事物。只有愚蠢的人才会取爵位而舍财富。这第二类和第三类是一种相互关联的因果关系。要使别人喜欢自己，不论使用什么方式，其目的还是在于想得到我们所需要的。

四、人格的划分

在前一节中我们已指出，一般说来，人是什么相比对他的评价是什么更影响他的幸福。因为个性随时随地伴随着人，并且影响他所有的经验，所以人格——也就是人本身所具有的一些特质——是我们首先应考虑的问题。能自各种享乐里得到多少快乐是因人而异的。我们大家都知道在肉体享乐方面确是如此，在精神享乐方面也是这样。当我们用英文里的句子——好好享受自己说话时，这话实在太明白不过了，因为我们不说"他享受巴黎"，却说"他在巴黎享受"。一个性格不好的人把所有的快乐都看成不快乐，好比美酒喝到充满胆汁的口中也会变苦一样。因此生命的幸福，不在于降临的事情本身是苦是乐，而在于我们如何面对这些事情，我们感受性的强度如何。人是什么？所具有的特质是什么？用两个字来说，就是人格。人格所具备的一切特质是人的幸福与快乐最根本和直接的影响因素。其他因素都是间接的、媒介性的，所以它们的影响力也可以消除破灭，但人格因素的影响却是不可消除的。这就说明为什么人的根深蒂固的忌妒心性难以消除，不但如此，人常小心翼翼地掩饰自己的忌妒心性。

在我们所有的经历当中，我们的意识素质总占着一个经久不变的地位；一切其他的影响都依赖机遇，机遇都是过眼烟云，是稍影即现，且变动不已的；唯独个性在我们生命的每一刻里不停地工作。所以亚里士多德说："持久不变的并不是财富而是人的性格。"我们对完全来自外界的厄运还可以容忍，但由自己的个性导致的苦难却无法承受：只因运道可能改变，个性却难改变。人自身的福分，如高贵的天性、精明的头脑、乐观的气质、爽朗的精神、健康完善的体魄，简单说，是幸福的第一要素。所以我们应尽心尽力地去促进和保存这类使人生幸福的特质，莫孜孜以求外界的功名与利禄。

在这些内在的品格里，最能给人带来直接快乐的莫过于"愉悦健全的精神"，因为美好的品格自身便是一种幸福。愉快而喜悦的人是幸福的，而他之所以如此，只因其个人的本性就是愉快而喜悦的。

这种美好的品格可以弥补因其他一切幸福的丧失所生的缺憾。例如，若有一人年轻、英俊、富有而受人尊敬，你想知道他是否幸福只需问他是不是欢愉？假若他是欢愉的，则年轻、年老，背直、背弯，有钱、无钱，这对他的幸福又有什么关系？总而言之，他是幸福的。早年我曾在一本古书当中发现了下面两句话："如果你常常笑，你就是幸福的；如果你常常哭，你就是不幸福的。"这是很简单的几个字，而且几近于老生常谈，也就因为它简单，使我一直无法忘记。因此当愉快的心情敲响你的心门时，你就该大大地开放你的心门，让愉快与你同在，因为它的到来总是好的。但人们却常踌躇着不愿让自己太快活，唯恐乐极生悲，带来灾祸。事实上，"愉快"的本身便是直接的收获——它不是银行里的支票，却是换取幸福的现金。因为它可以使我们立刻获得快乐，是我们人类所能得到的最大幸事，因为就我们的存在对当前来说，我们只不过是介于两个永恒之间极短暂一瞬而已。我们追寻幸福的最高目标就是如何保障和促进这种愉快的心情。

能够促进愉快心情的不是财富，却是健康。我们不是常在下层阶级——劳动阶级，特别是工作在野外的人们脸上找到愉快满足的表情吗？而那些富有的上层阶级人士不常是忧容满面、满怀苦恼与忧愁吗？所以我们应当尽力维护健康，唯有健康方能绽放愉悦的花朵。至于如何维护健康实也无需我来指明——避免任何情况下的过度放纵自己和激烈不愉快的情绪，也不要太抑制自己，经常做户外运动、冷水浴以及遵守卫生原则。没有适度的日常运动，便不可能永远健康，生命过程便是依赖体内各种器官的不停操作，操作的结果不仅影响到有关身体各部门也影响了全身。亚里士多德说："生命便是运动。"运动也的确是生命的本质。有机体的所有部门都一刻不停地迅速运动着，比如说，心脏在一收一张间有力而不息地跳动，每跳二十八次便把所有的血液由动脉运到静脉再分布到身体各处的微血管中；肺像个蒸汽引擎无休止地膨胀、收缩；内脏也总在蠕动工作着；各种腺体不断地吸收养分再分泌激素；甚至于脑也随着脉搏的跳动和我们的呼吸而运动着。世上有无数的人注定要从事坐办公桌的工作，他们无法经常运动，体内的骚动和体外的静止无法调和，必然产生对比。本来体内的运动也需要适度的体外运动来平衡，否则就会产生情绪的困扰。大树要繁盛荣茂也需风来吹动。人的体外运动需与体内运动平衡就用不着说了。

幸福在于人的精神，精神的好坏又与健康息息相关，这只要从我们对同样的外界环境和事件，在健康强壮时和缠绵病榻时的看法及感受的不同上，即可看出来。使我们幸福或不幸福的，并非客观事件，而是那些事件给予我们的影响和我们对它的看法。就像伊辟泰特斯所说的："人们不受事物的影响，却受他们对事物的想法的影响"。一般来说，人的幸福十之八九有赖健康的身心。有了健康，每件事都是令人快乐的，失掉健康就失掉了快乐。即使人具有其他的如伟大的心灵、快活乐观的气质，也会因健康的丧失黯然失色，甚至变质。所以当两人见面时，我们首先就是问候对方的健康情形，相互祝福身体康泰，只因健康是成就人类幸福最重要的成分。只有最愚昧的人才会为了其他的幸福牺牲健康，不管其他的幸福是功名、利、禄、学识，还是过眼烟云似的感官享受，世间没有任何事物比健康还来得重要。

愉快的精神是获得幸福的要素，健康有助于精神愉快，但要精神愉快仅是身体康健还不够：一个身体健康的人可能终日愁眉苦脸，忧郁不堪。忧郁根源于更为内在的体质上，此种体质是无法改变的，它系于一个人的敏感性和他的体力、生命力的一般关系中。不正常的敏感会导致精神的不平衡，如忧郁的人总是比较敏感的，过度忧郁症的患者却会爆发周期性的无法抑制的快活。天才通常是精神力即敏感性很充沛的人，亚里士多德就曾观察到此特点，他说："所有在哲学、政治、诗或艺术上有杰出成就的人士都具备忧郁的气质。"无疑地，塞罗也有这种想法。柏拉图把人也分成两类，那就是性格随和的人以及脾气别扭的人。他指出对于快乐和痛苦的印象，不同的人有不同强度的受容性，所以同样的事情可以令某人痛苦绝望，另一人却一笑置之。大概对不快乐的印象受容性愈强的人对快乐的印象的受容性愈弱，反之亦然。每件事情的结果不是好就是坏。总担忧和烦恼着事情可能转坏，因此，即使结果是好的，他们也快活不起来了。另一方面，却不担心坏结果，如果结果是好的，他们便很快乐。这就好比两个人，一人在十次事业里成功了九次，还是不快乐，只懊恼那失败的一次；另一人只成功了一次，却在这次的成功里得到安慰和快乐。然而世上有利的事也就有其弊，有弊的事亦必有其利，阴郁而充满忧虑个性的人所遭遇和必须克服的困厄苦难多半是想象出来的，而欢乐又漫不经心的人所遭受的困苦都是实在的。因此凡事往坏处想的人不容易受失望的打击，反之，凡事只见光明一面的人却常常不能如愿。内心本有忧郁倾向的人若又得精神病或消化器官不良症，那么因为长期的身体不舒适，忧郁便转成为对生命的厌倦。一些小小的不如意之事便令自己自杀，更糟的是，即便没有特殊的原因也会自杀。这种人因长久的不幸福而想自杀，会冷静而坚定地执行他的决定。如果我们观察有这样一个受苦者，因厌倦生命到极点时便可发现他确实没有一丝战栗、挣扎和畏缩，只焦急地等待着他人不注意时便立刻自杀，自杀几乎成了最自然和最受他欢迎的解脱工具。世上即使最健康和愉快的人也可能自杀，只要他对外在的困难和不可避免的厄运的恐惧超过了他对死亡的恐惧，就自然会走上自杀的路。对快活的人而言，唯有高度的苦难才会导致他的自杀；对原本阴郁的人来说，只要微微的苦难就会使他自杀的，二者的差别就在于受苦的程度。愈是忧郁的人所需的受苦的程度愈低，最后甚至低到零度。但一个健康又愉快的人，非高度的受苦不足以使他结束自己的生命。由于内在病态郁悒情绪的加强可以导致自杀，由于外在绝大的苦难也会使人结束自己的生命。在纯粹内在到纯粹外在的肇因之二极端间，当然还有不同的程度，美也是健康的事务之一。虽然美只是个人的一种优点，与幸福不构成直接的关系，但却间接地给予他人一种幸福的现象。所以即使对男人来说，美也有它的重要性。美可说是一封打开了的介绍信，它使每个见到这封信的人都对持这封信的人油然而生欢喜之心。荷马说得好：美是神的赐予，不可轻易地抛掷。

只要稍微考察一下就知道，人类的幸福有两种敌人：痛苦与厌倦。进一步说，即使我们幸运地远离了痛苦，我们便靠近厌倦；若远离了厌倦，我们便又会靠近痛苦。生命呈现着两种状态，那就是外在或客观，内在或主观，痛苦与厌倦在两种状态里都是对立的，所以生命本身可说是剧烈地在痛苦与厌倦两端中摆动贫穷和困乏带来的痛苦：太得意时，人又生厌。所以，当下层阶级无休止地与困乏也就是痛苦挣扎时，上流社会却在和"厌倦"打持久战。在内在或主观的状态中，对立的起因，是由于人的受容性与心灵能力成正比，而个人对痛苦的受容性，又与厌倦的受容性成反比。现解释于下：根据迟钝性的定义，所谓迟钝是指神经不受刺激，气质不觉痛苦或焦虑，无论后者多么巨大，知识的迟钝是心灵空虚的主要原因，唯有经常兴致勃勃地注意观察外界的细微事物，才能除去许多人在脸上所流露的空虚。心灵空虚是厌倦的根源，这就好比兴奋过后的喘息，人们需要寻找某些事物，来填补空下来的心灵。而所寻求的事物又大多类似，试看人们依赖的消遣方式，他们的社交娱乐和谈话的内容，不都是千篇一律吗？再看有多少人在阶前闲聊，在窗前凝视屋外。由于内在的空虚，人们寻求社交、娱乐和各类享受，因此就产生奢侈浪费与灾祸。人要避免灾祸的最好方法，莫如增长自己的心灵财富，人的心灵财富愈多，厌倦所占的地位就愈小。那永不竭尽的思考活动在错综复杂的自我和包罗万象的自然里，寻找新的材料，从事新的组合，我们如此不断鼓舞心灵，除了休闲时刻以外，就再不会让厌倦乘虚而入。

　　但是，自另一方面来看，高度的才智根植于受容性、强大的意志力和强烈的感情上。这三者的结合体易动感情，对各种肉体和精神痛苦的敏感性增高，不耐阻碍，厌恶挫折——这些性质又因高度想象力的作用更为增强，使整个思潮（其中包括不愉快的思潮）都好似真实存在一样。以上所言的人性特质，适用于任何人——自最笨的人到空前的大天才都是如此。所以，无论在主观方面或客观方面，一个人接近了痛苦便远离厌倦，反之亦然。人的天赋气质决定他受苦的种类，客观环境也受主观倾向的影响，人所采用的手段总是对付他所易受的苦难，因此客观事件有些对他有特殊意义，有些就没有什么特殊意义，这是由天赋气质来决定的。聪明的人首要努力争取的无过于免于痛苦和烦恼的自由，求得安静和闲暇，以过平静和节俭的生活，减少与他人的接触，所以，智者在与他的同胞相处了极短的时间后，就会退隐，若他有极高的智慧，他更会选择独居。一个人内在所具备的愈多，求之于他人的就愈少——他人能给自己的也愈少。所以，智慧越高，越不合群。当然，假使智慧的"量"可以代替"质"的话，活在大世界里才划算，不幸的是，人世间一百个傻子实无法代替一位智者，更不幸的是人世间傻子何其多。

　　然而那些经常受苦的人，一旦脱离了困乏的苦痛，便立即不顾一切地求得娱乐消遣和社交，唯恐与自己独处，能与任何人一拍即合。只因孤独时，人须委身于自己，他内在的财富的多寡便显露出来：愚蠢的人，在此虽然身穿华衣，也会为了他有卑下的性格而呻吟，这原是他无法脱弃的包袱；然而，才华横溢之士，虽身处荒原，

四、人格的划分

亦不会感到寂寞。色勒卡宣称，愚蠢是生命的包袱，这话实是至理名言——实可与耶稣所说的话媲美，他说：愚人的生活比地狱还糟。人的合群性大概和他知识的贫乏，以及俗气成正比，因为在这个世界上，人只有独居和附属两种选择。据说黑人是顶爱群居的，在智力的比测之下，他们也处于最底层。有次我曾在一张法国报纸上看到，北美的黑人，不论自由人还是奴隶，都喜欢一大堆人挤在小屋里，拥挤使他们看不见对方的狮子鼻，因为他们彼此不能忍受。

脑——可以视作有机体的寄生物，它就像一个住在人体内接受养老金的人。闲暇——个人的意识及其个性自由活动的时刻，却是体内其余部门的产品，是它们辛苦、劳累的成果。然而大部分人在闲暇时刻里，得到了些什么呢？除了感官享乐和浪费，便只是厌倦与无聊了。这样度过的闲暇真是毫无价值。亚里奥斯图说：无知人的闲暇是多么可悲啊！而如何享受闲暇是现代人的最大问题。平常人仅思如何去"消磨"时光，有才华的人却"利用"时光。世上才智有限的人易生厌倦，因为他们的才智不是独立，仅用来做施行意志力的工具，以满足自己的动机；他们若没有特殊动机，则意志就无所求，才智便也休息了，因为才智与意志都须由外物来发动。如此，闲暇的结果会造成各种能力可怕的停滞，那就是厌倦。为了消除这种可悲的感觉，人们求助于仅可取悦一时的琐事，图自各种无聊的琐事中得到刺激，好发动起自己的意志，又因意志尚须才智之助才能达到目的，所以借此得以唤醒停滞的才智。但这些人造的动机与真正的、自然的动机比起来，就好像假钱和真钱一样，假钱只能在牌戏中玩玩，是派不上真用场的。所以这种人一旦无事可做，宁可玩手指、敲桌子、抽雪茄，也懒得动脑筋，因为他们原无脑筋可动。所以，当今世上，社交界里的最主要职务是玩牌，我认为玩牌不但没有价值，而且是思想破产的象征。因在玩牌时，人们不事思考，只想去赢别人的钱。这是何等愚蠢的人啊！但是为了公平起见，我仍录下支持玩牌者的意见。他们以为玩牌可作为进入社会和商界的准备工作，因为人可以从玩牌里学到如何灵活地运用一些偶然形成又不可改变的情况（如，手中分到的牌），并且使之产生最好的效果：如何假装，在情况恶劣时摆出一副笑脸，这些是人在社会里必备的手腕。但是，我以为，就因牌戏是教人如何运用伎俩、阴谋去赢取他人的东西，所以它是败坏道德的。这种从牌桌上学来的习惯，一旦生了根，便会推进到现实生活中去，将日常事件和人与人之间的种种关系都视同牌戏，只要在法律之内，人人都无所不用其极。这种例子在商业界中，真是比比皆是。闲暇是存在必然的果实和花朵，它使人面对自己，所以内心拥有真实财富的人，才真正知道欢迎闲暇。然而，大多数人的闲暇又是什么呢？一般人总把闲暇看得一无是处似的，他们对闲暇显得非常厌倦，当成沉重的负担一样。这时他的个性，就成为自己最大的负担。说到这里，亲爱的兄弟们啊！让我们庆贺吧！因为"我们究竟不是女奴的孩子，而是自由的儿女"。

进一步来说，所需很少、输入愈少的国土愈是富足。所以拥有足够内在财富的人，他向外界的寻求也就很少，甚至一无所求，这种人是何等的幸福啊！输入的代价是昂贵的，它显示了该国尚不能独立自主，它可能引起危险，肇生麻烦，总之，它是比不上本国自产的。这样说来，任何人都不应向他人或外界索求太多。我们要知道每人能为他人所做的事情本来有限，到头来，任何人都是孤立的，要紧的是，知道那孤立的不是别人，却是自己。这个道理便是歌德在《诗与真理》一书的第三章中所表明的，那便是说，在任何事情当中，人最后必须、也仅能求助的还是自己。葛史密斯在《旅游者》中不也曾说过：

"行行复行行，能觅原为己"吗？

人所能作为和成就的最高极限，不会超过自己。人愈能做到这一点，愈能发现自己原是一切快乐的源泉，就愈能使自己幸福。这便是亚里士多德所揭示的伟大真理："幸福就是自足。"所有其他的幸福来源，本质上都是不确定和不稳定的，它们都是如过眼烟云，随机缘而定；也都经常无法把握，所以在极得意的情况下，也可能轻易消失，这原是人生不可避免的事情。当年迈老大之时，这些幸福之源也就必然耗竭，到这个时候所谓爱情、才智、旅行欲、爱马狂，甚至社交能力都舍弃我们了，那可怕的死亡更夺走了我们的朋友和亲戚。当这样的时刻，人更需依靠自身，因为唯有自己才是长久伴随我们的，在人生的各个阶段里，自己是唯一纯正和持久的幸福的源泉。在充满悲惨与痛苦的世界中，我们究竟能求得什么呢？每个人到头来除了自己外原来都是一无所得啊！人一旦想逃避悲惨与痛苦，又难免落入到"厌倦"的魔掌中。况且在这世界里，又常是恶人得势，愚声震天。各人的命运是残酷的，而整个的人类也原是可悯的。世界既然如此，也唯有内在丰富的人才是幸福的，这就好比圣诞节时，我们是在一间明亮、温暖、充满笑声的屋子里一样；缺乏内在生命的人，其悲惨就好比在暮冬深夜的冰雪中。所以，世上命运好的人，无疑地，是指那些具备天赋才情，并有丰富个性的人，这种人的生活，虽然不一定是光辉灿烂的生活，但却是最幸福的生活。年轻的瑞典皇后克莉丝蒂娜才十九岁，除了听别人的谈论外，她对笛卡尔的了解仅限于一篇短文，因为那时后者已在荷兰独自隐居了二十年。她说："笛卡尔先生是最幸福的人，我认为他的隐居生涯很令人羡慕。"当然，也需有利的环境，才能使笛卡尔得偿所愿，成为自己生命和幸福的主宰。就像在《圣职》一书中，我们读到的智慧只有对具有丰厚遗产的人才是好的，对活在光明里的人才是有利的，为自然和命运赋予智慧的人，必急于小心地打开自己内在幸福的源泉，这样他就需要充分的独立自主和闲暇。人要获得独立自主和闲暇，必须自愿节制欲望，随时养神养性，更须不受世俗喜好和外在世界的束缚，这样人就不致为了功名利禄，或为了博取同胞的喜爱和欢呼，而牺牲自己来屈就世俗低下的欲望和趣味。有智慧的人是决不会如此做的，而必然会听从荷瑞思的训示。荷瑞思在给马塞纳思的书信中说：世上最大的傻子是为了外在而牺牲内在，以及为了光彩、地位、壮观、头衔和荣誉而付出全部或大部分闲暇和自己的独立。歌德不幸如此做了，我却侥幸地没有这样。

我在此所要坚持的真理，在于人类的幸福主要根植于内在，这是与亚里士多德在《尼各马可伦理学》一书中的某些精确观察相互印证的。亚里士多德以为，幸福预设了某种活动及某些能力的运用，没有这些，幸福就不能存在。斯多巴斯在注解逍遥学派的哲学时，对亚里士多德以为人类幸福在于能自由发挥各种天赋才能到极限的主张，作了如下的解释："能够有力而成功地从事你所有的工作，才是幸福。"所谓有力，便是"精通"任何事情。人类生而具有与四周之困难搏斗的力量，一旦困难消失，搏斗就随之终止，这些力量便无处使用，力量反而成为生命的一种负担。这时，为了免受厌倦的痛苦，人还需发动自己的力量，同时运用自己的力量。有钱的上层阶级人士是"厌倦"最大的被害者。古代的卢克利特斯，曾在诗里描述关于陷于"厌倦"的富人的可怜的景象，他诗中所描写的仍可见于今日每个大都市中——那里富人很少待在自己的家里，因为那儿令他厌烦，但他在外面也不好受，所以仍不得不回到家里，或者会急如星火地想奔赴郊外，好似他在那儿的别墅着火了一般。一旦到了郊外，他却又立刻厌烦起来，不是匆匆入睡，好使自己在梦里忘怀一切，便是再忙着起程回到都市中。

像上面这种人在年轻时代，多是体力与生命力过剩，肉体和心灵不能对称，无法长久保持体力与生命力；到了晚年，他们不是没有丝毫心灵力，便是缺乏培植心灵力的工具，致使自己陷入悲惨凄凉的境况中。意志，是唯一不会耗竭的力量，也是人人永远具备的力量，为了保持高度活力的意志，他们便从事各种高赌注的危险游戏，无疑地，这是一种堕落。一般说来，人若发觉自己无事可做，必然会替那剩余的精力寻找一种适当的娱乐，诸如保龄球、下棋、打猎、绘画、赛马、音乐、牌戏、诗词、刻印、哲学或者其他嗜好，对于每种的娱乐他都不甚精通，只是喜欢而已。我们可以将此种嗜好规则地分成三类，分别代表三种基本力量，也就是合成人类生理组织的三种要素，而不管它指向的目的，我们可以考究这些力量的本身，如何来发现三种幸福的源泉，每人依其剩余精力之种类选择一种，好使自己快乐。

第一类是满足"生命力"而得的快乐，代表生命力的有食、饮、消化、休息和睡眠，在世界的某部分，这种基本快乐是典型的，几乎人人都要得到这种快乐。第二种是满足"体力"而得的快乐，此种快乐可以自散步、奔跑、角力、舞蹈、击剑、骑马以及类似的田径和运动中得到，有时，甚至可以在军旅生涯和战争里消耗过剩的体力。第三种是满足"怡情"而得的快乐，诸如在观察、思考、感受、诗与文化的体会、音乐、学习、阅读、沉思、发明以及哲学等中所得的快乐。关于这几种快乐的价值、相对效用以及持续性的久暂，可说仍有许多，我们只到这里为止，其他留待读者去思索。然而有一点是大家所公认的，那便是我们所运用的力量愈是高贵，所获得的快乐也就愈大。因为快乐的获得，涉及自身力量的使用，而一连串快乐顺利地一再显现是构成人类幸福的主要因素，愈是高贵的力量所带来的快乐，其再现性就愈高，所以获得的幸福也就更稳定。就这一点来说，满足"怡情"而得的快乐的地位，无疑地较其他两种根本快乐要高。前两种快乐同时为兽类所具有，甚而兽类具备更多此种快乐，唯有充足的"怡情"方面的快乐是人类所独具的，这也是人与禽兽不同的地方。我们的精神是怡情呈现出来的诸种样态，因之充足的怡情，使我们可以获致某种与精神有关的快乐，所谓"睿智的快乐"是也，怡情愈占优势，此类快乐也就更大。

平常的一般人所热切关心的事，是那些会刺激他们意志，也就是与个人利害相关的事情。然而，经常地刺激意志起码不是一件纯粹的乐事，其中仍混杂着痛苦。就牌戏——这个普遍流行于"高尚社会"的玩意儿来说，它便是供给刺激的一种方式。由于它涉及的利害关系很小，所以不会产生真实和长久的痛苦，只有轻微、短暂的微疼而已，例如，"牌戏"对意志而言，事实上仅是种搔痒工具罢了。

另一方面，有强大睿智的人能够完全不涉及意志，热切关心一些"纯知识"的事物，此类关心也是这种人必备的品格，它使他不受痛苦的干扰，使自己能生活在类似仙境的宁静国度中。

让我们看下列两幅景象吧：一幅是大众的生活——长期乏味的搏闹史，他们为了追求没有价值的个人福利，投入自己的全副精力，历尽各种苦难，一旦目标达成，再度落身到自己时，生活便立即为无法忍耐的厌倦所环绕，各种活动都沉滞下来，唯有如火的热情才能激起一些快意。另一幅景象所呈现的，是一个赋有高度心灵能力的人，他思想丰富，生命充实而有意义，一旦得以自主，便立即献身于对有价值、有趣味的对象的追求，所以在他自身里含有最高贵的快乐源泉。诸如对自然的观察、对人事的思索、对历史上伟大成就的领会和了解（深刻透彻地明白伟大事迹的意义，是此类人士独具的才能），这些是他所需要的唯一外界激励的来源。历代伟人们所期望的千古知音便是这种具备高度心灵能力的人，伟人们也因自己的思想获得知音而不曾白活，其他的人虽然也崇拜伟人，但对他们以及他们的门徒的思想却仅一知半解，只能算是道听途说的人罢了。智慧之士既然有上述种种特性，他就比一般人更需要阅读、观察、学习、沉思以及训练自己，总之，他需要不受打扰的闲暇。法国大文豪伏尔泰曾说过："没有真正的需要，便不会有真正的快乐。"智者们的这些特殊的需要，才使他们能在大自然、艺术和文学的千变万化的美中，得到无穷尽的快乐，这些快乐是其他人不能领略的。我们要使那些脑满肠肥的人得到这些快乐，而他们又不需要且不能欣赏这种快乐，这就真像期望白发苍苍的老人再陷入爱河中一样。具有享受无穷尽快乐之天赋的人，他们过着两种生活——私人生活和睿智的生活，睿智的生活渐渐成为他的真正生活，私人生活仅是达到睿智的生活的手段而已。但是一般人所遇的却是肤浅、空洞而多烦扰的日子，无法再变换为另一种存在样态。然而心知力强大的人士，却宁爱睿智的生活胜于其他行业。更由于学问和见识的增长，此种睿智生活也似一个渐渐成形的艺术品一样，会更臻坚实，更具强度和固定性，生命内在的调和也更趋统一。和这种生活比较起来，那些只图个人安适的人生就像一幕拙劣的戏剧一样，虽然也有广度，却无深度，只不过是浮生式的可怜虫罢了。我在前面说过人们却把这种卑贱的存在当作一种目的，这又是多么令人悲叹啊！不受激情感动的日常生活是冗长无味的，一旦有了激情，生活中却又充满了苦痛。唯有那些上天赋有过多才智的人是幸福的，因为他们在执行意志命令之外，还有能力过另一种日子，一个没有痛苦、逸趣盎然的生活。但是仅有闲暇，即仅有不受意志奴役的多余睿智仍然不够，尚须有充沛的剩余力量，不受意志奴役的力量，贡献给睿智使用。所以色勒卡说：无知人的闲暇是人的一种死亡的形式，是活的坟墓。与剩余力量的多寡有关，第二种生活——心智的生活，又可分为无数层次。自收集、制作昆虫、鸟类、矿物的标本，到诗学、哲学的高深成就，都是此类生活的表现。心智的生活非但可以防御"厌倦"的侵袭，还可避免厌倦的诸种恶果；它使我们远离恶友、危险、不幸、损失和浪费，这些都是把幸福全部寄托于外界的人所必然遭受的苦恼。举个例子说，我的哲学虽未替我赚进半文钱，却替我省了不少开支，心智生活的功效也是一样的。

　　一般人将其一生幸福寄托于外界事物上，或是财产、地位、爱妻和子女，或是朋友、社会等，一旦失去了他们，或是他们令他失望，他的幸福的根基也就毁坏了。换句话说，他的重心随着每个欲念和幻想改变位置，而不把重心放在自己身上。如果他是个资本家，那么他的目标（幸福的重心）便是乡间别墅、赢得好马匹、交有趣的朋友或是旅行，总之过着豪华的生活，因为他的快乐根源在外在事物里。这就好比一个失去健康和力气的人，不知重新培养已失去的生命力，却希望借药水、药片重获健康。在谈到另外一类人，即睿智之士之前，我们先来比较介于二者之间的一种人，他们虽没有显著的才华，但比一般人又聪慧些。他爱好艺术但又不精，也研究几门科学，如植物、物理、天文、历史，喜欢念书，当外界的幸福之源耗竭或不再能满足他时，也颇能读书自娱。这种人的重心，可说部分在自己身上。但是喜欢艺术和真正从事创造是很不相同的两回事，业余的科学探索也易流于表面化，不会深入问题的核心。一般人是很难完全投身于学术探究且任凭此种探索渗透至生命中的每个角落里，以致完全放弃了其他的兴趣。唯有极高的睿智力，所谓"天才"能达到这种求知的强度，他能投入整个时间和精力，力图陈述他独特的世界观，或者用诗，或以哲学来表达他对生命的看法。因此他急需安静的独处，以完成他思想的作品，所以他欢迎孤独，闲暇是对他而言至高的善，其他一切不但不重要，甚至是可厌的。

这类人把重心完全放在自己身上，所以此类人士为数极少，不论性格如何优秀，总不会对朋友、家庭或社团显出极大的热情或兴趣。他们只要有真正的自我，即使失去其他一切也无妨。就由于这一点使他们的性格易于孤独，更由于他人本性与他自身不同，而无法满足他，彼此的相异之处就时时明显可见，以致他虽然行走在人群中，却孤立似异乡人，他谈及一般人类，用"他们"而不说"我们怎样……"。

我们现在可以得出如此得出结论：天生有充足睿智的人，是最幸福的人。所以主体因素同人的关系，比客观环境更密切。因为不论客观环境是什么，他的影响总是间接的、次要的，且都是以主体为媒介。卢西安体会了这个真理，便说道：心灵的财富是唯一真正的宝藏，其他的财富，都可能带来比该财富本身更大的灾祸。除了消极、不受打扰的闲暇外，不需再向外界索求任何东西，因为他需要闲暇时光，以发展和成熟自己的智性机能和享受生命内在的宝藏。总之，这样的人生只求终其一生，每时每刻都能成为他自己。他若是注定成为整个民族的精神领袖，那么能否完美地发展心智力量至巅峰以完成精神使命，便是他幸福或不幸福的唯一标准，其他都是无关宏旨的。这就说明为什么生来具有伟大心智的人，都看重闲暇，珍视闲暇如生命。亚里士多德也说过："幸福存在于闲暇中。"戴奥简尼赖尔提斯记述苏格拉底的言行时曾说："苏格拉底视闲暇为所有财富中最美好的财富。"所以在《尼各马可伦理学》一书里亚里士多德说，献给哲学的生活是最幸福的生活。此外，在《政治学》里他又说道："得以自由运用任何种类的力量便是幸福。"最后，我们再引述歌德的一段话："若人生而具备某些可以为他使用的才华，他的最大幸福便在于使用这些才华。"

　　但是成为拥有宁静闲暇的人，与成为一般人不同：因为对宁静的渴求本不属于人的本性，平凡的人生来便注定了劳碌终生，换取自己与家人生存的需要，成为挣扎与困乏的俗人，却不能做有才智和自由的人。所以，一般人厌倦闲暇，总是为着什么目的而忙碌，若是连幻想或勉强的目标——诸如游戏、消遣和各种嗜好都找不到，闲暇就会成为他们的负担了。正因为人一旦闲下来，便急需找些事情，所以闲暇有时可能充满了危险，正如有人说：当人无事可做时，人是很难沉默的。就另一方面来说，一个有适当才智而远超常人的人，似乎是一件不合自由且反常的事情。但若这种情况果然存在，那么具有此种才华的人士若要幸福，就须求得他人以为是负担和有害的闲暇。毕卡素是希腊神话里的飞马，若他披上常马必备的鞍子，我们可以设想得到，他是不会快乐的。若外界和内在的两种反常情况，即无忧的闲暇和极高的智慧，能重合在某人身上，那是他极大的幸事；再加以命运又顺遂人意的话，此人便可过着不受人类两大苦源——痛苦与厌倦——烦扰的高度生活，他不需为生存痛苦挣扎，也能够享受自由的存在情境——闲暇。我们唯有对痛苦与厌倦保持中立，不受它们的感染，才可以避免痛苦与厌倦。

　　但是从相反的观点来论说，天赋的伟大才智是一种个性极为敏锐的活动，对各种痛苦的受容性极高。它含有强烈的气质、广大而生动的想象力，这两种特质是伟大才智的特征，它们让具备此种睿智者常拥有吞食平常人更深刻的情绪，所以他也更易成为此种情绪的牺牲品。世界上产生的痛苦的事，原本比制造的快乐的事要多。天赋之才常疏远他人，只因己身所具备的已绰绰有余，不需也不能在他人那里得到什么，所以他人引以为乐之事，他只觉得肤浅乏味罢了，相对地，他所觉得快乐的事也就少些。这又是"失之东隅，收之桑榆"的例子，我们称此情形为"赔偿律"，他是指世界上凡有所得亦必有所失，反之亦然。常可听人说，心地狭小的人，其实是顶幸福的人，虽然这种好运并不值得羡慕。在此，我不想对此点多作辩驳，而影响读者自己的判断，尤其是古代圣哲典籍中，对此点也常有自相对立的言论出现。举例说，苏弗克利士曾说过：智慧占有幸福的大部分。他在另一段文章中，又曾提到无思虑的人的生活是最愉快的生活。

《旧约》的作者，也犯了类似的矛盾，他们一面说：

愚人的生活比地狱还糟。

又说：

智慧愈高，痛苦愈深。

知识越多，徒增烦恼。

我可以称呼一个才智平庸窄小、没有心灵渴求的人为"菲利斯丁"，是大学里流行的俚语，后来意义加深，但仍不脱原意，可以用来比喻没有艺术涵养的人。一个"菲利斯丁"永远是一个"菲利斯丁"。在本书中，我将有一个较高的观点，将"菲利斯丁"指那些终日认真地孜孜以求于那些并非实在的现实之事的人，但此种高超的定义比较不明白，本书的目的在于大众化，所以这类定义不很合适。另一个定义比较便于解释，也可令人满意地把"菲利斯丁"的本质表达出来，那即是将"菲利斯丁"定义为：没有心灵渴求的人。自这里"首先"可以推出在对己方面，他不会有睿智的快乐，因为有需求，才会有快乐。他的生活里，不曾有对知识和见解本身发生的欲求，也无法体会与它们相近的美感快乐。若逢美感乐趣正值时尚，他就为了追求时髦，也会强迫自己去尝试此种乐趣，但总企图尽可能少尝一些。他真正喜欢的是感官的享受，并且相信它可以补偿其他方面的损失。牡蛎和香槟在他看来便是最高的存在了，生活目标在于获取身体的安适，若能费一些工夫才达到这个目的，他就更快活了。如果生活得豪华奢侈，他又不免厌倦，于是造了许多不实际的弥补方法，如打球、看戏、赴宴、赌博、赛马、玩女人、喝酒、旅行等。其实这些并不能使人免于厌倦，没有知性的渴求，不会得到知性的快乐，也唯有知性的快乐不会产生厌倦。"菲利斯丁"性格的特征是枯燥无味又气质滞钝，活像动物。由于感官的乐趣易于耗竭，便没有什么东西能真正刺激他或使他喜欢，社交生活也瞬即成为一种负担，玩牌也提不起他的兴趣了。当然，只有虚荣心的满足仍留给他一些快感，他自以为是地享受着这种快乐，或是觉得自己在财富、地位、影响和权力上较他人优越，或是因常替有权势的人奔走，自觉沐浴在他们的光耀中而扬扬得意，这就是英国人所称的势利鬼，其真是可悲！

其次，自"菲利斯丁"的本质可以推出，在"对他"方面，由于他只有肉体需要，自己没有才智，他所寻找的也只是能满足前者的一些活动。他决不会要求朋友具备才能，因为后者使他产生自卑感和一份连自己也不愿知道的深深的忌妒，所以即使他碰上有才能的人，他也只会厌恶，甚而痛恨。他心中对才智的忌妒有时会转成秘密的怨恨。但他仍不会为此改变自己的价值观念，以符合才智之士的标准，他依然喜欢地位、财富、权力和影响力，希望自己样样擅长，因为在他的眼中，世界上真正的利益就是这些。以上所提的种种乃是因为他没有知识欲的结果。"菲利斯丁"们最大的苦恼，在于他们缺乏理念，于是为了逃避"厌倦"，需不断以现实来弥补空虚的心灵。然而现实总是令人失望和危险的，一旦他们丧失对现实的兴趣，疲惫便会乘虚而入了。只有理念世界是无限平静的世界，它远离了人世间的一切忧患与烦扰。

四、人格的划分

五、财富与人生

伊壁鸠鲁把人类的需要分为三类，这位伟大的幸福论者所做的分类是很正确的。第一类是自然而必需的要求，诸如食物和衣着。这些需要易于满足，一旦匮乏，便会产生痛苦。第二类是自然却不必需的要求，诸如一些感官上的满足。在此，我要附加一句，根据狄奥简尼·欣雨促斯的记述，伊壁鸠鲁未曾指明那几种感官，所以我所叙述的伊氏学说是比原有的更固定和确实。第二种的需要比较难以满足。第三类是既非自然又非必要的需求，诸如对奢侈、挥霍、炫耀以及光彩的渴望。这种需要像无底的深渊一样，是很难满足的。

用理性定出财富欲的界限，虽然并非不可能，也实在是一件很困难的事。因为我们找不出能够满足人的绝对肯定的财富量究竟要多大，这种数量总是相对的，正如意志在他所求和所得间维持着一定的比例，仅以人之所得来衡量他的幸福，而不顾他希望得到的究竟有多少，这种方法之无效，就好比仅有分子没有分母无法写成分数一样。人们不会对他不希冀的东西有失落感，因为没有那些，他依旧可以快乐；同时，另一类人虽然有千百倍的财富，依然为了无法得到他希望得到的而苦恼。在他所能见及的范围以内的东西，若他有信心获得，他便很快乐，但是一旦阻碍重重，难以到手，他便苦恼万分。人人有自己的地平面，在这范围以外之物能够得到与否，对他不会有影响。所以富人的千万家产不会使穷人眼红，富人也无法以其财产弥补希望的落空。我们可将财富比作海水，喝得越多，越是口渴，声名也是如此。财富的丧失，除了第一次阵痛外，并不会改变人的习惯气质，因为一旦命运减少了人的财产，他立即自动减少自己的权利。然而厄运降临时，权利的减少是件挺痛苦的事，可是一旦做了，痛苦便逐渐减小，终至不复可觉，它好像痊愈的旧伤一样。反之，好运的到来，使我们的权力愈升愈多，不可约束。这种扩展感会给人带来快乐。但是这种快乐不会持续很久，一旦扩展完成，快乐也就随之消失。我们习惯了权力的增长，便逐渐对满足他们的财富不再关心。"奥德赛"中有一段话便是描述这个真理的。

"当我们无力增加财富，又不断企图增长权力时，不满之情便油然而生了。"

我们若考虑到人类的需要是何等的多，人类的生存如何建筑在这些需要上，我们便不会觉得惊讶财富为何比世上的其他东西更为尊贵，为何财富占着极为荣耀的位置；我们也不会对有些人把谋利当成生命的唯一目标，并且把其他不属此途的——如哲学，推至一旁或抛弃于外而感到惊奇了。人们常为了希求金钱和热爱金钱超过一切而受斥责，但这是很自然和不可避免的事。它就像多变和永不疲乏的海神一样，不断追求各种食物，随时企图满足自己的欲求和希望。每一件其他的事都可成为满足的事物，但一个事物只能满足一个希望和一个需要。食物是好的，但只有饥饿时才是好的；如果知道如何享受酒的话，酒也是好的；有病时药才是好的；在冬天火炉是好的；年轻时爱情是好的。但是，所有的好都是相对的，只有钱才是绝对的好，因为钱不但能具体地满足一个特殊的需要，而且能抽象地满足一切。

人若有一笔颇足自给的财富，他便该把这笔财富当作抵御他可能遭遇的祸患和不幸的保障，而不应把这笔财富当作在世上寻欢作乐的许可证，或以为钱财本当如此花用。凡是白手起家的人们，常以为引他们致富的才能是他们的本钱，而他们所赚的钱却只相当于利润，于是他们尽数地花用所赚的钱，却不晓得存一部分作为固定的资本。这一类的人大半就再陷于穷困中，他们的收入或是减少，或根本停止，这又是起因于他们的才能的耗竭，或者是时境的变迁使他们的才能变得没有价值。然而一般赖手艺为生的人却无妨任意花用他们的所得，因为手艺是一种不易消失的技能，即使某人的手艺失去了，他的同事也可以弥补他，再说这类劳力的工作也是经常为社会所需求的。所以古谚说："一种有用的行当就好比一座金矿。"但是对艺术家和其他任何专家来说情形又是不同，这也是为什么后二者的收入比手艺工人好得多的原因。这些收入好的人本该存起一部分收入来作资本，可是他们却毫无顾忌地把收入当作利润来尽数花用，以致日后终于覆灭。另一方面，继承遗产的人起码能分清资本和利润，并且尽力保全他的资本，不轻易动用，若是可能，他们还至少储存起八分之一的利息来应付未可能发生的来临时事故。所以他们之中的大部分人能保持其位而不坠。以上有关资本和利润的

五、财富与人生

几点陈述并不适用在商业界，因为金钱对于商人，好比工具对于工人，只是获取更多利益的手段，所以即使他的资本完全是自己努力赚来的，他仍要灵活地运用这些钱以保有和增加更多的财富。因此，没有别处会像商业阶级里一样，不足为奇地把财富当成家常便饭。

通常我们可以发现，切身了解、体验过困乏和贫穷滋味的人便不再怕困苦，因此他们也比那些家境富裕，仅自传闻里听到的穷苦的人更容易养成挥霍的习惯。生长于良好环境里的人通常比凭运气致富的暴发户更为节省和小心地盘算未来。这样看来真正的贫穷似乎并没有传闻中的那么可怕。可是，真正的原因却是在于那出身良好的人把财富看得和空气一样重要，没有了财富他就不知如何生活，于是他像保护自己生命般保护他的财富，他因此也喜爱规律、谨慎和节俭。可是从小习于贫穷的人，过惯了穷人的生活，一旦致富，他也把财富视作烟云，如尘土一样不重要，是可以拿来享受和浪费的多余品，因为他随时可以过以前的那种苦日子，还可以少一份因钱所带来的焦虑。莎士比亚在"亨利第四"一剧中说道："乞丐可优哉悠哉地过一生，这话真是不错！"然而我们应该说，生于穷苦的人有着坚定而丰富的信心，他们相信命运，也相信天无绝人之路——相信头脑，也信赖心灵，所以与富人不同，他们不把贫穷的阴影视成无底的黑暗，却很安慰地相信，一旦再摔到倒在地上，还可以再爬起来。人性中的此点特征说明了为什么婚前穷苦的妻子较常有丰厚嫁妆的太太更爱花费和有更多的要求，这是因为富有的女子不仅带着财富来，也带着比穷家女子更渴切地保存这些财富的本能。假使有人怀疑我的这段话，而且以为事实恰恰相反的话，他可以发现亚理与斯图在第一首讽刺诗中有与他相似的观点。而且，另一方面，姜生博士的一段话却恰好印证了我的观点，他说：

"出身富裕的妇女，早已习惯支配金钱，所以知道谨慎地花钱。但是一个因为结婚而首次获得金钱支配权的女子，会非常喜欢花钱，以至于十分浪费而奢侈。总之，让我在此劝告娶了贫家女子的人们，不要把本钱留给她花用，只交给她利息就够了，而且千万要小心，别让她掌管子女的赡养费用。"

当我奉劝诸君谨慎保存你们所赚或所继承的财富时，我衷心认为这是一件很值得一提的事。因为若有一笔钱可以使人不需工作就可独立而舒服地过日子，即使这笔钱只够一个人用——更别提是够一家用了——也是件很大的便宜事，因为有了这笔钱便可以免除那如慢性恶疾般紧附于人身上的贫穷，可以自几乎是人类必然命运的强迫劳役中解脱。只有在这样良好命运下的人才可说是生而自由的，才能成为自己所处时代和力量的主人，才能在每个清晨傲然自语地说："这一天是我的。"也就是这个原因，每年有一百块收入的人与每年有一千块收入的人之间的差别，远小于前者与一个一无所有的人之间的差别。遗传的财富若为具备高度心智力的人所获得，这笔财富才能发挥最大的价值，这种人多半追求着一种不能赚钱的生活，所以他如果获得了遗产，就好比获得上天双倍的赐予，更能发挥其聪明才智，完成他人所不能完成的工作，这种工作能促进大众福利并且增加人类全体的荣耀，如果他以百倍于区区几文钱的价值报答了曾给他这区区之数的人类。另一种人或许会将他所得的遗产去办慈善事业以济助同胞，然而若他对上述的事业都不感兴趣，也不试着去做，他从不专心去彻底地研究一门知识，以促进这种知识的发展，这种人生长在富有的环境就只有使他更愚痴，并成为时代的蠹贼，而为他人所不齿。在这种情形下，他也不会幸福，因为金钱虽然使他免于饥乏之苦，却把他带到一种令人类苦痛的极端——烦闷，这种烦闷使他非常痛苦以至于他宁可贫穷，假如贫穷能给他一些可做的事情的话，也由于烦闷便倾向浪费，终致失掉了这种他以为不值得占的便宜。无数的人们当他们有钱时，把金钱拿来购买暂时的解放，以求不受烦闷感的压迫，到头来他们终于发现自己又陷入贫困了。

如果某某的目标是政治生涯的成功，那么情形又有不同了，因为在政治圈中，徇私、朋友和各种关系都是最重要的，这些可以帮助他一步步地擢升到成功之梯的顶端。在这类生活中，放逐到世间没有一文的人是比较容易成功的，如果他满腹雄心、略具资财，即使并非贵族或竟是个穷光蛋，也不但不会阻挠他的事业，却反而会增加他的声望。因为几乎每个人在日常与他的同胞接触时，都希望他人有所不如自己，在政治圈里这种情形表现得更为显著。一个穷光蛋由于自每方面来看都是完全的、深深的、绝对的不如人，更由于他全然的渺小和不足道，他反而能轻而易举地在政治把戏中取得一席之地。唯有他能够深深地鞠躬，必要时还可以磕头；唯有他能屈服于任何事且讽然嘲之；唯有他知道仁义道德的一文不值；唯有他在说及或写到某长官或要人时能用最大的声音和最大胆的笔调涂鸦一二，他就可以把这些誉为是神出的杰作；唯有他了解如何乞求，所以一旦当他脱离了孩童时期，他便马上成为教士来宣扬这种歌德所揭示的隐秘的秘密。

我们用不着抱怨世俗目的的低下，因为不管人们说什么，他们却统治着世界。

在另一方面，生而有足够财产可以过活的人，通常有一颗独立的心，他不会奴颜乞讨，他甚至还想追求一点才情，虽然他应该晓得这种高洁的才气远不是凡人的谄媚的对手，这样慢慢地认清了居高位者的真面目，于是当他们羞辱自己时，也就会变得更倔犟与不齿了，那些身居高位的人，原是高处不胜寒啊！这种人决非得世之道，他们终会服膺伏尔泰所说的一段话：

"生命短促如蜉蝣，将短短的一生去奉承些卑鄙的恶棍是多么不值啊！"

然而，世间"卑鄙的恶棍"又何其多呢！所以正像米凡诺说的：

"如果你的贫穷大过才气，你是很难有成就的。"这段话可以适用在艺术和文学界中，但却绝不适用在政治圈及社会的野心上。

在以上所叙述的人之产业中，我没有提到妻子与子女，因为我以为自己是为他们所有而非占有他们的。此外，似乎我应该提到朋友，但是朋友关系是属于一种相互关系的。

六、生存的意念

　　若说求生意志只以自我保存的冲动而表现的话，那也仅是肯定个体现象在自然中的刹那持续而已。按理这种生命实无须耗费太大的势力和忧虑，其一生的生涯应该是很容易获取快乐的。然而不幸，意志却无时无刻要求着要把绝对的生命的目标放在绵延无尽的世代交替上，所以才有性欲的表现。这种冲动，剥夺了或许只伴随着个体生存的安心、快活和纯真，带来意识的不安和忧郁，使个体的一生充满不幸、忧愁和苦难。——反之，个体亦可凭克己的工夫，把这种冲动加以抑制，从而改变意志的方向，使意志在个体中消灭，无法溢之于外，如此，便可望获得个体生存的安心和快乐，而且还能赋予更强烈的意识，当然这是极为罕见的。一般所见的是——最强烈的冲动和愿望一旦达成，亦即满足了性欲之后，必定连接着新生命的完成，另一个新的生存继之而起，随之而来的便是无数的负荷、忧愁、穷困及痛苦等。当然，那不是为自己而是为别人，但现象相异的两个个体，如若其内在本质绝对的不相同，世界还会有所谓"永恒的正义吗？"——生命是一种课题，也是一种非完成不可的惩罚，通常它是对穷困的不断斗争，因此，任何人无不盘算着尽其所能地通过这一关隘，圆满地达成对于生命所应尽的义务。但究竟谁来制订这种负债契约呢？就是那些为贪图一时肉体快乐的男人，一个人如此短暂的享乐，随之带来另一个人的生存、烦恼和死亡。其所以呈现差异，无非因受时间和空间的限制而已。在这个意义上，所以我把它们名之为"个体化原理"。身为人父者，认为子女是自己的化身，而形成父爱的基础，所以他们努力、奋斗、不惜任何牺牲，认为这是自己的责任和义务。

　　人类一生所伴随的无穷无尽的辛劳、穷困和苦恼，正可作为生殖行为——即求生意志的决定性的肯定说明，同时，也因为如此，他对自然还欠上一笔所谓"死"的负债。为这笔债，使他惴惴不安。——这岂不正可以证明我们的生存是一种罪过？——总之，我们就是这样永远支付"死"和"生"的定期租税，这样相继承受生命所有的烦恼和喜悦。这是肯定求生意志的结果所无可避免的现象。所以尽管人生多熙攘纷杂，但对它的眷恋——即对死亡的恐惧，原本就是幻想的作祟。同理，把我们诱进"人生"的冲动亦属幻想。就客观来看，这种诱惑的原动力，在于互相爱慕的男女的眼神中，这是肯定生存意志后的最纯粹的表现。这时的意志显得非常温柔娴静，在幸福陶醉之余，而为其本身、为对方、为大众平静的快乐和安详的喜悦祈愿，这是阿那克勒翁诗歌的主题。但如果这种状态下的意志，一受到诱惑和谄媚，它便会缩进其生命的本原中，意志一缩回去，苦恼便接踵而来，于是苦恼引发犯罪，犯罪更带来苦恼，恐惧和颓废充满着人生舞台。这是艾思奇里斯的主题。

虽则如此，但人人内心中都把这意志所肯定、造成人类原因的这种行为深深引为羞耻，不仅小心翼翼地把它隐藏起来，如果无意瞥见，也会大惊失色，有如发觉犯罪现场。事实上，冷静深思之下，这种行为确是可憎的，尤其在高尚的气氛下，更觉令人作呕。诸位不妨以蒙田在《什么是爱？》一文中所下的注脚，对这行为试作详细地观察。大抵言之，当完成这种行为后会产生一种独特的悲哀和后悔，尤以初次性行为为然；性格愈高尚的人，感觉愈为强烈、显著。因此，连异教徒的普利纽斯也说："只有人类才会在初次性交之后感到后悔。后悔自己的起源，这确是生命的一种特征。"（《博物志》）我们再以歌德的《浮士德》为例，剧中，恶魔和魔女们在祝宴时的所作所为所歌咏的是什么呢？无他，淫乱和猥亵。恶魔在群集的大众前，所揭示的人类是何等模样呢？无非是淫乱和猥亵。——但也唯有赖这种行为的持续不断，人类才得以存续。——乐天主义论者认为我们应该感谢上苍的特别青睐，因为我们的生存有明智的智慧来引导，这是最值得我们自豪和引以为荣的地方。如果说这种论调正确不误，那么，使我们永远生存的行为，便应当作纯粹的外观。反之，若这种生存是一种过失或迷误的话，那也原本就是盲目意志的盲目工作，即使能有良好的发展，也仅是意志为本身然后回复到其本源的过程而已。因此，这种行为，当然如同外观所呈现的一般。

此外，还有一点和我的中心理论有所关联的，我也顺便在此一笔带过。生殖行为中所使用的局部器官，尽管与其他器官一样同是与生俱来的，然而，上述生殖行为所产生的羞耻之念亦波及此一局部来。由此，我们又可取得确切的证明：不仅行为，就是人类的身体也属于意志现象，是它的客观化，是由意志所产生。因为，一个人假若没有意志而能存在的话，人们自无把它（生殖器）引为羞耻的道理。

进一步说，生殖行为与世界之间的谜一般的关系，在这里似乎也有了答案。即世界虽是由广阔的空间、绵长的时间以及繁复多样的形态所构成，但这一切无非是意志的现象而已，而意志的焦点则是生殖行为，这种行为就是世界之内在本质的最明显表现，是它的核心、根本、精髓。简而言之，宇宙这一谜团的谜底就是生殖行为，亦即所谓"智慧之本"之意，人们在了解它之后，才能知悉生命之真谛。拜伦所云："摘下智慧之本后，才可了解万事。其意在此，快乐的要素通常在于秘密，生殖即是一大秘密行为，它不能直截言宣，也没有时间场所的限定。这些虽是它的主要特色，但因人人均能领会，并时时萦绕心中，故只要稍加暗示，即可理解。性爱，到处被实行，经常被幻想，所以，与此行为有关的事情，在世界扮演着主要的任务，此正与它的重要性——世界的核心，完全相呼应。"

然而，当青年人的纯真智慧，初度了解这个世界的大秘密时，仍难免被它的巨大性所惊骇，归结起来，原因是这样的：人类的智慧——尤其理性方面的智慧，必须经过一段漫长的路程，才能臻于高程度，此时，原本没有认识力的意志距离它已经非常遥远，已忘却那该后悔的起源，而仍以纯真无邪的立场来观察，自然难免惊骇。

性欲及性的满足，是意志的焦点和它的最高表现。但个体化的意志——即通过人类或动物的生育之门而出现于世界的事情，实在蕴涵极深刻的意义，并且也是自然所表现的最淳朴的象征性词汇。

动物群中很难避免求生意志的肯定及其中心的生殖行为，因为自然的意志中，只有人类才有反省能力。反省能力不只用于认识个人意志跟前短暂的需要——动物的认识力如此已足——而是由此获得更广阔的认识幅度，从对过去的鲜明记忆及对未来的大体预想，而展望个人的生活或一般生存。实际说来，不论任何种类的动物通过数千年的生存，它的生命仅等于一瞬间而已，因为它们只有现在的意识，而无过去、未来或死亡的意识。因此，我们不妨称之为"永恒的瞬间"或"永久的现在"。只有人类才有"现在""过去""未来"的意识，然而也仅止于概念而已，在根本上，他们还不了解它的真意为何。

所以，动物系列各阶段的求生意志，总是不休止地追求完全的客观化和享乐。而具备理性的生物——人类，虽取得反省能力，却未以此为足，意志仍然无可抑制地发生如下的疑问：万物从何而来？归于何处？生命的努力和困苦所取得的报偿是什么？这种游戏所消耗的"蜡烛费"是否值得？——现在，在明晰的认识之光的照耀下，正是决定肯定或否定意志的时候。然而，后者通常只是穿着神话的外衣，表现于意识而已。——就此观之，意志并未具备可达到较高度客观化的澄清，因而此时已是意志到达其转机的时候了。

七、生活的意志

　　在某种范围以内，这是一个显然的先天真理——不必说的——即产生世界现象者（意志），一定不可以这样做，因而仍然处于不活动的状态下。现在我们可以知道，如果前一种状况构成生活意欲活动的现象，那么，后一种状况便构成非意欲活动的现象。从本质上看，这与吠檀多和佛家的涅槃相同。

　　生活意志的否定根本不会有消灭实体的意思在内，只表示非意欲活动而已，以往有意志活动的东西，现在不再有意志活动了。这个作为"物自体"的意志，我们只有通过意欲活动才能知道它，因此，在意志不再表现这种意欲活动以后，就无法说明或想象它是什么东西或要做什么别的事情。于是，对作为意欲现象的人类来说，这种生活意志的否定，便表示一种从有到无的变化。

　　在希腊人和印度人的伦理学之间，有一明显的对立情形，前者的目的（虽然柏拉图例外）是使人能够过上一种快乐的生活，后者的目的则相反，是从生命中得到彻底解脱和拯救。

　　如果你看到佛罗伦萨美术陈列馆一具古代雕刻精美的石棺的话，就会发现一种同样的对立情形——由于这个对立情形具有可见的形象，所以更显得有力——在这具石棺上所描绘的，是全部结婚仪式的浮雕，从最初的求婚到婚姻之神的火炬照亮到洞房之路。然后你把这种情形和基督徒的棺木作一比较，这种棺木四周都漆上黑色以表示悲叹，棺木上放一个十字架。这个对立情形非常有意义，两者都想在面对死亡时给予慰藉，他们所用的方法却完全相反，可是两者都是对的。一个表示对生活意志的肯定，通过这种肯定，生命永远是稳固的，不管生命的形式如何快速地一个一个彼此相续。另一个，由于痛苦和死亡的象征，则表示对生活意志的否定，以及从死亡和魔鬼支配的世界中解救出来。在希腊罗马泛神论精神和基督教精神之间，真正的对立是生活意志的肯定与否定的对立——在这方面，基督教毕竟是对的。

　　我的伦理学和欧洲其他所有哲学家的伦理学之间的关系，如果以教会的观点来解释的话，就像新约和旧约之间的关系。因为旧约把人置于律法支配之下而律法并不导人于救赎之境；新约则不同，新约告诉我们，律法是不够的，的确，新约不要求人服从律法。新约宣扬恩宠王国以代替律法，我们可以通过信仰、爱心和彻底的自我否定以进入恩宠王国。新约告诉我们，这是达到从邪恶和现世界中救赎出来的道路，虽然，所有新教徒和理性主义者都错了——新约的真正精神无疑是禁欲主义精神。这种禁欲主义精神正是对生活意志的否定，而从律法范围转变到信仰范围，从罪恶和死亡世界转变到基督中的永恒生命，从实质意义上看，这些都表示从单纯的德行转变到生活意志的否定。在我之前的整个哲学伦理学都固守旧约的精神，它提出了绝对道德律（即没有基础也没有目的的道德律），并包含道德上的命令和禁律，在这些命令和禁律背后，暗中有一位独裁的耶和华，不管这种伦理学表现的方式如何，然而，这种说法都用得上。相反地，我的伦理学却有基础、目的和目标：第一，在理论上证明正义和慈善的形而上基础，然后，指出正义和慈善完全实现时所必定达到的目标。同时，它明白承认世界的应受责难并指出意志的否定为达到救赎之道。因此，我的伦理学实际上和新约的精神是一样的，而所有其他伦理学却和旧约的精神一致，因而在理论上甚至只是犹太教而已，这就是说，只是一种赤裸的、专横的一神教而已。从这个意义上看，我的学说可以说是真正的基督教哲学，尽管那些不愿进入问题中心、只想了解皮毛的人觉得这种说法是如何的不合理。

如果一个人能够稍作深入的思考，他会立刻发现，人类的种种欲望并非只在彼此偶然对立产生伤害和邪恶时才成为罪恶的，而是，如果这是它们带来的结果，那么，本质上就是罪恶的和应受责难的，因此，整个生活意志也是应受责难的。这世界所充满的残酷和痛苦现象，事实上只是生活意志种种客观化方式的必然结果，因此，也只是对生活意志的肯定所作的解释。死亡这一事实就证明我们的存在本身含有罪过。

如果你从物自体，从生活意志出发去了解这世界，那么，你会发现，这世界的核心，这世界最集中之点，是生育活动。相反地，如果你从现象世界出发，如果你从经验世界、观念世界出发，所表现的情形便会多么不同！这里，生育活动被视为完全超然而不同的东西，并不十分重要，其实，是被视为一种不必加以掩饰和隐藏的东西，为带来许多笑料的不合理的反常事物。可是，我们可能以为这只是魔鬼隐藏诡计的情形，因为，我们不是知道吗？由于性欲给我们的憧憬是如此的多而实现的又如此的少？因而只是这高贵世界所表现的骗人把戏，尤其是当我们的性欲固定于对某一特定女人因而全心全意迷恋她时为然。

从某种意义上看，女人在生殖中担任的角色比男人担任的角色较无害处，因为男人使小孩具有意志，这是一切不幸和邪恶的源泉与最大的罪恶，而女人却使小孩具有知识，这是打开得救之道的。生育活动是宇宙之结，表示："生活意志再度被肯定。"另一方面，怀孕和妊娠则表示："知识之光再度和意志合一。"——借此，可以发现再度摆脱这世界之道，而救赎的可能性也因此打开了。

这一点说明了一个明显事实，即每个女人虽然乍闻生育活动会觉得羞死人，然而当她们拖着一个大肚皮时，却毫无害羞的样子，甚至引以为荣。理由是：从某种意义上看，妊娠是抵消性交带来的罪过。因此，虽然性交使人觉得很害羞和不好听，然而与性交密切相关的妊娠却表现出纯洁无邪，在某种程度上，甚至是神圣的事情。

性交主要是男人的事情，妊娠则完全是女人的事情。小孩从父亲那里接受意志和性格，从母亲那里获得智慧。后者是救赎原理，意志则是奴役原理。性交是一种象征，表示尽管由于智慧而不断增加启发，可是，生活意志仍然存在于时间之中。生活意志的重新具体化也是一种象征，表示知识之光、最明亮的知识之光、救赎的可能性，再度和意志合一。这种情形的表征是妊娠，因此，妊娠可以大摇大摆地公开表现出来，并作为引为光荣的事情，而性交却像罪犯一样的藏头藏尾。

对从事不义和邪恶行为的人来说，不义或邪恶行为是其肯定生活意志力量的表征，因而也是离开真正得救时的表示，即离开生活意志否定多么遥远的表示，也是离开"从这世界救赎出来"多么遥远的表示。此外，还表示在他能够达到真正得救之前，仍然需要长时期地学习知识和训练受苦的象征。不过，对于那些必定碰到这些行动的人来说，虽然从形而下的意义看，是一种罪恶，可是从形而上的观点看，却是一种良善和根本有益的行动，因为，它们帮助他走向真正得救之道。

世界精神：这需要你付出所有劳动和忍受所有痛苦的工作，正因为这个，所以你像万物一样的存在。

人：但是，我从生活中得到什么呢？如果生活是满足的，我便只有痛苦；如果是空虚的，我便只有厌烦。付出这么多的劳动和忍受这么多的痛苦，你怎能给予这么少的报酬呢？

世界精神：可是，这全是按照你所有艰辛和痛苦的比率而给予的，也正说明了它的贫乏。

人：的确！那不是我能了解的。

世界精神：我知道它会如此。——（此外）我应该告诉他生命的价值就在此吗？我应该告诉他生命的价值教他不要对它有所希求吗？生命一定为他准备着这个最初的起始。

八、名誉与荣誉

　　由于人性奇特的弱点，我们经常过分重视他人对自己的看法。其实，只要稍加反省就可知道别人的看法并不能影响我们可以获得的幸福。所以我很难了解为什么人人都对别人的赞美和夸奖感到十分快乐。如果你打一只猫，它会竖毛发；要是你赞美一个人，他的脸上便会浮起一丝愉快甜蜜的表情，而且只要你所赞美的正是他引以自傲的，即使这种赞美是明显的谎言，他仍会欢迎之至。只要有别人赞赏他，即使厄运当头、幸福的希望渺茫，他仍可以安之若素；反过来，当一个人的感情和自尊心受到自然、地位或是环境的伤害，当他被冷淡、轻视和忽略时，每个人都难免要感觉苦恼甚至极为痛苦。

　　假使荣誉感便是此种"喜褒恶贬"的本性而产生的话，那么荣誉感就可以取代道德律，而有益于大众福利了。可惜荣誉感在心灵安宁和独立等幸福要素上所产生的影响，非但没有益处反而有害。所以就幸福的观点着眼，我们应该制止这种弱点的蔓延，自己恰当而正确地考虑及衡量某些利益的相对价值，从而减轻对他人意见的高度感受性，不管这种意见谄媚与否，还是会导致痛苦，因为它们都是诉诸情绪的。如果不照以上的做法，人便会成为只要别人高兴怎么都行的奴才——对一个贪于赞美的人来说，伤害他和安抚他都是很容易的。

　　因此将人在自己心目中的价值和在他人的眼里的价值加以适当地比较，是有助于我们获得幸福的。人在自己心目中的价值，是集合了造成我们存在和存在领域内一切事物而形成的。简单地说，就是集合了我们前面所讨论的性格、财产中的各种优点在自我意识中形成的概念。另一方面，造成他人眼中的价值的是他人意识，是我们在他人眼中的形象和他人对此形象的看法。这种价值对我们存在的本身并没有直接的影响，可是由于他人对我们的行为是依赖这种价值的，所以它对我们的存在会有间接而和缓的影响。然而当这种他人眼中的价值使我们起而修改"自己心目中的自我"时，它的影响便直接化了，除此而外，他人的意识是与我们漠不相关的，尤其当我们认清了大众的思想是何等无知浅薄，他们的观念是多么狭隘，情操如何低贱，意见是何等偏颇，错误是何其之多时，别人对我们的看法就更不相干了。当我们由经验中知道人在背后是如何地诋毁他的同伴，只要他无须怕对方也相信对方不会听到诋毁的话，他就会尽量诋毁。这样我们便会真正不在乎他人的意见了。只要我们有机会认清古今多少伟人曾受过蠹虫的蔑视，也就晓得在乎别人怎么说便是太尊敬别人了。如果人不能在前述的性格和财产中找到幸福的源头，而需要在第三种，也就是名誉里寻找安慰，换句话说，他不能在他自身所具备的事物里发现快乐的源泉，却寄希望于他人的赞美，这便陷于危险之境了。因为我们的幸福应该建筑在全体的本质上，所以身体的健康是幸福的要素，其次重要的是一种独立生活和免于忧虑的能力。这两种幸福因素的重要，不是任何荣誉、奢华、地位和名声所能匹敌和取代的，如果必要，我们都会牺牲了后者来成就前者。要知道任何人的首要存在和真实存在的条件都是藏在他自身的发肤中，不是在别人对他的看法里，而且个人生活的现实情况，如健康状态、气质、能力、收入、妻子、儿女、朋友、家庭等，对幸福的影响将大于别人对我们的看法，如果不能及早认清这一点，我们的生活就变得晦暗了。假使人们还要坚持荣誉重于生命，他真正的意思该是坚持生存和圆满都比不上别人的意见来得重要。当然这种说法可能只是强调如果要在社会上飞黄腾达，他人对自己的看法，即名誉的好坏是非常重要的，关于此点，容后详谈。只是当我们见到几乎每一件人们冒险犯难、刻苦努力、奉献生命而获得的成就，其最终的目的不外乎抬高他人对己的评价，当我们见到不仅职务、官衔、修饰，就连知识、艺术及一切努力都是为了求取同僚更大的尊敬而发时，我们能不为人类的愚昧的极度扩张而悲哀吗？过分重视他人的意见是人人都会犯的错误，这个错误根源于人性深处，也是文明与社会环境的结果，但是不管它的来源到底是什么，这种错误在我们所有行径上所产生的巨大影响以及它有害于真正幸福的事实则是不容否认的。这种错误小则使人们胆怯和卑屈在他人的言语之前，大则可以造成像维吉士将匕首插入女儿胸膛的悲剧；也可以使许多人为了争取荣耀，而牺牲了宁静与平和、财富、健康，甚至于生命。由于荣誉感可以成为控制同伴的工具，所以在训练人格的正当过程中，荣誉感的培养占了一席要地。然而荣誉的这种地位和它在人类幸福上所生的后果是两回事，本书的目标是追求幸福，所以必须劝读者切勿过于重视荣誉感。日常经验告诉我们太重视名誉正是一般人最常犯的错误，人们经常计较别人的想法而不太注重自己的感觉，虽然后者较前者更为直接。他们颠倒了自然的次序，把别人的意见当作真实的存在，而把自己的感觉弄得含混不明。他们把二等品当作首要的主体，以为它们呈现在他人前的影像比自身的实体更为重要。他们希望自间接的存在里得到真实而直接的结果，把自己陷进愚昧的"虚荣"中，而虚荣原指没有坚实的内在价值的东西。这种虚荣心重的人就像吝啬鬼，热切追求手段而忘了原来的目的。

事实上，我们置于他人意见上的价值以及我们经常为博取他人欢心而作的努力与我们可以合理地希望获得的成果是不能平衡的，也就是说前者是我们能力以外的东西，然而人又不能抑制这种虚荣心，这就可以说是人与生俱来的一种疯癫症了。我们每做一件事，首先便会想到"别人该会怎么讲"，人生中几乎有一半的麻烦与困扰就是来自我们对此项结果的焦虑上。这种焦虑存在于自尊心中，人们对它也因日久麻痹而没有感觉了。我们的虚荣弄假以及装模作样都是源于担心别人会怎么说的焦虑上。如果没有了这种焦虑，也就不会有这么多的奢侈了。各种形式的骄傲，不论表面上多么不同，骨子里都有一种担心别人会怎么说的焦虑，然而这种忧虑所需付的代价，又是多么大啊！人在生命的每个阶段里都有这种焦虑，我们在小孩身上已可见到，而它在老年人身上所产生的作用就更强烈，因为当年，没有能力来享受各种感官之乐时，除了贪婪他剩下的就只有虚荣和骄傲了。法国人可能是这种感觉的最好例证，自古至今，这种虚荣心像一个定期的流行病，时常在法国历史上出现，它或者表现在法国人疯狂的野心上，或者在他们可笑的民族自负上，或者在他们不知羞耻的吹牛上。可是他们并未达到目的，其他的民族不但不赞美，却反而讥笑他们，称呼他们说：法国是最会"盖"的民族。

在1846年3月31日的《时代》杂志上有一段记载，描述了这种极端顽固地重视别人的意见的情形。有一个名叫汤默士·穗克士的学徒，由于报复的心理谋杀了他的师傅。虽然这个例子的情况和人物都比较特殊一点，可是却恰好说明了根植在人性深处的这种愚昧是多么根深蒂固，即使在特异的环境中依旧存在。《时代》杂志报道说在行刑的那天清晨，牧师像往常一样很早就来为他祝福，穗克士却沉默着表示他对牧师的布道并不感兴趣，他似乎急于在前来观望他不光荣之死的众人面前让自己摆出一副"勇敢"的样子……在队伍开始走时，他高兴地走入他的位置，当他进入刑场时他以足够让身边人听到的大的声音说道："现在，就如杜德博士所说，我即将明白那伟大的秘密了。"接近绞刑台时，这个可怜人没有任何协助，独自走上了台子，走到中央时他转身向观众连连鞠躬，这种举动引起台下看热闹的观众一阵热烈的欢呼声。这是一个很好的例子，说明一个人当死的阴影就在其眼前时，还在担心他留给一群旁观者的印象如何，以及他们会怎么想他。另外在雷孔特身上也发生了相似的事情，时间也是 1846 年，雷孔特因为企图谋刺国王而被判死刑，在法兰克福地方处决。审判的过程中，雷孔特一直为他不能在上院前穿着整齐而烦恼，他受处决的那天，更因为不许他修面而为之伤心。其实这类事情也不是近代才有的。马提奥·阿尔曼在他著名的传奇小说的序文中告诉我们，许多中了邪的罪犯，在他们死前的数小时中，忽略了为他们的灵魂祝福和作最后的忏悔，却忙着准备和背诵他们预备在死刑台上作的演讲辞。

我拿这些极端的例子来说明我的意思，因为从这两个例子中我们可以看到他自己本身放大后的样子。我们所有的焦虑、困扰、苦恼、麻烦、奋发努力几乎大部分都是因为担心别人会怎么说。在这方面我们的愚蠢与那些可怜的犯人并没有两样。羡慕和仇恨经常也源于相似的原因。要知道幸福是存在于心灵的平和及满足中的。所以要得到幸福就必须合理地限制这种担心别人会怎么说的本能冲动，我们要切除现有分数的五分之四，这样我们才能拔去身体上一根常令我们痛苦的刺。当然要做到这一点是很困难的，因为此类冲动原是人性内自然的执著。泰西特斯说："一个聪明人最难摆脱的便是名利欲。"制止这种普遍愚昧的唯一方法就是认清这是一种愚昧，要认清这是一种愚昧，我们就需先明白人们脑里的意见大部分都是错误、偏颇和荒谬的，所以这些意见本身并不值得一顾。再说，在生活中大半的环境和事务也不会真正受到他人意见的影响。何况这种意见一般是批评褒贬的居多，所以一个人如果完全知道了人家在背后怎么说他，他会烦死的。最后，我们也清楚地晓得，与其他许多事情比较，荣誉并没有直接的价值，它只有间接价值。如果人们真能从这个愚昧的想法中挣脱出来，他就可以获得现在所不能想象的平和与快乐，他可以更坚定和自信地面对着世界，而不必再拘谨不安了。退休的生活有助于心灵的平和，就是由于我们离开了长久受人注视的生活，不需再时时刻刻地顾忌他们的评语。换句话说，我们能够"归返本性"生活了。同时也可以避免许多厄运。这些厄运是由于我们现在只追寻别人的意见而造成的，由于我们的愚昧造成的厄运，只有当我们不再在意这些不可捉摸的阴影，并注意坚实的真实时才能避免，这样我们才能没有阻碍地享受美好的真实。但是，别忘了：值得骄傲的事都是难做的事。

我们在上一节所讨论的人性愚昧，由这种愚昧繁殖了三棵嫩草：那就是野心、虚荣和骄傲。虚荣与骄傲间有下列的不同：骄傲是自己对自身在某特殊方面有卓越价值的确信，而虚荣是引起他人对自己有这种信任的欲望，通常也秘密地希望自己有此确信。骄傲是一种内在的活动，是人对自己直接的认识。虚荣是人希望自外在间接地获得这种认识。所以自负的人常是多话的，不然就是沉默而骄傲的。但是自负的人应该晓得即使他有满腹经纶还是不说的好，因为持久的缄默比说话更能赢得好评。任何想假装高傲的人不一定就能骄傲，他多半会像其他人一样，很快地丢弃这个假装的个性。

唯有对自己卓越的才能和独特的价值有坚定、不可动摇的信念的人才能被称为"骄傲"，当然这种信念也许是错误的，或者是建立在一种偶然的、传统的特性上。对一切骄傲的人，也就是对当前有最为迫切要求的人。因为"骄傲"是一种确信，所以他与其他不是由自己裁决的知识相似。骄傲的最大敌人——我的意思是说它的最大的阻碍——是虚荣。虚荣是企图借外在的喝彩来建立内在的高度自信，而骄傲却先存有此种强烈的自信才能成立。

通常"骄傲"总是受到指责，可是我想只有自己没有足以自傲之物的人才会贬损"骄傲"这种品德。我们看到了世俗的鲁莽与蛮横，任何具有优秀品格的人，如果不愿他的品德永久被忽略，就该好好正视自己的好品德，因为假如一个品德优良的人，好心地无视自己的优越性，依然与一般人亲善，就好像自己与他们一样，那么用不了多久，他们便会坦白而肆无忌惮地把你看成他们的同类。这是我给那些具有高贵品格——一种出自人性优越之人的劝告，尤其当此种优越性不像名衔、地位那样人人可见时更应该如此。不然，他们一旦觉得你与他们一样，便开始轻视你了。阿拉伯古谚说："和奴隶开玩笑，他不久就原形毕露了。"

当谦虚成为公认的好德行时，无疑地，世上的笨人就占了很大的便宜。因为每个人都应该谦虚地不表现自己，世人便都类似了。这真是平等啊！它是一种压制的过程，因为这样一来，世上好像就只有笨人了。

骄傲中最廉价的一种是国家骄傲，因为当人以其祖国为荣时，就表示他自身没有足以自傲的品格，不然他也不会把骄傲放在那与千百万同胞所共享的东西上了。天赋重要资质的人可以一眼看穿自己国家的短处，只有本身一无可取的笨人才不得不依赖他祖国的骄傲，他高兴地维护着祖国任何的缺点与短处，借祖国的荣耀来弥补自身的不足。举例说，假使你用英国人应得的轻蔑语调提到他们愚昧顽固，恐怕没有一个五十岁以上的英国人会同意你的话，假如有一个人同意的话，那也是一个睿智的长者。

德国人没有国家骄傲，这显示了德国人正如众所周知的诚实，也显示了那些因为一片可笑的热情假装以祖国为荣的人，还有那些煽动群众的政治家是何等的不诚实。我听人说火药是德国人发明的，我很怀疑。李奇顿伯曾问道：为什么一个外国人不喜欢假装德国人；即使要装也宁可假装是法国人或者英国人呢？总而言之，个性比国家重要得多，也比国家更值得我们重视，况且因为谈到国家性格时必须涉及大群的人，而适合其一者，不一定适合其二，所以当我们大声赞美国家时，我们是不可能做到完全诚实的。所谓国家性格只是人类在每个国家里所表现的渺小、顽固和卑劣性的代名词。如果我们厌恶一种特性，我们便赞扬另一种，直到我们再厌恶了为止。每个国家都瞧不起别个国家，而且大家的看法都对。

本节的内容是关于人在世界上所显现的样子，也就是我们在别人眼中的样子，有关此点还可以分成三项来谈：那就是荣誉、身份与名声。

首先我们来谈谈官位，因为官位虽然在一般大众与不学无术者的眼中是非常重要的东西，也是政府组织体系中很有用的一环，但是实际上我们只需三言两语便可将它处理完毕了。

官位纯粹是一种约定俗成的价值。严格地说，它只是一件虚伪的外套。目的在于索取人为的尊敬，而有关身份的所有事情根本就是一场闹剧。

等级，可说是诱导民意的汇票，汇票之价值的高低依持票人的声望爵位而定。当然，用授予爵位等级来代替颁发年金，可以替政府省下一大笔钱，而且如果等级（爵位）分配得宜，人人各得其位、各尽其职，未尝不是国家之福。一般而言，众人都有眼睛和耳朵，只是缺乏判断力和记忆力。

有一些政府的决策是超出他们理解范围的，另一些政府的措施虽然使他们获益匪浅也博得了他们的一时的赞扬，但他们很快就遗忘了。

所以我以为每一个十字章和星章的颁发（每一次爵位的授予）都应该向所有各地的大众宣布，让他们知道，这个人与你不同，他有所成就。

然而一旦不公正或者缺乏适当选择或者大量的颁授（爵位）等级的话，爵位便失去了它的价值，所以国王们在颁发爵位时应该像生意人签汇票一样谨慎才好。

我们不必再赘言以杰出功勋荣获爵位，因为爵位本该为杰出成就者颁发。这是讲得通的。

"荣誉"的问题比"官位"来得大，讨论起来也困难得多，让我们首先设法来定义。

如果我说"荣誉感是外在的良心，而良心是内在的荣誉感"，相信很多人会同意我的话，但这只是虚有其表的定义，并未真正深入问题的根本。我更喜欢如下的定义：荣誉可分主观及客观的两面。就从客观的一面来说，荣誉是他人对我们的评价和观感；就主观的一面而言，荣誉感是我们对这种评价及观感的重视。自后者来看，做一个有荣誉感的人便要经常去运用有益于人类的影响力，虽然此种影响力决非仅限于纯道德的一面。

除了少数极端腐化的人之外，每个人都有羞耻心，而且荣誉也是一种公认的价值。此种现象的原因如下，若完全凭靠自己，一个人所能成就的必然有限，这就好比在孤岛上的鲁宾逊一样，尽二十年之力也只能求得自身之温饱而已，唯有在社会里，人才能完全发挥其力量，并且获得很大的成就。当人有意识之始他就明白这个道理，于是在心中升起了在社会中做一个有用分子的欲望，他希望自己有能力尽到一己的义务，而且也能享受到社会的利益。要成为社会中有用分子，必须做两件事情：（1）尽到人之为人的根本责任；（2）尽到个人在此世界中所处的特殊地位所应尽的职责。

然而人们发现，决定他是否有用的不是他自己而是别人的意见。于是他尽力讨好他所看重的世俗，以期给他们留下好印象。这样便产生了人性中内在的和原始的特征——荣誉感，或者自另一角度来称呼它为羞耻心。正是此种羞耻心使人在受他人评判时会羞惭脸红，即使他明知自己是无辜的，或者他的所作所为本不必受任何礼法拘束，可以依自由意志而行动，然而他人的评价依然会对他产生影响力。反之，在生命中最能给人勇气的便是得到或重获他人欣赏的信念。因为唯有他人欣赏他，他们才会联合起来帮助他和保护他，凭着这种力量他可以抵御生命中的许多灾患，这是他以自己匹夫之力所无法办到的。

为了获得别人的信任，以博取他们的好感，个人在自己与别人间维持着各色各样的关系，这些繁杂的关系造成了几种不同的荣誉，这些荣誉有的是依赖自身良好的行为，有的是靠着种种担保，也有的是系于和异性间的关系。所以我们把各式各样的荣誉概括为三大类：公民的荣誉、官场的荣誉、性感的荣誉。

"公民的荣誉"是最常见的一种。此种荣誉是——我们应该无条件地尊重他人的权利，所以不得用任何不正当与不合法的手段取得我们想要的东西。这种荣誉是人与人之间和平交往的条件，任何对这种和平交往的破坏都会毁坏了"公民的荣誉"，因此所有包括了法律之责罚的东西，都以为责罚是正当的。因为法律是责罚破坏和平之人，这种人既已破坏了人际的和平关系，也就不得再享有"公民之荣誉"，而须身为一囚了。

荣誉的究极基础是一种认为道德品格永不改变的信念，也就是说，如果我们视某一行为是恶的，那包含了未来在相似动机、相同情况下的行动也必是恶的。英文中一字便包含了声望、名誉、荣誉等意思。所以除非是无心的失误，或者是遭受了恶意的诽谤，或者是被误会，否则一旦荣誉丧失，便不会再获得。所以法律保护人不受谗言、诽谤和侮辱之害，而侮辱，虽然经常只是恶言咒骂，却也相当于隐藏了理由之后的简要诽谤。因为唯有无理却还诉怨时，人才会恶言咒骂他人，否则他会提出他的理由来作为前提，而留待其他的听众去下结论，可是当他咒骂时，他为自己引申了结论，却把前提隐去不谈，以为别的听众会设想他是为了简要起见，所以不说前提。

"公民荣誉"的名称和源起都是来自中产阶级，可是却适用于所有人类，最上层阶级亦不例外。没有人可以无视此种荣誉的严肃性和重要性，任何人都应谨慎小心，切不可等闲视之。信心一旦丧失，将永无再得到信心的希望，不论他做什么事或成为什么人，失去信心的悲惨后果是永远无法避免的。

相对于名声所具有的肯定性质来说，荣誉的性质是否定的。因为荣誉不是人们对于某人独具的一种品格的赞扬，而是对于某人应该表现且不应错的一些品格的期许。所以荣誉是强调每一个人都不该例外，而名声却是赞美某人的独特成就。名声是我们必须去争取的，荣誉却是我们不能丧失的。没有了名声只是不能出名而已，仅是消极的。但是失去了荣誉却是种耻辱，是极其不好的。荣誉的此种否定性质是不同于任何"被动"性质的，因为荣誉，将比任何东西更具主动的性质。它直接隶属于表现这种品格的人，并且也仅与此人所为和所不为者有关，与别人的行动和别人加诸于此人的障碍都无关系。所以荣誉是完全在我们能力以内的事。这一特征很明白地区分出什么是真正的荣誉和我们立刻会提到的骑士精神的伪装荣誉。

诽谤是唯一能够利用无中生有之事攻击荣誉的武器，反击此种攻击的唯一方法便是用适当的舆论批驳此种诽谤，并且恰到好处地去揭开诽谤者的假面具。

尊敬德高望重的老年人之理，在于老人必然已在其生命的过程中显示出来他有否长期维护无疵美誉的能力，而不像青年一样，纵使有着美好的品格却还未受到岁月的考验。况且年轻人不仅在岁月上，而且在经验上也是不如老人的。所以白发令人心仪。老者便经常获得他人内心由衷的敬仰。而皱纹——岁月的表征——却不会博得尊崇，人们常说：可敬的白发，但从未说过：可敬的皱纹。

荣誉只有一种间接的价值。因为在这一节开始的时候我就解释过，别人对我们的想法如何，即使对我们有影响，也只能左右他们对我们行为的态度。而且荣誉是一种社会的产物，有了荣誉感，我们才能生活在文明的状态中，在我们许多的作为中，我们需要他人的帮助，同时在别人能为我们做任何事之前，对我们需要有种信赖感。这样他们对我们的看法虽是间接的，虽看不出有直接的或间接的价值，却是极为重要的。和我一样，西塞罗也有这方面的意见，他说："我完全同意克利斯普斯和戴奥尼斯所说的，好的荣誉如果不能对我产生什么作用的话，那是丝毫不值得去获得的。"哈维休斯在他的主要著作中也大大地坚持这一真理，他的结论是，我们之所以喜欢别人尊敬自己，并不是因为尊敬自身有什么了不起，而是要看别人对我的尊敬能带来什么好处。因为种种手段绝不会超过所要达到的目的，把荣誉的价值看得超过生命自身，这根本就是一种夸张的说法，这样说来，街头巷尾所说的荣誉就更加不值一提了。

谈到官方的荣誉，一些人的普遍意见是，一个人担任某种官职，在实际上就必须具有执行其任务的必要条件。比较大和比较重要的职务是肩负国家的责任，如果官职越高影响力越大，一般人就更认为他必须在道德和理智上更具有适合该职务的条件。因此官位越高，他所受的荣誉也就越大。如头衔、等级和他人对他的卑躬屈膝行为，都是在表明这一点的。一般说来，一个人的官阶，包含着他应该有的某种程度的荣誉。事实上，具有特别任务的人比起一般人是更具有大的荣誉的，一般人的荣誉主要是使自己免于羞辱。

进一步说来，官方的荣誉要求接受某种官职的人必须尊敬自己的官职，好为他的同僚及其后来者做个好的榜样。尽责就是一位官员尊敬他的官职，拒绝对自己或对其官职的任何攻击，必须注意批评他没有尽到的责任以及未促进社会的福利。必须以法律来处罚那些不当的攻击。

从属于达官显要荣誉下的是那些从事医生、律师和教员的人士，简单地说就是那些精于某种事业的人，应该有一种荣誉感，也就是誓言为公众服务的荣誉。除这些荣誉之外，就是军人的荣誉了。就军人荣誉的真实意义来说，一个人既为捍卫国家的军人，就应该有足以捍卫国家的军人的气质，其中诸如勇敢和视死如归的决心，还有在任何情况下誓死为他的国家战斗。我在此所说的官方荣誉，是从其广泛意义来说的，而不只是一般人民对官员的一种尊敬。

有关性爱的荣誉和其所赖以建立的原理，多少给以注意和加以分析，那是必要的。其中我所要说的足以支持我的论点，此即一切荣誉都是立在功利的基础上的。关于这一题旨有两种自然的划分：女人性爱的荣誉，男人性爱的荣誉。因为女人一生的主要内容大部分是她和男人的关系，因此性爱对女人来说就比对男人更为重要了。

一般的意见是女人的性爱相对于她还是少女时，她是纯洁的；她是太太时，她是真诚的。这种意见的重要性是建立在下列的基础上。在女人一生的生活关系上，她全是依靠男人的，而男人只依靠女人一部分。这样安排以后，就使得女人和男人要互相依靠了。男人要负担太太和他们儿女的一切需要，这种安排是建立在整个女性族类的利益上的。为了要实现这种安排，女人们就紧密地连接在一起表现她们的团结精神，表现一种统一的阵线好对付她们的共同敌人——男人。男人占有世间一切美好的事物，诸如良好的体形和理智的能力，女人为了围攻男人和控制男人，以及分占男人所具有的美好事物，女人们就不得不扯在一起搞统一阵线。为了达到这个目的，女人的荣誉就须有下面的一种规则，那就是为了强迫男人向女人投降，使男人拜倒在她的迷你裙下，除非是结婚，没有别的是女人可以给男人的。由于这种安排，这种规则就是整个女性群体所要遵守的了。而且只有严格遵守这种规则才能达成这种结果。事实上各地的女人倒真的在小心翼翼地维系着团结精神。任何女人若违反了这个规则，就是背叛了整个的女性群体，因为如果每个女人都像她一样的话，整个女性群体的利益就要瓦解了。因此如果一个女人没有羞耻心的话，就是失掉了荣誉，任何其他女人就会把她看成瘟疫一样，而不敢和她接触了。离婚的女人也是会遭受这种命运的，因为离婚就是表示那个女人没有能力，不能使丈夫向自己投降，这就意味着她妨害了所有其他女人的利益。而且这种危害婚约的行为，不仅是因为女性个人要受到处罚，且涉及大家的荣誉。这一点说明我们不太重视少女的羞辱，而重视一位妻子的羞辱。因为前者还可以婚姻来补救，但后者是无法弥补她婚姻的破裂的。

　　一旦认识了这种团结精神是女性荣誉的基础，且为女性利益和谨慎的一种必要安排后，就可认识到荣誉对女性福祉的极端重要性。不过其所具有的价值仍是相对的。因为荣誉并没有绝对的目的，并不能超过生命自身的存在和价值。如果把女性的荣誉过分扩大，这就好像在用手段时忘记了目的，而这却又是许多人所常犯的。因为夸大女性的荣誉就意味着荣誉的价值是绝对的，而事实上是女性的性的荣誉，和其他事比起来，只不过是一种相对的事而已。从汤姆森时代一直到宗教改革，在各个国家中，法律不承认不法的男女关系，而这并无损于妇女的荣誉，有人也许会进一步地说，妇女的荣誉只不过是约定俗成的事罢了。

当然在人民生活的某种环境中，常使结婚的某种外表形式变得不可能，特别是在信奉天主教的国家亦是如此，在这些国家根本没有离婚这样的事。我认为在一个国家内，除了可怜的王子外，每个男人都要有选择妻子的自由。男人的双手是属于国家的，结婚也只是为了国家。此外，男人就是男人，做一个男子汉，就要有男子汉的威风。在这件事上，不顾王子自己的意向，那根本是古板的、不正当的事。当然，不论怎么样，女人对国家政府是没有影响的。从女人自己的观点来看，女人具有一特殊的地位，而这种地位不受性的荣誉规则支配，因为她只是把自己奉献给爱她的男人，即使不能结婚，她也是爱他的。一般说来，女性的荣誉在自然中并没有它的起源，这可从许多肉体牺牲的事例中看出来，诸如屠杀婴儿和母亲自杀等。说真的，一个女人违反婚约，这就是对整个女性群体的一种背叛。不过一位女人对整个女性群体的忠诚，只是秘密似地被承认，并不是一种誓言。因此，在许许多多的情况中，女人的命运是极为悲惨的，而其愚蠢又往往胜过她的罪过。

相对于男人有关性的道德来说，这也是从我讨论的女人的性的荣誉中引出来的，那就是女性的团体精神，这种精神使男人和女人结婚，而使征服者（女人）占了很大的便宜，这时男人和女人维持婚约关系时就须特别小心。一方面不可放弃婚约的任何拘束力，男人放弃一切后，最低限度也不可轻易放弃他的占有品——老婆。男人如果宽恕女人冒犯自己，其他男人就会认为他是可耻的，不过这种羞耻并不像女人失掉荣誉一样。女人失掉荣誉所遭受的污辱是很深的，而因为男人和女人的关系，相对于男人一生的其他重要事项来说并不是最重要的，因此女人对某个男人的冒犯所形成的羞辱就不如女人失掉荣誉所形成的羞辱那么大了。

我上面所讨论的荣誉是以各种不同的形式和原则存在于各个时代和国家中的。不过在历史上女性荣誉的原则曾在各个时代遭受地方性的修正。另外还有一种与此完全不同的荣誉，这种荣誉是希腊人和罗马人所没有的，到现在为止，中国人、印度人或阿拉伯人也全然不知道，这是中世纪时所出现的一种荣誉，且是基督教的欧洲所产生的，只存于少部分的欧洲人之间——社会的上层阶级和适于做上层阶级的人。这种荣誉是一种武士式的荣誉，它的原则是与我先前所讨论的荣誉完全不同的，且在某些方面甚至与之相反，但它能产生一种侠义精神，为了与武士的礼仪一致，且让我来解释这种荣誉的原则。

首先要了解的是，这种荣誉不是存在于他人说我们有什么价值的意见中，而完全在于他们是否有这种意见。不管别人是否有任何意见，要紧的是要让别人知道是否有获得这种荣誉的理由。对于我们的所作所为，别人也许有最恶劣的批评，也许对我们抱有种种轻视，且无任何人敢表达不同的意见，但我们的荣誉仍是崇高的。假定我们的行为和本质使别人不得不给以最高的敬意，别人又毫无意见地给了这种敬意，但有人却贬斥我们，除非我们能使他产生敬意，否则我们的荣誉就遭到侵犯了。武士的荣誉不在乎别人所想的是什么，而在乎别人所说的是什么，这一点可从下列事实来说明，那就是别人侮辱我们，如果必要的话，就得请他道歉，道了歉也就不成其为侮辱了。至于他们是否修正自己所说的，或者他们为什么要那样说，那都是不重要的，只要道歉，一切也就摆平了。这种做法的目的不是在赚得崇敬，而是非要他崇敬不可。

其次，这种荣誉不在于一个人所做的是什么，而在于他所遭遇的苦难是什么、困难是什么。且这种荣誉是与其他一切荣誉不同的，它不存在于自己所说或所做的是什么，而存在于别人所说和所做的是什么。因为一个人的整个作为可能是依照最公正的和高贵的原则，也可能他的心灵是最纯洁的，理智是最清明的，然而若有任何人随意侮辱他，他的荣誉就随之消失了。若遇到这种情形，自己并未违反荣誉的内容，对于侮辱自己荣誉的人，也就只有把它当做是最无价值的匪徒，或者是最愚昧的野兽、懒虫、赌鬼，简单地说，即一个丝毫不值得我们去计较的人。通常就是这种人惯于侮辱别人，正如赛尼卡所说的，越是随意恶口伤人的，就越是可贱的和令人嘲笑的，这种人对他人的侮辱多指像我上面所描述的人，因为趣味不同的人是不能成为朋友的，而世间的一些豪杰之士就最易引起这类人的无理怒气。歌德说得好，对你的敌人抱怨是无用的，因为如果你的存在对敌人造成一种责难，敌人是不能成为你的朋友的。

很明显的是，这类毫无价值的人是有好的理由谢谢荣誉的原则的，因为荣誉的原则使这些人与有荣誉的人相形见绌。如果一个人喜欢侮辱别人，这种人实是具有坏的品质的。而在事实上这种看法也是大家可立即承认的。品质恶劣的人就喜欢侮辱别人，这几乎是一种铁则，而且具有这种品质的人，若不勇敢地纠正自己，则我们的判断任何时地都是有效的。换句话说，一个遭人侮辱的人，即使他是世界上最不幸的人，也不论他所遭受的侮辱是什么，只要别人认为他是一个具有荣誉的人，那他就仍是具有荣誉的人。我相信具有荣誉的人是能忍受别人侮辱的。这样说来，所有具有荣誉感的人，对于品质恶劣的人是不屑一顾的，只不过他把他当做一个患癫病的人，而不屑与他为伍。

我认为这种聪明的分析历程可以追溯到从中世纪到十五世纪的事实上，这个时期在任何审判程序上，并不是原告要证明被告的犯罪，而是要被告证明自己是无辜的。被告可以发誓并没有犯罪，而支持他的人也必须发誓说明他不可能伪誓，如果没有人支持他，或者原告反对被告的支持人，那就只有诉诸上帝的裁判了，通常也把它称作重审。因为被告此时陷于不名誉的状态中，他必须洗清自己。在此便是不名誉观念的由来，其时整个系统还在今日具有荣誉的人之间流行，只不过把发誓这一环节省掉而已。这一点也可解释成为什么具有荣誉的人对于说谎极为愤怒。说谎是应该斥责的，必须勇敢地纠正过来。虽然如此，人的说谎却是随处可见的。事实上，一个人威胁要杀戮另一说谎的人，自己就不应该说谎，在中世纪的审判中也以一种简短的形式承认了这一点。在回答控告时，被告说：那是说谎。如遇到这种情形就只有留待神来审判了。因此，武士的荣誉信条规定，当遇到人说谎时，就只有诉诸武力了。其实遇到别人侮辱自己，也该是如此的。

第三，这种荣誉是否在他心内与他自己是绝对无关的。换句话说，与他的道德是否能变好或坏没有关系，因为这种荣誉是不需要如此迂腐探求的。如果你的荣誉遭受了攻击的话，或者外表看来已没有荣誉可言的话，只要迅速地采取彻底纠正的方法，很快就可恢复荣誉，那就是决斗。但是如果攻击者不认识武士荣誉规则的话，或他自己曾经违反武士的荣誉，那就有另一种不费吹灰之力的安全方法来恢复你的荣誉——立即给对方一拳便了。

不过若担心会造成任何不愉快的结果，或不知对方是否能服从武士荣誉的规则，因而希望避免采取此类极端步骤的话，就有另一种方法使自己处在健全的立场上，那就是比胜。比胜在于以牙还牙，你来八两，我还半斤。

第四，接受侮辱是不体面的，给人侮辱则是有荣誉的，先让我来举一个例子。我的对手在他的立场来看是有理由的、对的、真的。好吧，老子侮辱你。这样他就没有荣誉和对的理由了，荣誉和对的理由反而到我这边来了，他想法恢复他对的理由和荣誉，但所用的却是粗暴的方法。这样一来，粗暴取代了荣誉，粗暴胜过了一切，最粗暴的便永远是对的，既然如此，你除了要粗暴外，还要什么呢？不论某个人是如何的恶劣与愚昧，一旦他以粗暴来做买卖，他的一切错误也就合法化而可原谅了。如果在任何讨论或谈话中，别人比我表现得更有知识、更为爱好真理、更具健全的判断和理解，或普遍地表现出一种理智的特质，因而使我黯淡无光，只要我马上攻击他和侮辱他，我便马上打消了他的优越性，而使自己超过他。因为粗暴是比任何论证都好的一种论证，它可完全使理智无光。如果我们的对手不关心我们的攻击方法，或不以更粗暴的方式来还击我们，因而把我们当成不高贵的比胜对手，那我们总是胜利者和具有荣誉者。当需要无比的傲慢时，就让我们丢掉真理、知识、悟性、理智与机智。

一个有荣誉感的人，当有任何人说出与自己违逆的话或显示出有更多的才智时，我们便应该马上武装起自己。同时若在任何争论中，别人无法回答我们，因而也诉诸粗暴时，这就表示他也和我们一样了。现在很明显的应该是，人们称赞荣誉的原则，认为荣誉可使社会高贵，这是很正确的。这种原理是从另一种形式引出来的，此种形式成为荣誉整个规则的灵魂和核心。

第五，荣誉的规则包含着一种意义，那就是荣誉是最高的法庭，一个人与任何人发生争论，因而涉及荣誉时，我们必须诉诸有形的力量，那就是蛮横。严格说来，任何粗暴也就是诉诸蛮横，因为，蛮横是宣告理智和道德已不足以解决问题，斗争必须由有形的力量来解决，富兰克林说人是制造工具的动物，而实际上人是由人所制造的武器决定的。用蛮横来解决问题，一旦决定就不能改变。这是大家所知道的强权原理，当然这是一种讽刺的说法，就好像说蠢材也有机智一样。

第六，最后像我们在前面所说的，在你的和我的事务之间，市民的荣誉是过于谨慎的，他们过于尊重职责和诺言。另一方面，我们在此所讨论的荣誉规则，则具有极高贵的自由性。只有一个词不可以撕毁，那就是荣誉，像人们所说的，老子的荣誉，这就是说一切诺言都可撕毁，唯独荣誉不可撕毁。而且如果万一撕毁了荣誉的话，有人讽刺我们，那我们就应用普遍的方法——决斗来和他硬干一场来恢复自己的荣誉。尤其是，人有一种债务，也只有一种债务是必须要付清的，那就是赌债。在一切债务中你都可以不付，你甚至可以欺骗犹太教徒和基督教徒，这对你的荣誉并没有什么污点，不付赌债却是不荣誉的。

没有偏见的读者，也许会认为这样一种奇特的、野蛮的和令人嘲笑的荣誉规则没有人性的基础，在人的事务的健全观点中，也找不出正当的理由，在其极为狭隘的可行范围内，只能用来强化人的感受，这种感受也只流行在自中世纪以来欧洲的上层阶级、官员和士兵中，以及试图模仿这种荣誉的人民中。希腊人和罗马人是完全不知道荣誉的规则原理的。即使是亚洲古代或近代高度文明的国家，也不知道这些。在这些人中，他们除了认识我所指出的第一种荣誉外，并不认识其他的荣誉，他们以行动来表现自己。他们认为一个人的所想所为也许可影响自己的荣誉，但并不能影响别人的荣誉，遭人打击也只不过是遭人打击，这种情况下也许会使人愤怒及采取立即的报复，但并无关于荣誉。这些国家的人大多不会去计较打击所受的侮辱。然而，在个人的勇敢和轻视死亡一事上，这些国家的古代人士所表现出来的，并不会亚于基督教的欧洲。你可以说希腊人和罗马人从头到尾都是勇敢的，但他们并不知道荣誉的意义。如果他们有任何决斗观念的话，这也与高贵的生命完全无关。决斗也只是展示被雇佣的人的格斗，即与判刑的奴隶、罪犯和野兽拼命一场，制造一个罗马式的假日。基督教升起以后，格斗没有了，代之而起的才是决斗，这是由神的审判来解决问题的一个方法。如果格斗是为伟大的观众的欲望所做的一种残忍牺牲，决斗就是为既存的偏见而不是为罪犯，奴隶的一种残忍的牺牲也就是为自由与高贵所做的一种残忍的牺牲。

有许多迹象显示古代的人是完全免于这些偏见的。例如，有一个条顿族的酋长召唤马里乌斯决斗，但马里乌斯回答说，如果酋长对自己的生命感到厌倦的话，诸酋长去上吊好了，同时他推荐一位老练的格斗者，去与酋长格斗几回。有一个近代的法国作家宣称，如果有任何人认为德谟斯色尼斯是一个具有荣誉的人，那他的无知就会使人有可怜之感了，而西塞罗也不是一个具有荣誉感的人。在柏拉图法律一书的某几段中，这位哲学家一再谈到恭行一事，这就充分清晰地指出古代人对于此等事是没有任何荣誉感观念的。有一次，有人踢苏格拉底，当时苏格拉底对侮辱所表现出的忍耐使得他的朋友也为之惊奇。苏格拉底说：如果一头驴子踢我，你以为我要恨他吗？在另一场合，有人问苏格拉底：难道那人不是侮辱你和骂你吗？苏格拉底说：没有，他所说的不是针对我而说的。斯托伯斯从莫索尼乌斯所保存的很长的记录中得知古代人如何对待侮辱。他们知道除了法律所提供的解决方法外，没有其他的方式能令人满意，但聪明人甚至轻视这一点。如果希腊人被人打了，通过法律来解决他们也就满意了，这一点也可在柏拉图的著作中苏格拉底所表示的意见中看到。

令人赞美的犬儒学派哲学家克纳特斯曾经被尼可姆斯打了一拳，脸被打得变成紫色，肿起来了。克纳特斯却在额上做一个被尼可姆斯打了的记号，有一次横笛的人看了感到非常羞耻，这位玩横笛的人曾对一个人使用过暴力，而这位被揍的人竟是所有雅典人所崇敬且当做神的人。戴奥吉尼斯在给他的朋友麦莱西普斯的信中告诉我们，一群雅典人的喝醉了酒的儿子打了他，但他说这种事是不重要的。

很明显的是，武士荣誉的整个规则是古代人所完全不知道的，因为简单的理由是，他们对于人的事情常采取一种自然的和没有偏见的观点，不允许此类恶劣的、可恶的愚昧来影响自己。被人揖了一记耳光，他们认为只不过是一记耳光，一个没有什么了不起的伤害而已。而近代人却认为这是一件非常了不起的事情，是悲剧的一种题材。如果法国国会有人挨了一记耳光，它的回响也许要从欧洲这一端传到那一端。

从我已经所说到的应该很明白地了解了武士的荣誉的原则，在人的自然性中并没有一种本质上的天然的起源。武士的荣誉是一种人为的结果，而其缘由是不难发现的。武士荣誉的存在很明显，那是人们习于用拳头甚至用头脑时就开始的，当牧师的方术缚紧了人的理智，在中世纪所流行的武士制度就使得武士的荣誉开始流行了。其时人们不仅让上帝昭显自己且由上帝来为自己作判断。遇到困难的时候，多由神来做决断。只有很少的例外，那就是决斗，当时高贵的人士不仅重视决斗，就是一般的人民也重视决斗。在莎士比亚的《亨利六世》一剧中，对此就有很好的说明。每一个审判都诉诸武斗，实际即是诉诸肉体的力量和活动，也就是诉诸动物的自然性，以动物的自然性代替了审判中的理性，来决定事物的对与错，不以人所做的是什么来决定，而以他所能抵抗的力量来决定。事实上，这也就是今日所流行的武士荣誉之原则的系统。如果有人怀疑这是近代决斗的实际起源的话，就请他去读米林公所写的一本好书《决斗史》吧。而且在支持这一系统的人士中，你也可以发现他们通常并不是受教育程度很高或有思想的人，他们有些人常将决斗的结果当成在争论中一个实际的神圣的判决。

不过撇开决斗的源流不谈，现在我们应该明白的是，这一原则的基本倾向是用有形的威胁来达成一种在实际上很难达到的外表上的尊敬。这种程序有点像下面所说的事情一样，那就是要证明你的房间内的温暖度，你却用手握着温度表而使温度上升。事实上，这种事情的核心是这样的：一般人的荣誉之目的在于与人能平和地交往，因为我们无条件地尊重别人的权利，我们就值得别人对我们充分信任。另一方面，武士的荣誉则是不顾一切地使我们产生恐惧，因而使我们不得不由恐惧而折服。

如果我们生活在一种自然的状态中，每一个人都要自己保护自己以及直接地维持自己的权利，则对人的诚实、正直就不能过分地信任，以及武士荣誉的原则使人所产生的恐惧远超过使人所能产生的信赖，也许这种看法并不是错误的。不过，在文明的生活中，国家保护着我们每个人和财产，武士荣誉的原则就不能再加以运用了。在文明的社会中这个原则就像某个时代的城堡和瞭望塔一样，在其中是耕种得很好的田野、平坦的道路甚至铁道，因而城堡和瞭望塔也就成为废物了。

这样说来，若仍承认这种原则，则这种武士荣誉原则的运用也只能限于个人殴打的较小事件上，且这种殴打只会遭到法律上的轻微处罚，或甚至不会遭受处罚，只是把它看成一种小的错误，当作闲话谈一谈就过去了。武士荣誉原则有限应用的结果是，因看重人的价值，反而强迫夸张了它的可敬，这种可敬是完全远离自然或人的命运的。夸张武士荣誉的原则，几乎把它当作一种神圣的事物看待。

为了减轻这种轻率的傲慢，人就习惯于在每一件事上让步。如果有两个勇猛的人相遇，且彼此都不让步的话，彼此之间的些微差异就可能引起一连串的咒骂，然后是比拳，最后是致命的一击。因此，如果免掉中间的步骤而直接诉诸暴力，在程序上也许更为恰当。诉诸暴力有其自身的特别形式，这些形式后来发展为森严的规范和法律系统，然后一起形成一种庄严的但又可笑的闹剧，那就是好献身的一种荣誉，他们把这种荣誉当作一种流俗的庙堂。因为如果两个勇敢的人为了一些小事争论（比较重要的事由法律来处理），其中比较聪明的一位当然会让步，同时他们也会同意彼此的差异。这是由一种事实来证明的，那就是一般人或者社会上各类不了解荣誉原则的人，多让争论任其自由发展。在这些人中，杀人者比起尊敬荣誉原则的人要少得多，你打我骂的事也不会常常发生。

因此有人说在良好社会中人的风度和谈吐最终是建立在这种荣誉的原则上的。荣誉的原则和决斗就成为反对粗暴和野蛮屠杀的主干。不过雅典、科林斯和罗马可以说是一个好的甚至极佳的社会，人的风度和谈吐都是极良好的，却并未对武士的荣誉有任何支持。有一件事是真实的，在古代的社会中，女人所占有的地位并不像今天所占有的地位一样，现在的女人东家长西家短的，使得现今的社会完全与古代不同。这种改变对于今日社会上所看到的一种倾向，那就是个人宁愿选择勇敢甚过其他的特质，实是有极大贡献的。事实上是，个人的勇敢实是一种从属性的德行，比低等动物都不如，我们没有听说过人能像狮子一般的勇敢。武士的荣誉决不能作为社会的一种支柱，但它为诈欺、邪恶、缺少考虑的风度确确实实地提供了一种救济办法。因为没有人愿意冒死来纠正别人粗鲁的行为，粗鲁的行为也就常在人的沉默中过去了。

根据我上面所说的，决斗的方法在有杀人狂的地方极为风行，特别处在政治和经济记录上并不怎样荣誉的国度里风行，读者也不会觉得有什么奇特可言。这种国家的人喜欢什么样的私人生活，这个问题最好让有这种生活经验的人去回答。他们的温文有礼和社会的文化，已经很久没表现出来了。

因此，在这种口实中，实是没有什么真理可言的。我们可以用更具正义的话来作主张，那就是当你对一只狗咆哮时，它也会反过来向你咆哮，而你摸摸它，它就摇尾巴了。同样地，在人性中也是如此，多是以矛还矛，以暴还暴；你给我半斤，我就给你八两。西塞罗说：

在嫉妒矛头中有某种刺透人的东西，就是聪明和有价值的人也会发现令人痛楚的伤处。在这个世界上，除了某些宗教外，没有地方会默默地接受侮辱的。

为了完成此节的讨论，先让我来谈一下国家的荣誉。国家的荣誉是在许多国家中对一个国家应有的荣誉来说的。因为国家并没有什么法庭可以申诉，而只有力量（武力）的法庭。每一个国家应准备维护自己的利益，一个国家的荣誉包含着一种意义，就是所提出的主张，不仅要人们信赖，而且使人畏惧。攻击国家的权利就必须加以制裁，国家荣誉是一般人民和武士荣誉的结合。

前面在"如何面对他人对自己的评价"一项下，我们曾提及"名声"，现在就来讨论此项。名声和荣誉好比双生兄弟，像双子星座的卡斯特和波勒士，他们两兄弟一是不朽的，另一却不是永恒的。而名声也就是不朽的，不如他的兄弟荣誉一样，只是昙花一现。当然，我说的是极高层的名声，也就是"名声"一词的真正意义，"名声"是有许多种的，其中有的也稍显即逝。荣誉是每个人在相似的情况下应有的表现，而名声则无法求诸于每个人。我们有权赋予自己有"荣誉感"的品格，而名声则需他人来赋予。我们的荣誉最多使他人认识我们，而名声则有更高远的成就，它使我们永远为人怀念。每个人皆能求得荣誉，只有少数人可获得名声，因为只有极具特殊卓越成就的人才可获得名声。

这类成就可分为立功、立言两种。立功、立言是通往名声的两条大道。在立功的道路中，具有一颗伟大的心灵是他的主要条件，而立言则需一个伟大的头脑。两条大道各有利弊，主要的差异在于功业如过眼烟云，而著作却永垂不朽。极为高贵的功勋事迹，也只能在短暂的时间里有影响。然而一部才华四溢的名著，却是活生生的灵感泉源，可历千秋万世而常新。功业留给人们的是回忆，并且在岁月中逐渐消失和变形，人们逐渐不再关心，终至完全消失，除非历史将它凝化成石，传留后世。著作的本身便是不朽的，一旦写为书篇，随可永久存在。举例来说，亚历山大大帝所留在我们心目中的只是他的盛名与事迹，然而柏拉图、亚里士多德、荷马、荷瑞思等人今日依然健在并活跃在每个学子的思潮中，其影响一如他们生时。梵书与奥义书仍然留传于我们周围，可是亚历山大当时彪炳印度的功业事迹却早已如春梦——无痕地消逝了。

立功多少需要依赖机遇才能成功，因此得来的名声一方面固然是由于功业本身的价值，另一方面也的确是靠风云际会才能爆发出光辉的火花。再以战争中的立功作例子，战功是一种个人的成就，它所依的是少数见证人者证词，然而这些见证人并非都曾在现场目击，即使果然在场目击，他们的观察报道也不一定都公正不偏。以上所说有关立功的几个弱点，可以用它的优点来平衡，立功的优点在于立功是一件很实际的事，也能为一般人所理解。所以除非我们事先对于创立功业者的动机还不清楚，否则只要有了正确可靠的资料，我们便可以作公平的论断。若是不明了其动机，我们便无法真正明白立功的价值了。

　　立言的情形恰与立功相反。它并不鉴始于偶然的机会，主要依靠立言者的品德和学问，并且可以长存不朽。此外，所立之言的真正价值是很难断定的，内容愈深奥，批评愈不易。通常，没有人足以了解一部巨著，而且诚实公正的批评家更是凤毛麟角。所以，立言所得的名声，通常都是累积许多判断后而成的。在前面我已提过，功业留给人们的是回忆，而且很快就成为陈年旧物了，然而有价值的著作，除非有丧失的章页，否则总是历久弥新，永远以他初版的生动面目出现，永远不会在传统下复旧。所以，著作是不会长久被误解的，即使最初可能遭到偏见的笼罩，在长远的时光之流中，终会还其庐山真面目。也只有经历了时光之流的冲击与考验，人们才有能力来评论著作，而它的真正价值也才会显露出来，独特的批评家谨慎地研究独特的作品，并且发表他们的有分量的批判。这样无数个批判逐渐凝聚成对该作品的公正不倚的鉴定，此种鉴定有时需要好几百年才能形成，不过此后任凭更长的光阴也无法将其改变了，立言的名声就是这样的安全和可靠。

　　作者能否在有生之年见到自己的盛名，这是有赖环境和机缘，通常愈是重要和价值高的作品，它的作者愈不易在生前博得名声。圣尼卡说得很好，名声与价值的关系就好似身体与影子，影子有时在前，有时在后。他又说，虽然同时代的人因为妒忌而表示一致的沉默，但是终有一天，会有人无私地评判它的价值。

　　从这段话里我们发现，早在圣尼卡的时代（前4世纪），已有坏蛋懂得如何以恶毒的方式来漠视和压制一部作品的真正价值，他们也晓得如何在大众面前隐藏好的作品，好使低级作品能畅销于世。

在现代，我们依然可以发现这种手法，它通常表现在一种嫉妒的沉默中。

一般说来有所谓"大器晚成"之说，所以越是长存不朽的名声，获迹也就越迟，因为伟大的作品需要长时间的发展。能够遗传后世的名声就好像橡树，长得既慢，活得也久；延续不长的名声好比一年生的植物，时期到了便会凋零；而错误的名声却似菌类，一夜里长满了四野，很快便又枯萎。

人们不免要问这究竟是为什么？其实原因也很简单：所谓属于后世的人，其实是属于人性全体，他的作品不带有特殊的地方色彩或时代风味，而是为了人群大众所写，所以他的作品不能取悦他的同时代人，他们不了解他，他也像陌生人一样生活在他们之中。人们比较欣赏能够窥见他们所处之时代的特色，或者能够捕捉此一刻的特殊气质的人，然则如此得来的名声却是与时俱亡的。

一般艺术和文学更显示了人类心智的最高成就，通常在最初提出时多不获好评，而一直在阴暗处生存，直到他获得高度智慧之士的赏识，并借助他的影响，才能得到永垂不朽的地位。

如果你还要问造成此种现象的原因何在，那说来就话长了，要知道人真正能够了解和欣赏的，到头来还是那些与他气味相投的东西。枯燥的人喜欢无味的作品，普通人也爱看普通的文章，观念混乱的人只欣赏思路不清的著作，没有头脑的人所看的也必是空无一物的书籍。

人们常自我陶醉并且还理直气壮的事原是一件无足惊异的事，因为在一只狗的心目中，世上最好的东西还是一只狗，牛，还是牛，其他可以此类推，这就证明了"物以类聚"的道理。

即使最强壮的手臂也不能给轻如羽毛者一点冲力，因为后者自身没有启发动力的机关，所以不能奋力前进击中目标，很快地磨竭了一点儿能量便会掉落下来。伟大的、高贵的思想也是这种情况，而且天才的作品也是如此，常常没有能真正欣赏高贵思想和天才作品的人，有的也只是些脆弱而刚愎的人来欣赏而已，这种事实原是各个时代的聪明人不得不叹息的。约瑟之子——耶稣曾经说过："对一个笨人说故事，就好比说给睡梦中的人听一样，因为当故事说完了，他还会反问你，到底是怎么一回事？"哈姆雷特也说："在愚人的耳中，不正当的言辞可以使你入睡。"歌德同样也认为在愚笨的耳前，即使最智慧的言辞也会受到嘲笑。不过我们不该因为听众愚蠢便感到气馁，要知道朽木原是不可雕的，投石入沼泽是无法激起涟漪的。李登堡也有类似的见解，他曾说过："当一个人的脑筋和一本书起了冲突时，那显得空洞无物的一方该不会老是书本吧？"此外他又说："这类的著作就好比一面镜子，当一头笨驴来看时，你怎能期望反照出一个圣人呢？"吉勒在美好又动人的挽歌中提到，最好的礼物往往很少人赞美，人们老是犯黑白颠倒的过错，这种过失就像不能治愈的痼疾一样日复一日地扰人。我们该做的事只有一件，但却是一件最困难甚至不能办到的事，那就是要求愚笨的人变成聪明人，而这根本是不可能的事。肤浅愚蠢的人从来就不晓得生命的意义，他们只知用肉眼而不知用心眼，因为善对他们而言是陌生的东西，所以他们就只有赞美那些老生常谈的事物。

不能认识和欣赏世上所存在的美善原因，除了智能不足外，便是人性卑劣的一面在从中作梗，这便是一种卑劣的人性。即使一个人如果有了名望，他便在同乡中出人头地了，其他人相形之下自然变得渺小。所以俗语说一将功成万骨枯，任何显赫的功勋都要牺牲其他人的功名才能成就的。因此歌德也说："赞美他人便是贬低自己。"每逢有杰出的事件出现，不论是哪一方面的杰出，伪君子和一般大众都会联合起来排斥甚至压制它。连那些本身已有薄名的人也不喜欢新的声誉人物产生，因为别人成功的光辉会将他掷入黑暗。所以歌德宣称，假使我们需要依赖他人的赞赏而活的话，就不如不要了，别人为了想表示自己的重要性，也不得不忽视你的存在！

荣誉与名声不同，通常人们肯公平地称颂荣誉，也不会妒忌别人的荣誉，只因荣誉是每个人都可以有的，除非他自己不要。

荣誉是可以与他人分享的东西，名声却不能轻易获得，想获得的人既多，又须防他人的侵害。再者，一部作品的读者之多寡正与作者的名声大小成正比，于是撰写学问著作的人想要获得名声，便比通俗小说家来得困难。而最困难的便是哲学作品，因为它们的目标晦涩，内容又没有用处，所以他们只能吸引同一层次的人。

从以上所说的，我们不难看出，凡是为野心所驱使、不显自身的兴趣与快乐、没命苦干的人多半不会留下不朽的遗物。反而是那些追求真理与美善，避开邪想，公然向公意挑战并且蔑视它的错误之人，往往得以不朽。所以谚语云："名声躲避追求它的人，却追求躲避它的人。"这只因前者过分顺应世俗，而后者却能够大胆反抗。

名声虽然很不容易获得，却是极容易保存的。这又是名声与荣誉对立的地方。我们可以设想荣誉是人人具备的，无须苦苦去追求，却要谨慎莫让它失去，这就是困难所在了，因为一失足成千古恨，一件小小的错误便可使荣誉永远沉沦。然而名声却不会轻易消失，无论是立德还是立言，只是有所立，便不会再失去，即使作者再没有更好的作为，他原有的名声依然会存在。只有虚假的、无功而受的名声才会消失无踪，这是名声完全受到一时的高估所致。至于黑格尔与李登堡所描述的名声，就更肤浅了。

名声实在仅是人与他人相形比较的结果，而且主要是品格方面的对比，所以评价也就因时、因人而异；当别人变得与他同样有名时，他原有的名望无形中便给"比下去"了。唯有直接且存于自身的东西才具有绝时的价值，因为此种东西在任何情况中都不会为他人剥夺。所以伟大的头脑与心灵是值得追求而且可以增进幸福的东西，至于因此而得的名声却只是次要的事。我们应当尊重那些致使成名的因素，不必太沽名钓誉，前者是基本的实体，后者只是偶然的机会下显现前者于外的征象，它的好处足能够证实人对他自身的看法。没有反射体，我们看不到光线；没有喧嚣的名声，我们认不出真正的天才。许多的天才在默默无闻中沉没了，然而名声并不代表价值，勒辛便说过："有些人得到了名声，另一些人却当获而未得。"

若把价值或缺乏价值的标准放在别人的想法上，活着便很可怜了，但这正是一个依赖名声，也就是世人的喝彩声而活的英雄与才子的时代。每个人生活、生存是为了自己，同时重要地活在自己之中，他成为什么、他如何生活，对自己比对他人要紧得多。所以假使他在这方面不能得到自己本身的尊重，在别人眼里他也值不了多少。其他人对他的评价是二等和次要的事，并且受到生命里一切机运的支配，并不会直接影响他。别人，是寄存我们真正幸福的最坏之所，也许可能寄存想象的幸福在他人身上，但真正的幸福必须存在于自身中。

让我们再来看看生活在"普遍名声之殿"中的一个人是多么复杂！有将军、官员、庸医、骗子、舞者、歌者、富翁，还有犹太人！在这个殿堂里，可以使人获得严肃认可与纯正声望的就是这些人的伎俩，而不是优越的心智成就。至于后者，即使是极高的杰作，也只能博取大众口头的赞许。

自人类幸福的观点着眼，名声仅仅是少许用以满足骄傲与虚荣之口味的东西，这少许的东西又是极珍贵和稀有的。在每个人心中都有需求这种东西的口味，不管隐藏得多么好，此种口味的需求依然十分强烈，尤其是在不顾一切代价只求出名的人心中。这种人在出名前需要经过一段等待期，此时他极不稳定，直到机会降临，证明了他对自己的看法，也让别人看看他确实是不错的，不过在此之前他总会有过多的愤慨。

在本节开头，我已经解释了人们很不合理地重视他人意见的现象。郝布思因此而说过："人们心灵的快慰和各种狂喜，皆起于我们把自己与他人比较后，觉得自己可以以己为荣。"他的这段话的确不错。所以我们可以了解人们何以如此重视名声，只要有一丝获得的希望，牺牲再大也在所不惜。米尔顿云："我们也会明白世上虚荣心强的人常把荣耀挂在嘴边，心中暗暗相信着它，以此为成就事业的鼓励。"不过，名声到底只是二流的，是回响，是反映，是真正价值的阴影与表象。况且，不管怎样说，引来赞美的因素总比赞美的言辞更为可贵。令人幸福的不是名声，而是能为他带来名声的东西。更正确地说，是他的气质及能力，为他造就了学术上的名声，也令他真正幸福。本身的优良本性对自己十分重要，对他人则不太重要，所以自己对自己的看法比他人对自己的评价更为紧要，他人的意见仅处于附属的地位。应得而未得到名声的人拥有幸福的重要因素，这该可以安慰他未获名声的失望吧！我所说的不是被盲目而迷惑大众所捧出来的巨人，而是真正的伟人，伟大得令人羡慕。他的幸福不是由于他将遗名后世，而是因为他能创造伟大且足以留存万世永远研读的思想。

再说，假如一个人有了这种成就，他们保有的是别人夺不走的，是完全依赖自身的，不像名声要依靠他人。如果获得赞美是他唯一的目标，他自身必没有可以赞美之处了。"虚名"便是这样，徒有虚名之人，本身没有坚硬的"托儿"作为名声的背景，他终于会对自己不满，因为总有一天，当自恋造成的幻梦消失，他便会在他无意爬上高处的位子而晕眩了，或把自己视为假钞，或者害怕着真相大白时的贬谪，他几乎可以在当时的聪明人面前，看到后世对他的辱骂，他就像一个由于假遗嘱而得到财产的人那样惶惶不安。

八、名誉与荣誉

109

真正的名声是死后才得的名声，虽然他没有亲自领受，他却是个幸福的人。因为他拥有他赢得名声的伟大品质，又有机会充分发展，也有闲暇做他想做的事，能献身于他喜爱的研究中。唯有发自心灵深处的作品才能获得桂冠。

精神的伟大，或者睿智的富有是使人幸福的东西，睿智一旦印记在作品上，便会受到未来无数代的赞赏，曾使他幸福的思潮也会带给遥远之后的喜悦与研究兴趣。身后之名的价值乃在于它是纯正不伪的，它也是对伟大心思的报答。注定要得到赞赏的作品能否在作者生前获得，全凭机会，所以名声并不重要。普通人都没有鉴赏力，无法领会巨著的难处。人们大都追随权威人物，在万口同赞声中，99％的人是依凭信心。在生前名声散播得既广又远之人若是聪明，便不要太重视这个，因为它只显示在少数几个人偶然一天对他很赞扬，于是引起了其他人的盲从的现象。

如果一个音乐家晓得他的听众几乎都是聋子，而且为了掩饰己身的不确定，他们看到有一两人在鼓掌，便也用力拍手，他还会为了他们热烈的掌声而喜悦吗？假使他又晓得了这领头的一两人原来是受贿专门为差劲的演奏者制造热烈掌声的人，他又有什么话可说呢？

我们不难了解为什么生前的赞誉很少发展成死后的名声。在一篇对文学声誉之殿堂有极好的描写的文章里指出：在这所殿堂的圣厅里住着的高手是伟大的死者，他们在活着的时候从未享过名誉，少数在这圣厅里的活人，一旦死了，几乎全部都会被逐出此地。让我顺便说说，在生时被立有纪念碑的人，后代都不会相信这种评价。即使有人侥幸在生前看到了自己真正的声誉，也多半是年老之时了，只有少数艺术家和音乐家是例外，但哲学家却很少有例外。以其作品著称于世之人的肖像也证实了这点。因为肖像多半是在成名以后才画的，而我们所见到的肖像，大半是描绘着灰发的长者，尤其是以一生经历著写成书的哲学家的肖像。从理性幸福的观点着眼，这种平衡的安排的确很恰当，因为让一名凡人同时享有青春和名声实在太多了些，生命好比一门不兴隆的生意，所有的好东西必须非常经济地分配使用。在青年时代，青春的本身已足够享用，所以必须满足了。当风烛残年，生命里一切的快乐和欢娱都像秋天的叶子自树上飘落，名声便适时开始发芽生长，好似风雪里常青的植物。名声就是那需要整个夏季的生长、能在圣诞节享用的水果。倘使老年人能感到他青年时的精力已完全注入了永远年轻的作品里，这将是他莫大的安慰。

最后，让我们仔细地检视各种学艺睿智活动可能获得的名称，与我的论述直接有关的也是这类名声。

我想，概括地说，学术的优秀是在理论的建构上，所谓建构定理就是将现有的事实作新式组合。事实的种类很多，不过，愈是平常人所熟知的事情，理论化后博得的名声也应广大而普遍。假使所谈的事实是数、线或者某种专门科学，诸如物理学、动物学、植物学、解剖学或残章断句的考据，或不明文字的研究，或历史上可疑之点的探索，正确地操纵这些材料所享得的名声只能传播及少数对此已有研究的人，他们又大多数已退休了，正羡慕着这些能在他们的专门学科里享有成就的后辈。

假使建构定理所依据的是人皆耳熟能详的事实，例如，人类心灵的特征是万人皆同有的，或是不断在眼前展现的物理景象，或自然规律的一般规则，那么建成的定理所获得的名声将会随着时间散播于每个文明世界里，因为既然每个人都能把握这些事实，那么定理也就不难了解了。名声的范围与所克服的困难也有关系，愈是普通的事实愈不容易建构新且真实的定理。因为已有多少人士曾思索过这个问题，因此想再说些前人未说过的话实在不太可能。

另一方面，若是根据的事实并非人人可以了解，唯有经过相当的劳苦和努力方能获得，那么新式组合和定理的建构便比较容易。因为有了对此事实的正确了解和判断——这些并不需要很高的智能——一个人可能很容易地幸运地发现一些同样为真的新定理。然而如此得来的名声所传布的范围也只限于对所谈论的事实已有相当程度之了解的人。解决此类相当高深的问题，无疑需要许多苦读以获得依据的事实。可是在获取极广大而普遍名声的路途上，依据事实获得常不需任何劳力。不过努力愈少，所需的才华和天分便愈多，而这两种品质——努力和天才，无论在内在价值和外来评价上，都无法比较。

所以凡是觉得自己有坚实的智能和正确的判断力，可是却缺乏高度心智能力的人，就不要畏惧苦读，因为凭它的帮助你可以提升自己于大众之上，而获得只有博学的苦役才可接近的隐蔽所在。在这个领域里，对手永远很少，并且只需中等的智能便有机会宣布既真且新的定理。实际上这种发现的价值一部分是由于获得依据事实的困难。不过来自少数具备同样知识的同行弟子的掌声，对远处大众而言，实在微弱极了。如果我们遵循着这条路子上去，最后终会到达一点，无须建构定理，单单达到此点的困难便可带来名声了。举例说，旅行到边远不知名的国度里，所看到的一切已足以使人成名，而不再需要思想了。这种名声最大的好处便是他与人所见到的事物有关，所以比思想容易传授给他人，人们易于了解描述，却不易懂得观念，而前者较后者现成得多。

——每当人远航归来

他总是有故事可说

假使某人发现自己具有伟大的心智，他便该独自寻求有关自然全体和广大人性的问题答案，这些是所有问题中最困难的，唯有才分很高的人才能涉入，这种人最好把他的看法延伸到每个方向，不要迷失在错综的支路上，也不要探涉偏僻的地区。换句话说，他不该把自己涉入专门科目或细节的探讨上，他不必为了逃避成群的敌手而钻入冷门的科目里。日常生活便能作为他建构严肃而真实的新定理的材料，而他所付出的服务会受到所有了解他依据事实的人士的欣赏，这种人占了人类的大部分。由此我们可以看出学习物理、化学、解剖、矿物、植物、语言、历史，与诗人与哲学家，是多么不同了。

九、人性与道德

物质世界的真理，可能非常具有客观的外在意义，却丝毫没有主观的内在意义。后者是心智和道德真理的特权，心智和道德真理涉及意志客观化的最高阶段，而物质世界的真理，则只涉及意志客观化的最低阶段。

例如，我们推测太阳的活动，在赤道上产生热电，产生地球磁场，地球磁场又产生北极光。这种看法一直到现在为止，还只是臆测，如果我们可以把这些臆测确立为真理，那些真理，从客观外在的立场看，意义很大，可是，从主观内在的立场看，却没有什么意义。另一方面，可以从许多伟大而真正的哲学体系、所有伟大悲剧的结局，甚至从对人类道德和不道德两种极端行为及其良善邪恶性格的观察中，判断主观内在意义的实例。因为，所有这些，都是同一"实在"的不同表现，这个实在所具有的外表形态和客观世界是一样的，同时，在其客观化的最高阶段中显示出它的最内在本质。

如果我们说，客观世界只有物质意义而没有道德意义，那是一切错误中最大的和最致命的错误，是根本的错误，是人类心灵和气质的真正荒谬。同时，从根本上看，无疑地，是信心化为反基督的趋势。然而，尽管世界上有着许多宗教——每个人所持的都与这些宗教体系相反。同时，每个人也都想用自己的神话方式，建立自己的宗教——但是，这根本错误，永远不会完全消灭，且不时重新表现出来，直到普遍的怨愤使它不得不重新遁迹为止。

可是，不管我们多么确定地感到生命和世界的道德意义，然而，解释和说明这道德意义，解决这意义与真实世界之间的矛盾，却仍然是项艰巨的工作。的确，这项工作相当艰巨，可能还要提出真正而唯一健全的、超出时间空间的道德基础，以及由此而带来的种种结果。道德方面的现实情况，很多都能证明我的看法，所以，我不怕我的理论会被任何其他理论取代或推翻。

可是，如果大学教授们仍然不重视我的道德学说，那么康德的道德原则，便会仍然在大学中流行。在这些道德原则中，目前最流行的一个是"人的尊严"。我在一篇"道德基础"的论文中，早就指出了这种看法的荒谬性。所以，在这里我要说，如果有人问，所谓人的尊严基础是什么，我们会很快回答，说它是基于人的道德。换句话说，人的道德基于人的尊严，而人的尊严又基于人的道德。

除了这种循环论调以外，我觉得，尊严这个观念，只能在一种讽刺意义下，用在一种像人类这种具有罪恶意志、有限智力而体质柔弱的东西身上。若人的观念是一种罪行，人的诞生是惩罚，人的生命是劳苦，而人的死亡是必然现象的话，人又有什么地方值得骄傲呢？

所以，针对这上面所述的康德道德原则，我想建立下列法则：当你与人接触时，不论是什么样的人，都不要根据他的价值和尊严对他作客观的评价。不要注意他的恶意或狭隘的理解力和荒谬的观念。因为前者容易使你憎恨他，后者则容易使你轻视他。只要注意他的苦难、他的需求、他的焦虑、他的痛苦，那么，你就会常常感到和他息息相关，你会同情他。你所体会到的，就不是憎恨或轻蔑，而是同情和怜悯，唯有这种同情和怜悯，才是福音所要求于我们的安宁。抵制憎恨和蔑视的方式，当然不是寻求人的尊严，相反地，而是把他当作怜悯的对象。

佛教在道德和玄学问题方面持有较深刻的见解，因此，它们是从根本罪恶出发，而不是从根本德行出发，因为德行的出现，只是作为罪恶的相反事物或否定。根据修密德"东方蒙古史"中的看法，认为佛教所谓的根本罪恶有四：欲望、怠惰、嗔怒和贪欲。但是，我们也许会以骄傲代替怠惰，就是这样的，这里，将嫉妒或憎恨当作第五种罪恶。我很相信，我应该修正修密德的说法，因为事实上，我的做法符合回教中信奉禁欲主义者的看法，回教中的信奉禁欲主义派，当然是受婆罗门教和佛教的影响。这派也认为有四种根本罪恶，他们把四种罪恶配成两对，因此，欲望和贪欲相联系，而嗔怒则和骄傲相联系。与此相反的四种根本德行则是贞洁与宽大，仁慈与谦逊。

当我们将东方国家所奉行的这些道德观念，与柏拉图一再述说的主要德行——正义、勇敢、自制和智慧——比较一下，我们就了解，后者并非基于任何明确观念，而是基于一些肤浅甚至显然错误的理由而选择的。德行应该是意志的性质，而智慧则主要是理智的属性。西塞罗所谓的"节制"，是一个非常不确定而含糊的名词，因此它可有各种不同的用法，可以指谨慎明辨，或禁戒，或保持健全头脑。"勇敢"根本不能算是德行，虽然，有时候勇敢是实现德行的工具，可是，也会成为卑鄙的仆人，实际上，它是节制的一种性质。甚至吉林克斯在伦理学序言中，也批评柏拉图所列举的德行，并以下述种种德行代替：勤俭、服从、公正、仁爱。这些德行，显然是不理想的。中国人把主要德行区分为五种：仁、义、礼、智、信。基督教的德行是神学的，非主要的，共有三种：信、爱、望。

我们对别人的基本倾向是羡妒还是同情，决定了人类的美德和恶德。每个人都具有这两种完全相反的性质，因为这些性质产生于人在自己命运和他人命运之间所作的无可避免的比较。以这种比较结果对他个性的影响，决定他采取哪一种性质作为自己行动的原则。羡妒在人与人之间在你与我之间建立一道坚厚的墙，同情则使这道墙变松变薄，有时候，甚至能彻底把它推倒。于是，自我与非我之间的区别便消失了。

曾经被视为德行的勇猛，或者说得更正确一点，作为勇猛基础的勇敢应该加以更进一步的考察。古人把勇敢列在德行中，而把怯懦列在恶行之中，但在基督教教义中却没有如此的观念，基督教主张博爱和坚忍，在基督教义中，禁止敌意存在，甚至不准抵抗，结果，对现代人说，勇敢不再是一种德行。然而，我们必须承认，怯懦似乎与任何性格的高尚并不相违——如果只是因为对一个人自己显示太多忧虑的话。

不过，勇敢也可以看作一种准备克服目前具威胁性的不幸，以期避免未来的更大不幸，而怯懦所表现的，正好与此相反。可是，这种"准备"与坚忍属于同一性质，因为坚忍就是了解未来有比现在更大的灾祸，并且了解我们强烈的企图逃离或避免不幸的愿望，可能带来其他的不幸。因此，勇敢将是一种坚忍，同时，由于它使我们忍耐和自制，所以，通过坚忍的媒介，勇敢至少接近德行。

可是，也许我们可以从一更高观点去看勇敢。在任何情形下，对死亡的恐惧，都可以归因于一种对自然哲学的缺乏了解，若了解的话，就会使人相信自己活在一切外物中，正如活在自己身上一样，因而身体的死亡对自己没有多大损害，恐惧死亡只是建立在感情上的。但是给人类英雄式勇敢的，正是这种信心。所以，读者可以从我的伦理学中知道，勇敢、公正和仁慈的德行，都是来自于同一根源。我承认，这是对本问题采取的一种崇高观点，除此以外，我无法解释为什么怯懦是可鄙的，而勇敢是高贵优美的。因为，更没有其他观点可以使我们了解，为什么把自己看得重于一切的有限的个人——不，甚至把自己看成其余世界存在的基本条件——竟然不把保存自己置于其他目的之上。因此，如果我们认为勇敢只基于效用，如果我只赋予它经验性而不赋予它超越性，那么，就只对它作了不充分的解释。也许是基于这种理由，西班牙剧作家卡尔德隆在关于勇敢问题方面，曾经表示过一种怀疑但却明白的意见，不，实际上是否认它的存在，并借一位年老而有智慧的部长之口，对年轻属下讲话时，表示他的否认。他说虽然对自然的恐惧，所有人都一样，但是，一个人却可以使自己看不到它而变得勇敢，这就是形成"勇敢"的东西。

至于古人与现代人在其对勇敢的评价之间的差别方面，我们不要忘记，古人所谓的德行，是指本身值得赞美的一切优点或性质，可能是道德方面或智慧方面的，也可能是肉体方面的。但是，当基督教表示人生的基本倾向是道德时，于是，只有道德上的优越才属于德行观念。同时，过去的惯例仍然存在于前辈拉丁语学者的著作中，也存在于意大利作家的作品中，"巨匠"这两个字的公认意义证明了这一点。学者们应该特别注意古人之间这个德行观念的广大范围，否则，可能很容易造成困惑和混乱。我可以举出斯托巴斯留下来的两段话，这两段话有助于我们达到这个目的。其中一段显然是从毕达哥拉斯学派哲学家墨托波斯著作中引来的，这段话表示，我们肢体每部分的均匀，被认为是美德；另一段则表示，鞋匠的美德是把鞋子做好。这也可以帮助我们解释为什么古代伦理学系统中所提到的美德和恶习，在我们这个时代的伦理学中没有地位。

正如勇敢在美德中的地位还是一个尚无定论的问题，同样，贪欲在恶德中的地位，也是如此。不过，我们不应把贪欲和贪婪相混。现在让我们对"贪欲"问题提出并考查论证，最后的判断让每个人自己去做。

一方面，有人认为，贪欲并非恶德。成为恶德的，是与贪欲相反的奢侈浪费。奢侈浪费是由于只顾目前肉欲的享受，与这比起来，只存在于思想中的未来的贪欲，根本不算一回事。奢侈浪费建立在一种错觉上面，认为感官逸乐具有积极性或实际价值。因此，将来的贫乏和不幸是浪费者换取空虚、短暂以及仅为想象中逸乐的代价，或养成他对那些暗中讥笑自己的寄生者的卑躬屈膝的得意的无意义的和愚鲁的自负，或对群众的注视和那些羡慕他富丽堂皇者的自负。因此，我们应该避开浪费者，就当他患了鼠疫一样，同时，在发现他的恶德以后，及早和他断绝来往，免得将来因浪费而带来的后果产生，还要替他承担责任。

同时，我们不要奢望那愚笨地浪费自己财产的人在有机会保管别人财产时不会动用别人的财产。因此，奢侈浪费不但带来贫穷，而且会导致犯罪。在有钱阶级中，犯罪几乎总是奢侈浪费的结果。所以，可兰经里说，一切浪费者都是"撒旦的兄弟"，这句话是相当合理的。

但是，贪欲所带来的是余裕，谁不欢迎余裕呢？如果一种恶德能产生良好结果，这种恶德一定是好的恶德。贪欲的产生，只有一个原则，就是认为一切快乐在效用上只是消极性的，而包含一连串快乐的幸福则是幻想；相反地，痛苦却是积极性的，也是极端真实的。所以，贪欲的人抛弃前者以便可以从后者保存更多一点，于是，容忍和自制便是他的座右铭。而且，由于他知道不幸的可能性是如此无穷无尽、危险的途径是如此多，所以，他增加避免危险和不幸的手段，以便在可能时为自己建立一道坚固的护墙。因此，谁能说预防不幸的小心谨慎是过分的呢？只有那知道命运的恶毒何处达到极限的人，即使过度地小心谨慎，最多也只是一种只会害及小心谨慎者的错误，而不是有害于他人的错误。如果他从来不需要自己所收藏的财富，总有一天，这些财富将会有益于那些有着得天独厚的条件的别人。在那时以前，他把金钱从流通中收回，这件事也不是什么灾祸，因为金钱并非消耗物，金钱只代表某人实际上可能拥有的财货，而其本身并非财货。货币只是筹码，它的价值是它所代表的东西；而它所代表的东西是不能从流通中收回的。而且，把钱收回来，其他还在流通中的钱的价值，便因此而提高了。即使像别人所说的情形一样，很多守财奴最后为金钱而爱金钱，同样，另一方面，很多浪费者，他们花钱和浪费，也没有更好的理由。与守财奴交朋友，不但没有危险，而且还有好处，它会为你带来很大的利益。因为无疑地，那些和守财奴最接近最亲密的人，当守财奴死去后，会获得守财奴克己的结果，甚至在他活着的时候，如果迫切需要的话，也可以从他那里得到一点接济。无论如何，我们从他那里得到的比从浪费者那里所得到，总可以多一点，因为浪费者本身也处于无助和举债的境况中。西班牙有一句谚语说：硬心肠的人会比身上不名一文的人多给一点。从这些情形看来，贪欲并不是恶德。

从另一方面说，贪欲是一切恶习的根源。当肉体的快乐引诱一个人偏离正道时，他的肉欲性——他身上所包含的动物性部分该负责任。它的吸引力深深地影响他，使他屈服于当下的印象，他的行为根本不考虑后果。可是，相反地，当他因年老或体弱而达到一种境况，这时，他过去戒绝不了的恶德，现在会自动离他而去，追求肉体快乐的能力也没有了——如果他这时转向贪欲，则心智上的欲望比感官上的欲望，保留得时间会更长久。代表世界上一切财货也代表抽象财货的金钱，现在变成了满布着肉体上熄灭的欲望的干枯躯干。这些欲望在爱财的方式下重新复活。感官上短暂的快乐，已变成对金钱的深思熟虑的贪求，这种对金钱的贪求，像贪求金钱所表示的目的物一样，在性质上是象征性的，也是无法消灭的。

这种对现世快乐的持久的贪爱——似乎是一种经过长久时间以后便会自动消失的贪爱。这种显然根深蒂固的罪恶，这种肉体上高尚文雅的欲望，是集一切欲望的抽象形式，一切欲望对这抽象形式的关系，就像特殊事物对一普遍观念的关系。所以，贪欲是老年人的恶德，正如奢侈浪费是年轻人的恶德一样。

这种赞成和反对的争论，是人们设想出来使我们接受亚里士多德的道德，也是下述思考所支持的一种结论。

人类每一种完美，都与一种本身势将形成的缺点联在一起，但是，如果我们说每一缺点都与某种完美连在一起，也是对的。因此，我们时常发现，如果我们对某人发生误解，那是因为当我们开始认识他时，把他的缺点和与这些缺点连在一起的完美混在一起。我们似乎觉得谨慎小心的人是懦夫、节俭的人是守财奴、浪费者是慷慨大方、粗鲁者是直爽诚恳、而鲁莽者是带着非常的自信而工作的人，还有许多类似的例子。

凡是活在人类世界中的人，都会一再地感觉到，道德的低落和心智的无能，是彼此密切相关的，好像是从一个地方产生出来似的。不过，我已经详细地告诉过大家，情形并非如此。为什么看来如此，那只是由于一个事实，即我们时常发现两者在一起，而环境也需要我们拿两者之一的经常出现来加以解释，因此，我们很容易看到，两者不得不出现在一起。同时，我们不要否认，两者彼此互利。一个没有智慧的人，易于表示出自己的不义、卑鄙和恶毒，可是，一个聪明的人，则知道如何掩饰这些性质。相反地，内心的邪恶是如何地常常使人看不到真理，看不到自己的智慧所把握的真理！

然而，任何人都不应说大话，正如每个人，甚至最伟大的天才，在某一知识范围内，都有其非常确定的限度。因而与本质上邪恶而愚笨的人类大众本源相同，同样，每个人，在本性上，也都有某种绝对邪恶的一面。即使最好的性格，不，即使最高尚的性格，有时候，也会因隔离的堕落腐败的特性而使我们感到吃惊，好像它和人类密切相关似的。而且残酷——就是要在那种情形下发现的。因为，正由于他身上具有这种东西，具有这种邪恶原则，他才必然地成为人。基于同样理由，一般世界，也是我对它的明白反应所表现出来的情形。

但是，尽管如此，一个人与另一个人之间的差别，还是很大的，许多人在看到别人和自己的实际情形一样时，会觉得可怕。为道德上某种邪恶心理，不但要使他所喜爱者看透一切遮盖物，而且要揭去伪装、欺骗、虚伪、借口、虚假和诈欺的面目，这面幕是遍布在一切事物之上的！要显示出这世界的真正坦诚是多么的少！而在一切道德的外衣后面，在最内在的深处，是如何的常常隐藏着不义与邪恶！正因为这个理由，才使许多好人与禽兽为伍。因为，如果没有狗类可以让人类毫无不信地看着它们忠诚的脸面，一个人怎能摆脱人类无穷的假装、虚伪和恶毒呢？

因为，我们文明世界除了一大伪装以外，还有什么东西呢？在文明世界里，你可以遇到武士、僧侣、士兵、学问家、律师、传教士、哲学家以及其他各种各样人物，但是，他们并非真正像他们所伪装的那样；他们只是我们的假面具，通常，在这些假面具之后，都是些赚钱的人。我想，有人戴上法律的面具，只便于自己可以给另一人一顿痛殴，另一个人则以同样意向选择爱国者的假面具和大众福利的假面具，第三个人则选择宗教或教义为假面具。人们往往戴上哲学甚或慈善事业及其他种种名义的假面具，来追求各种目的。女人的选择范围比较小，通常，她们是利用道德、谦恭和家庭生活的假面具。因此，有很多一般性的假面具，未带任何特殊。我们到处可以看到这种面具，在这种面具中，人们所喜欢的是正直的行为、诚实、礼貌、真挚的同情心和微笑的友谊。我已经说过，通常，所有这些面具，只是某些工商业或投机买卖的伪装。在这方面，只有商人才会形成坦诚阶级。他们是唯一把自己本来面目表露出来的人，所以，他们来来去去，根本没有任何面具，因而社会地位也低。

一个人在一生中应该及早知道，自己所处的世界原是一个伪装的世界，这一点是非常重要的。因为，如果不这样的话，就不能够了解和忍受许多事情，甚至对这些事情完全感到迷惑。这就是"邪恶"所喜欢的东西，在同样职业的那些人手中，甚至最珍贵和最伟大的东西也受到忽视，对真理和伟大能力的憎恨、学者们在自己领域内的无知、真正货物几乎经常受到轻视等使之只成为特殊需要。所以，即使年轻人，也应该及早告诉他，使他知道，在这个伪装的世界里，苹果是蜡制的、鲜花是丝制的、鱼是纸板制的，一切东西——是的，一切东西——都是玩具和没有价值之物，他可能看到的两个从事交易的人，一个拿假货来卖，而另一个用伪钞来付价款。

但是，还有更严重的问题需要加以考虑，也有更坏的事情需要记载下来。人根本是野蛮的，是可怕的野兽。只要我们看看我们所谓的文明如何驯服和约束他，就可以知道这一点。因此，我们害怕不知道什么时候，他的本性会爆发出来。不论什么时候，不论什么地方，只要法律的链锁和规律松弛下来而代之以无政府状态，他就会露出本来面目。可是，我们不必等待无政府状态来临以了解这个问题。无数新旧资料使我们相信，人的无情残酷方面，毫不亚于老鼠和土狼。最有力的一个例子，是1841年出版的一部书中指出的，这部书的名称是《奴隶制度与北美合众国国内奴隶贸易》，答复英国反奴隶制度协会对美国反奴隶制度协会所提之问题。这本书是对人类提出最大控诉的一部书。没有一个人能在读这部书时不感到恐惧，很少有人在读了这部书后不落泪。因为，不管读者对于奴隶制度的不幸状况所听到的或想象的或幻想的是什么，或对于人类一般的残酷所听到的或想象的或幻想的是什么，如果你看到这些披上人类外衣的恶魔，那些固执成见、守安息日的恶棍——尤其是英国国教教士——对付那些落入他们残酷控制之下的无辜的黑种兄弟的方式，那么，上面所述的情形，就微不足道了。

其他例子是从柴哈第《秘鲁游记》和麦克劳德《东非游记》中引来的，前者描写秘鲁军官对待士兵的情形，后者告诉我们在莫桑比克的葡萄牙人如何冷酷残忍地对待他们的奴隶。但是，我们不必到地球另一边的新世界去找寻例子。1849年的时候，在英国，短时期内，有成百的丈夫毒杀妻子，或妻子毒杀丈夫，或丈夫和妻子共同残杀他们的子女，或以饥饿和虐待方式慢慢折磨子女到死，他们的目的，只是为了领取埋葬金，因为他们曾为死者向埋葬会所（即现代的保险公司——译者）保有死亡险。为了这个目的，一个小孩往往向几处地方保险，甚至有的同时保险二十处之多。

这种情形确实属于人类犯罪记录上最悲惨的一页，但是，这是人类内在固有的天性。每个人身上所具有的，首先是强烈的自我中心主义，这种自我中心主义以最大的自由突破公理和正义的约束，像日常生活中小规模表示的以及历史上各时期大规模表示的一样。对欧洲势力均衡的公认需要以及保存这种均衡的急切情形，不正是证明了人是残忍的野兽吗？不正是证明了人一看见较弱者接近自己便会立刻扑上去吗？同样的情形不是可以用在日常生活中的琐事上吗？

但是，在我们本性中的无限自私以外，每个人心胸中多少都有一些憎恨、愤怒、忌妒、怨恨和恶毒积在一起，就像毒蛇牙齿上的毒液一样，并且，只等待发泄自己的机会，然后，像不受羁束的魔鬼一样，咆哮狂怒。如果一个人没有大机会逃避，最后他会利用最小机会之助，并且借想象力使最小的机会渐渐成为大机会。因为，不管它多么小，都足以引起他的愤怒。

然后，他会尽其所能地把它扩大。我们在日常生活中发现这种情形，这里，这种突然的爆发，在"对某件事上发泄自己的烦恼"的名义下，是众所周知的。我们也许看到了，如果这种突然的爆发没有遇到阻碍，那么，爆发的主体，一定会感到对它们比较好些。所谓发怒并非没有快乐，这是一个真理，甚至亚里士多德也描写这个真理，亚里士多德并从荷马书中引出一段话，荷马告诉我们，发怒比蜜糖还要甜。但是，不仅在发怒中如此——在憎恨中也是如此，憎恶与发怒的关系，就像慢性病与急性病间的关系，一个人可以恣意憎恨而获得最大的快乐：

既然憎恨是最久的快乐，

人们在匆忙中爱，却在悠闲时憎恨。

人们不满意这种说法，因为他们觉得这击中了他们的要害，但高宾诺的说法是很对的，因为人是唯一使别人遭受痛苦而不带其他目的的动物，人使别人痛苦，没有旁的目的，只是为了使别人痛苦。其他动物，除了满足自己饥饿或在悍斗中以外，是决不会如此的。如果有人说，老虎杀死的比吃掉的多，那么，我们可以说，老虎杀死它的牺牲者，只是为了吃它，如果它不能吃它，没有一个动物，只为折磨而折磨另一动物，但人却如此，正是这种情形，构成人类性格中的残忍特质，这种残忍特质比纯粹兽性更坏。我曾经在广泛意义上说过这个问题，但是，甚至在微小事物上，这种情形也很明显，每个读者都有机会看到这种情形。例如，如果两条小狗在一起玩耍——看到这种情形是多么令人愉快，多么可爱——如果有个三四岁的小孩加入它们，小孩一定会用鞭子或棍子打它们，因此，即使在那种小小年纪，就表现出自己喜欢嘲弄别人、喜欢使用诡计，这是相当普遍的现象，这种现象也可以归溯到同一来源。例如，如果一个人表示讨厌别人的打扰或其他小小的不便，不会有人因这种表示就不带来骚扰或不便的。一个人应该小心谨慎，不要对任何微小的不幸灾祸表示憎恶。相反地，在另一方面，他也应小心，不要对任何琐事表示喜乐，因为，如果他这样做，人们的行为就像狱卒一样，当狱卒发现囚犯辛辛苦苦驯服一只蜘蛛，而以看着它来取乐时，立刻把它踏在脚底下。

这就是为什么所有动物都害怕看到人类，甚至害怕看到人类足迹的理由！并不是它们的本能欺骗它们，因为，只有人类才打猎，打猎对他没有什么用，不过也没有什么害。

因此，事实上，在每个人的内心都藏有一头野兽，只等待机会去咆哮狂怒，想把痛苦加在别人身上，或者说，如果别人对他有所妨碍的话，还要杀害别人。一切战争和战斗欲望，都是由此而来。如果要减轻这种趋势并在某种程度以内对它加以控制的话，便要充分地运用智慧。如果高兴的话，可以称此为人性的根本邪恶。不过，我认为，人生不断受着痛苦的煎熬，想在别人身上产生痛苦以减轻自己痛苦的，就是生活意志。但是，在这种方式之下，一个人便渐渐在自己身上显出真正的残忍和恶毒。我们也可以说，根据康德的看法，物质只通过扩展和收缩两种对立势力而存在，同样，人类社会也只通过憎恨、愤怒和恐惧等对立势力而存在。因为在我们每个人的生活中，总有一个时候，本性的恶毒，会使我们从事谋杀行为，如果不会带来太大恐惧的话。并且，如果愤怒不是早已存在于他心中，那么这种恐惧会使一个人成为孩子们取笑的对象。

但是，人性中最坏的特点是对别人的不幸遭遇幸灾乐祸，这是一种非常接近残忍的感情，也是从残忍中产生出来的。说真的，只是从实际中产生的理论。一般看来，关于这点，我们可以说，它占住了本为怜悯应占的地位——怜悯是这种感情的反面，也是所有真正正义和慈悲的根源。

嫉妒与怜悯也是相反的，只是另一种意义下的相反而已。换句话说，嫉妒产生于一种与产生幸灾乐祸心理直接相反的原因。怜悯和嫉妒的对立以及怜悯和幸灾乐祸心理的对立，主要是基于产生它们的时机。在嫉妒情形下，嫉妒只是我们感觉到的原因的直接结果。这就是为什么嫉妒虽是一种不好的情感却可加以解释，一般地说，嫉妒是一种非常合乎人情的品质，而幸灾乐祸心理则是残酷可怕的。幸灾乐祸所带来的笑骂，简直是来自地狱的笑声。

以前我说过，幸灾乐祸心理取代了本为怜悯应占的心理。相反地，嫉妒所占的，只是没有引起怜悯的地方，或者说得更正确一点，嫉妒所占的，只是引起与怜悯相反感情的地方；嫉妒发生在人类心胸中，就只是作为这种相反的感情。所以，从这个观点去看，嫉妒仍然可以算是一种人类的情操。不，恐怕没有一个人能够完全避免嫉妒，因为，当一个人看到别人享受某些东西而自己没有这些东西时，就会更加感到缺乏这些东西，这是一种自然现象，不，甚至是一种必然现象。但是，在这种情形下本来不应该憎恨那个比自己幸福的人，可是，真正的嫉妒正是这种憎恨。当某人的幸福并非幸运所赐或由于机会或由于别人的恩惠，而是由于自己天赋的才能时，我们就不应该忌妒他。因为，一个人固有的一切东西是基于形而上的，也有更高的证明；我们可以说，这是神的恩宠赐给他的。但是，不幸的是，正是在这种个人利益的情形下，嫉妒是最不能相容的。于是，一个有智慧甚至天才的人物，只要他所处的地位不能高傲而大胆地藐视这个世界时，如果他不为自己的存在求恕的话，便无法为这世界所容。

换句话说，如果嫉妒的产生，只是由于财富、地位或权力，那么，这种嫉妒常常可以被一种自私心理所压倒，这种心理以为，只要有机会，使有希望从那被嫉妒者那里得到帮助、快乐、支持、保护、改造等，或者以为，和优于自己的人接触，至少可以从他身上反射出来的光彩中得到光荣。这里，还有一个希望，就是，也许有一天自己会获得这些益处。可是，相反地，如果嫉妒的对象是天赋的才能或个人的优点，如女人的美丽或男人的智慧，便没有任何安慰或希望。因此，便只有痛恨那享有这些优点的人，于是，唯一的希望是报复他。

但是，这里，嫉妒的人处于不利的地位，因为，一旦当我们知道那些打击是从他而来，这些打击便没有力量。所以，他小心地隐藏他的感情，好像这种感情是隐秘的罪恶似的，因此，为了能在不知不觉间伤害他嫉妒的对象，便变成一个不断想出诡计、策略来掩饰和隐藏手段的人。例如，由于假装毫不关心，他会故意忽视那些使他深觉忧伤的长处，既不会看它们，也不会认识它们，也不曾观察，甚至听到它们，于是，使自己变成了一个精于掩饰的人。他会以最大的技巧完全忽视以那些光辉品质啮蚀着他内心的人，并且，他的行动好像表示那个人是一个完全不重要的人；他会毫不注意那个人，有时候，甚至根本忘记那个人的存在。但是，在暗中，却摆开一切而小心翼翼地尽力设法剥夺那些表现这些长处而变得众所周知的机会。于是，他暗中以不友善的批评、讽刺、嘲笑和诽谤等方式来攻击这些长处，就像从洞穴中喷出毒汁的蟾蜍一样。他会热烈地赞扬不重要的人们，甚至在这方面还做出一些漠不相干的或恶劣的动作。总之，他会变成阴谋诡计中善变的人，以求伤害别人而不让别人知道。但是，这有什么用呢？尽管如此，眼光厉害的人，一看就可以看出来。即使别的东西不能使他显露本相，然而，他偷偷地避开和逃避自己嫉妒对象的方式，也会使他显露本相，他愈是显得孤独，便愈是显著。这就是为什么漂亮女孩们没有同性朋友的缘故。他所表现的无缘无故的憎恨，也显露出他的本相——这种憎恨在任何环境中的激烈爆发中发泄出来，不管这些环境是多么微不足道，虽然这些环境往往只是自己想象的结果。这世界有多少这种人，可以赞美他是中庸之道，就是说，有多少人具有一种为平凡人们而设想的美德。然而，这正是需要加以注意的美德。

对我们的自觉和荣誉而言，没有东西比看到藏在意识深处并表现意识倾向的嫉妒更令人喜悦，但是，千万不要忘记一个事实，即凡有嫉妒的地方，就有憎恨，同时，更不要错把任何怀有嫉妒心的人当作朋友。所以，我们最好先看清楚嫉妒到底是怎么一回事，我们应该对它加以研究，去发现它的秘密，因为它无所不在，并且潜伏在暗中，或者，正如我以前所说的，像一只藏在黑暗角落里的有毒蟾蜍。它既不值得宽恕，也不值得同情，但是，由于我们永远无法调和它，所以，我们的行为规范是应该蔑视它。同时，由于我们的幸福和荣誉，对它来说是一种桎梏，所以，我们乐于蔑视它。

我们一直在观察着人类的邪恶方面，因此使我们充满着恐惧感。但是，现在我们要看看人生的不幸，而当我们看到人生的不幸也为这不幸的情景而感到可怕时，便要回头再看看人类的邪恶。我们将会发现，人生的不幸和人类的邪恶彼此相互影响。我们将感到事物的永久正义公理。因为我们将认识，世界本身就是对它的最后审判，而我们也将开始了解为什么凡是有生命的东西必须受到生存的惩罚，最先是活着的时候，然后是死亡的时候。因此，惩罚的不幸和罪恶的不幸是一致的。从同样的观点来看，我们对生活中经常使自己感到厌恶的大多数人们所具有的那种智能，失去愤慨了。人的不幸，人的邪恶和人的愚疑完全是彼此相应的，并且大小一致。但是，如果由于某种特殊动机，只注意其中一个，并对它加以特别观察时，那么，便似乎凌驾其他两个之上。不过，这是一种幻象，也只是它们广大范围的结果。

尤其是人类世界，从道德观点看，人类世界是非常卑鄙和自私的，从理智观点看，是非常无能和愚钝的。然而，尽管是间歇性的，尽管是新奇的，但也表现出诚实、善良，甚至高贵，并且表现出大智、有思想的头脑和天才。这些绝不会完全消灭，却只像从巨大黑暗物体发出的点点光线一样。

读过我所著《伦理学》的读者们都知道，对我来说，道德的最后基础是吠陀和吠檀多哲学中所建立的神秘公式，即"就是你自己"所表现的真理，这个真理是对一切生物而言的，包括人类和动物。

这个原则而产生的行为，如慈善家的行为，的确可以视为神秘主义的起源。所有纯粹善意产生的善举都显示着，凡是从事这种善举的人，都与现象世界直接冲突，因为他把自己和另一人视为一体，其实，两者是完全分别存在的。因此，一切公正无私的良善都是无法解释的，它是一种神秘。为了要解释它，便必须诉诸种种虚构想象。当康德推翻了所有其他关于有神论的论证时，只承认一个论证，即对这种神奇行动以及类似于它们的其他行动给予最好解释和解决的那种论证。因此，他认为它是一种在理论上无从证明的假设，可是从实际观点看，却是有用的。但是，我却可以怀疑，到底他是不是真正重视这一点。因为，将道德建筑在有神论上，其实是把道德变为自我主义。诚然，虽然英国人和社会上最低等阶级并不觉得更有任何其他基础的可能。

上面所谓在另一个客观出现在我们面前的人身上，认识自己真实生命的说法，在下述情形中以一种特别美妙而明显的方式表现出来，即一个注定要死而没有任何得救希望的人，全心全意地为了别人的幸福而牺牲自己，并试图拯救别人。在这种事例中，有一个大家都知道的描写，是一个仆人半夜在院子里被疯狗咬伤的故事。她认为自己没有希望了，所以便抓住疯狗把它关进畜舍，不让它再咬别人。在那不勒斯，还有一个故事，蒂斯奇宾曾在他的一幅水彩画中表现过这个故事。有个儿子背上背着父亲逃离一股汹涌奔向大海的急流。在这个吞噬着一切的自然力量之间只留下一片狭长的陆地时，父亲命儿子把自己放下来以免儿子被洪水卷去，否则，两个人都会同归于尽。儿子听从父亲的话，当他离去时，对父亲投以最后的一瞥。史考待在其《米德洛松的中心》一书第二章中以巧妙方法所描写的历史环境也是完全相同的。书中描写两个被判死刑的囚犯，由于其中一人的笨拙使得另一个人被捕，所以，他很高兴地在小教堂接受祈祷以后击倒卫兵而使另一人脱逃，这时，他根本没有替自己设想一下。在一幅也许为西方读者所不喜欢的版画中描画的情景，也应该属于这个范围——这里，我是指描写一个跪着等待枪毙的士兵挥舞着布片试图吓走想要跑到自己面前的狗。

在上面所说的所有事例中，我们看到一些面对某种直接毁灭性，而不想再救自己却将自己全部力量去救别人的人。被毁坏的只是一种现象，而所谓毁坏本身也只是一种现象。相反地，另一方面，遇到死亡者的真正生命并没有接触到死亡，继续活在别人身上，继续活在那现在还感觉它存在的人身上，对于这种意识，如何能有更明白的表现呢？因为，如果不是这样，如果将要毁灭的是他的真正生命，那么，他怎能尽自己最后的努力来对别人的幸福和存在表示显明的同情心呢？

一个人有两种不同的方式感到自身的存在。一方面，他可以对它具有经验的知觉，正如它的外在表现一样——这是一种小到几乎接近消失的东西，置身于一个在时空方面属于无限的世界里，只是短暂地活在这个世界，而且每隔三十年又要重新更换一代的千百万人类中的一个。另一方面，一个人也可以由于发掘自己的本性而认识自己是完全的，事实上，他是唯一的真正生命，并且，这个真正生命再度在别人身上发现自己的存在，别人从外界出现于我们之前，好像是我们的镜子。

在这两类人认识自己到底是什么的方式中，第一个方式只把握到现象，这只是个体化原理的结果。可是，第二个方式使人直接认识自己。康德的思想支持我这个看法的第一方面，吠陀思想支持我这个看法的两方面。的确，有人反对第二种方式。这可以说是假定同一生命能够在同一时间内存在于不同的地方，而且在每个地方都是完全的。虽然从经验的观点看，这是最显而易见的不可能的事——甚至是荒谬的事——然而，对物质而言，却是真实的。从经验上看，它的不可能和荒谬不合理只是由于现象所取的形式而与个体化原理是一致的。因为物自体、生活意志整个不分地存在于每一样东西上，包括一切曾经存在过的东西，现在存在的东西以及未来将要存在的东西，甚至在最微小的东西上面，情形也完全一样。这就是为什么每个东西，甚至最小的东西，也会对自己说，只要我自己安全，就让整个世界毁灭也在所不惜。事实上，纵使只有一个人留在世上而其余的人都要毁灭，那个还留在世上的人仍然会完整无损地拥有这整个世界，并且会嘲笑世人的毁灭不过是一种错误幻象。这里，可能还有一个相反的结论和这个结论对立，就是说，如果那最后留在世上的人也要毁灭的话，那么，这整个世界也会由于他的毁灭而和他一块毁灭。神秘主义者西利西斯就是在这种意义上表示，如果没有他的话，上帝无法留存片刻，并且表示，如果他要毁灭，上帝也必然要死。

但是，经验的观点，在某种范围以内，也可以使我们认识，我们自身确能存在于其他在意识上和自己分立而不同的人们身上，或者说，至少是可能如此的。梦游者的经验便显示这种情形，虽然他们仍然保留着自我的同一性，可是，当他们醒来时，对自己在不久之前所说的、做的和遭遇的一切，却一无所知。同样，个人意识也完全是一种现象，即使在同一自我中，也能产生两种意识，而彼此互无所知。

十、存在的得失

存在的空虚表现于存在所取的整个方式中，表现于时间和空间的无限和个人在时空中的有限里，表现于作为现实事物唯一存在方式的无常中，表现于万物的偶然和相对中，表现于不断变化而没有不变的存在者中，表现于不断期望而永无满足的情形中，表现于生活奋斗的不断顿挫中。时间和存在于时间中万物的易消灭性，只是生活意志显示其奋发的空虚方式，就生活意志作为物自体而言，是不会消灭的。时间是使一切事物在我们手上变为空无并使事物失去一切真正价值的东西。

曾经存在的东西，现在不再存在，就像从来不曾存在的一样，但是，现在存在的一切东西，在下一时刻，就变成曾经存在的东西，于是，最无意义的现在也比最有意义的过去具有较多的现实性，这表示前者与后者的关系是有物存在和无物存在之间的关系。

经过无数的年代，我们不曾存在，突然之间来到这个世界，这使我们感到惊愕，可是，不久之后，将重新归于无物，也同样地经过无数的年代。我们内心说，那不可能是对的，当我们内心想到这种观念时，即使智慧最低，也必然产生一种预知，预知时间的观念。不过，时间的观念和空间的观念合在一起，是打开所有真正形而上学的钥匙，因为它容许事物自然秩序以外的完全不同的秩序。这就是康德如此伟大的缘故。

我们生命的所有时刻，只有片刻属于现在，大部分永远属于过去。每个夜晚，我们都比白天更为可怜不幸。如果我们内心深处不曾了解自己享有无尽的永恒泉源，因而永能吸取新的生命和新的时间的话，那么，当我们看到自己短暂的生命不断消逝的时候，也许要发狂。

的确，你可以由于这种想法而建立一种理论，即最伟大的智慧便是把握现在而将这种把握当作人生的目标，因为现在是最真实的，别的一切都是虚幻的。但是，你也可以说这种生活方式是最大的愚行，因为，刹那间不再存在的东西，像梦幻一样完全消失的东西，是不值得认真追求的。

除了短暂的现在之外，我们的存在没有其他的依凭。因此，从根本上看，存在的形式永远是不断地运动，根本找不到我们不断追求的那种安静。存在的形式好像从山上跑下来的人一样，如果想停下来，就会跌倒，只有继续不断地跑才能稳住脚根，或像在指尖平衡的竿子，或像绕着恒星运动的行星，如果不再继续运行，就会落到恒星上。因此，不安是存在的象征。

在这样的世界里，没有任何静止的东西，也不可能有任何持久的东西，一切东西都在不断地变化和混杂，一切东西都像放在拉紧的绳索上面，只有不断地向前跨进，才能在上面稳住——在这样的世界里，快乐不如我们想象的那么多。在这样的世界里，除了柏拉图所谓"不断地变化和永无不变的存在"以外，没有其他东西出现，这样的世界怎能驻留。第一，没有一个人是快乐的，只是终生追求那很难得到的想象的快乐，即使追求到了，也只会对它感到失望，不过，最后，人总是入港搁浅而折毁桅杆。第二，在一种只含有短暂片刻相续而现已达到终点的生活中，不管快乐或不快乐，都是一样。

我们生命的情景好像镶嵌粗陋的图画，从近处看，看不出什么东西，要发现它的美，就必须从远处看。那就是为什么得到某种期求的东西以后接着就发现它是多么空虚的道理，也是为什么我们终生期望更佳境遇却往往遗憾地怀念过去的道理。另一方面，却把"现在"看做非常短暂的而只是达到目标的必经之路。这就是为什么大多数人在回顾自己生活时发现自己一直都是暂时活着的道理，也是为什么大多数人在了解自己轻轻放过的不屑一顾的东西原是自己的生命，原是自己活着期求的东西时感到惊愕的道理。

生命所表现的，主要是一种工作，一种维持本身存在的工作，求胜就是生命。如果这个工作完成了，所获得的东西就变成一种负担，于是便出现第二个工作：就是如何避免厌烦。厌烦像捕食动物的飞鸟一样，盘旋在我们头上，找机会攫住安心无虞的生活。这样，第一个工作是追求某种东西，而第二个工作却是设法忘却所获得的东西，否则便变成一种负担。

只要我们稍稍观察一下，就可以知道，人有一堆难以满足的需求，这些需求的满足除了使他陷入厌烦的情况以外，别无所得。厌烦是表示存在本身毫无价值的直接证明，因为厌烦只是存在的空虚感，这些情形充分证明了人生必定是一种错误。人的本质和存在就是追求生命，如果生命中含有正面价值和真实内容，就不会有厌烦这种东西存在，而单纯的生存就能使我们获得满足。像实际情形所表示的一样，除非我们在追求某种东西——在这种情形下，距离和困难可以使我们的目标看来似乎令人满足（其实，这是一种错觉，当我们接触它时，它便消失了）——或是从事于纯粹心智活动——在这种情形下，我们确在脱离生命以便像看戏一样，从外面去看生命——否则，我们在生存中得不到快乐。即使性的快乐也是如此，性的快乐在于不断地追求，一旦所求达到了，便立刻失去快乐了。每当我们不从事这些事情只回到生存本身时，就会深深感到空虚和没有价值，这就是所谓的厌烦感。

人类有机体所显示的生活意志的最完全表现，及其无可比拟的精密而复杂的组织，终必崩溃而委诸尘埃，它的全部精华和奋斗，最后也明显地归于毁灭——这是"自然"的明白宣示，告诉我们意志的一切奋斗终归无效。如果它是本身有价值的东西，如果它是应该无条件存在的东西，就不会归于空无。

然而，我们的起始和终结之间的差别多么大！开始，我们疯狂地追求肉体的享受及强烈的情欲，最后，我们的整个身体崩解，发出尸体的腐臭。我们生活的幸福和快乐，从最初到最后，是每况愈下——快乐梦幻的童年、充满青春活力的少年、充满艰辛工作的成年、体弱可怜的老年，最后是疾病的痛苦和死亡的挣扎——这些现象不是在表示生存乃是错误吗？不是表示一种结果愈来愈明显的错误吗？

我们将尽量把生命看做幻灭的过程，因为，很明显地，这是我们的一切遭遇所要带来的。

十一、世界的空虚

寻求世界活动的根源，深切和敏锐地看出了一切存在与活动原是由于意志本身不但有着经验的内容，也有着本体的意义。如果以佛学来解释意志，意志就是阿赖耶识，从康德哲学来看，它就是物质。

要了解一切活动的根源——意志，并不是一件困难的事，由意志产生意欲，由意欲产生动机，由动机产生活动。每一个人只要闭目内证，就会知道自己的存在原是永无休止地受着意志的支配与奴役。人受意志的支配与奴役，他无时无刻地忙忙碌碌地试图寻找些什么，每一次寻找的结果，无不发现自己原是与空无同在，最后终不能不承认这个世界的存在原是一大悲剧，而世界的内容却全是痛苦。

如果人生当下和直接的目的不是痛苦，存在的目的就必然完全失败，而事实上世界不能不充满痛苦，存在不能不是失败。既然世界到处充满着痛苦，人从生命的欲望产生痛苦，痛苦既与生命不肯分离，我们若把痛苦看做一种偶然和无目的性的事件，人的荒谬也就莫过如此了。当然，每一个人的不幸，似乎是一种特殊的事件，请问世界上有谁没有特殊的不幸，将许许多多特殊的不幸归纳在一起，难道世界的规律不就是普遍的不幸？

水一泻千里，悠悠不断地流着，穿过一望无际的平原，汇入浪涛千古的大海，看来似乎没有遭遇什么阻挡。人和动物也正是这种情形，他从不注意或意识到自己生命的内容和意志的符合的究竟是什么。如果稍事留意一番，就会知道意志原不断地遭到折磨，在生命的经验中，意志不止一次地要忍受阻挡。这对一般人来说是如此，对帝王来说又何尝不是。忍受意志所受的折磨，和人生所遭遇的种种痛苦与阻挡，这就像当我们有健康的身体而忽略小病一样，认为它不足以妨碍我们整个的成功的活动。但是，请想一想，人不是从许多小病变成大病吗？从这一事实就自会了解，人生的幸福与快乐原没有积极的意义，有积极意义的反是痛苦。

世界上最荒谬的事无过于某些乐观的形而上学系统，居然把人的罪恶看做是一种消极的性质。恰好相反，由意志所产生的人的积极一面便是罪恶，罪恶所具有的积极性意义从罪恶自身便可知道，酒色财气和权力的追求所产生的恶果与不幸，能说它不是罪恶吗？另一方面，所谓善，也就是任何快乐欢愉才真是消极的，有哪一种欲望的满足所带来的快乐，结果不是痛苦呢？男女的恩恩爱爱，若不中途变卦，到头来也只是老夫老妻，"老头子，你说什么？我耳朵听不见啊！"

另一方面，通常所得到的快乐并不如我们所想象得那样快乐，一直还没有做大学生的青年，他对大学生的遐思是多么绮丽啊，一旦他做了大学生，很快地便会说"大学生活不过如此！"我们所经常遇到的痛苦，却常比所想象的痛苦还要痛苦，只有中年丧妻老年丧子的人，才真能了解它的痛苦会深到什么程度。在人的心里自然趋向上，我们却又常易忘记自己过去的快乐经验，对于痛苦的遭遇却很少人能磨灭，这就证明人在根性上原是与痛苦同在的。

如果我们认为在世界上快乐超过痛苦，或者快乐与痛苦是一样多的话，这种看法究竟是否为真，只要比较一下有两个动物，其中一种在侵食另一种便可知道。世界上有几个人不是把自己的快乐建筑在别人的痛苦上呢？

如果我们要安慰自己所面临的各种不幸和悲惨的遭遇，只要观察一下他人的不幸和悲惨的遭遇也许超过我自己也就释然了。而在世界上的每个人很少愿意向另一个人说"我比你快乐"，大多互不相让地说"我的遭遇实比你还要悲惨"，每一个人都这样说，这就说明人类的命运是多么悲惨了。

就人类的命运来说，他们有几天不是生活在黑暗日子中。历史随着岁月的进展而加长，人不断地祈求着和平与安乐，但在各个历史的段落中，清清楚楚地告诉国家的生活不是别的，只不过是战争和骚动罢了，在历史上所隐现的和平，无不是像昙花一现的插曲。个人又何尝不是像国家一样呢，他们不仅要与贫乏和烦恼作永无休止的斗争，也为了要战胜他人而作永无休止的闹争。人在生活的经验中发现了一件法宝，那就是不断地冲突，死时也手握着宝剑，人们所尊拜的帝王，只不过在荒冢中多埋了几把宝剑！

每个人都像旷野中的羔羊一样，在屠夫的眈视下作无知的嬉戏。在春和日丽的风光中人忘记了狂风暴雨、乌云密布的岁月。当人们过的生活还算平坦时，就忘记了人生隐藏在平坦中的悲惨命运，贫穷、病痛、伤残断腿、眼盲耳聋，甚至失掉理性，有几个人能逃脱这种命运呢？死亡不是无时无刻在背后偷偷地、不断地用鞭子抽打着我们吗？与其说是在过日子，不如说是一步一步地走向死亡。人真像一支燃烧的蜡烛，不到快燃烧完的时候，他不会意识到自己的命运原要化为灰烬。

时间在世界的存在中又是什么呢？除了意志的本体性意义必须超越时间，一切表象世界的存在就无不受着时间的支配。人生是这样的短促，而时间却又是那样的无限，在理知上人们既不能了解它的过去，也无从推知它的未来。在现实上存在的痛苦，却无时无刻不受着时间的压力，它就像一个监工一样，手拿着鞭子不让我们有片刻的喘息。如果时间停止迫害的话，只有当它把我们交给厌倦，它才会停止迫害，问题是人生的厌倦和所受的迫害，从痛苦的情形来看这两者之间有多大分别呢？穷人所要忍受的是痛苦，让富人受煎熬的是厌倦，谁能说厌倦不是痛苦。

人免不了要遭受不幸和痛苦，痛苦对人也有它的用处。这就像若没有大气的压力身体就要爆裂一样，人若没有艰难和不幸，一切的需要都能满足，而到时又会变成什么样子呢？如果人事事顺遂、不劳即获，傲慢和妄自尊大不使自己爆炸，也会使自己的生命膨胀。一味任性的结果，最后也将会变成疯子。因此，某种程度的艰难和困扰，这对每个人来说在任何时候都是必要的。这就像船要直行而必须压舱物一样。

当然，任何人的一生都是充满着劳累与忧患，然而，人的欲望若随时能得到满足，人们又如何度日，如何打发生命呢？如果世界是一个安乐园，遍地布满着蜜糖与香乳，每个人都能随心所欲、投怀送抱，这样的世界人不去上吊，也会烦死的。甚至大家要互相残杀，到时人类冲突灾难的结果，也许比现在自然的手所加于人类的灾难还要大。因此，对一个种族来说，任何阶段和任何形式的存在，它的适应性不会超过已经有的形式和阶段。自然给我们何种存在的形式，我们原该接受那种形式。也就是顺乎自然，人是决不能超越自然的。

人在年轻的时候，常遐思未来的人生，这就像儿童坐在戏院里兴高采烈地等待拉开帷幕戏剧上演一样。当人们不知道实际要发生的究竟是什么时，这时我们实在是幸福的。然而成人似可预见到有时一些小孩好像无知的囚犯一样，虽不是被判死刑，却不知判决的意义是什么。然而每个人都希望活到老，人人都在"今天人生不好、明天又比今天坏、一直到整个最坏的人生"中打转。

如果尽可能地想象一下人生的整个不幸，痛苦与灾难，我们就会承认在太阳的光照下，地球能像月球一样只是一结晶体，而没有生命的现象，那又多好呢。

我们若再反省一下人生，人生也真是一毫无收获的插曲，徒然对非存在的平静平添困扰，即使在任何情况下，所接触的事物还能忍受，活得越久越能清晰地看到整个的一生无不是失望，甚至是一种骗局。

若有两个人在年轻时是朋友，他们久别重逢后对彼此的主要感受是什么呢，也无非是对整个人生的完全失望罢了。甲说："过去许多年来你怎样啊？""唉！老朋友，不说也罢。"乙回答着。"你呢？"乙再问。"大家彼此彼此。"甲回答着，然后相对无言。这是为什么呢？主要是他们回想早年的人生，就像朝日初升一样，对未来充满着玫瑰色的乐观情绪，原来所希望和想象的是那样的多，结果所得的却又是那样的少。

这样说来，我们对他人的任何过眼烟云般的成就，又何必心生嫉妒，佛教说"同体大悲"，我们每个人原本"同是天涯沦落人"啊！

人既然存在，他就不得不存在，既然活着，他就不得不活，就是这样，人生实是一种无可奈何的事。

如果大家来到世界都是如黑格尔所说的一样，只具有纯粹的理性，人类是否仍能存在呢？而事实上这个世界又是多么没有理性啊。难道要对世世代代存在的重担不生同情，或者希望不把这种重担加在自己的身上吗？如果人在死时还有什么抱负的话，他最好的抱负应该是："给我黄金亿万两，誓不投胎。"然而由意志所引发的生命，却又常令人身不由己，问题是可以解决的，而这需要智慧与修行。

哲学不是沙发椅上的哲学，因为人们说出是什么，就是什么，它不能给人以慰藉。如果有人愿意接受"神"创造的一切都是好的话，那请到牧师那里去吧，好让哲学保持平和。

在上文中已经提醒读者，各种幸福的情状、种种满足的感受，在性质上都是消极的，那也就是相对于它能脱离痛苦来说的。因此要评断人生的幸福，不是从欢愉与快乐来评断，而是要从它能解脱痛苦的程度来看，也就是从解脱积极的罪恶来看。如果这是真实标准的话，低等动物所能享受的快乐命运就比人要大得多了。

不论人的快乐和不幸的形式如何，使人舍此求彼的，从物质基础来看，无非是肉体的快乐和肉体的痛苦。但是这种基础也实在是有限的，它不过是衣食健康和性本能的满足，或者是这些事物不能满足，这样一来，从实际的有形快乐来看，人充其量比其他动物可能有较高的精神系统而对各种快乐更具敏感性外，人实在比其他动物好不了多少，但不要忘记，人对各种痛苦也更具敏感性。让我们与其他动物比较一下吧，人的情感比其他动物会大到什么地步呢？人与其他动物最大的不同，就是人具有猛烈和深厚的情感。然而在目的上人和动物的结果却又相同，都是需要衣食健康和性本能的满足。

人的一切情感的主要源泉是人常想到现在缺乏和展望未来，而深深地影响了自己的所作所为，这也是人们种种顾虑、希望和恐惧的真正源泉，所有这些情感深深地影响到自己当前的痛苦和快乐，且远超过它对动物的影响。人有记忆、反省和想象，由之而储藏和凝缩了自己的忧患与快乐，而这些都是其他动物所没有的。其他动物所受的痛苦即使是同样的情况所引起的，它也把它当作第一次的痛苦，它们多显得平静而自在，这又是多么令人羡慕啊！人有了反省，种种的情感也就随之发生，本来对其他动物也产生痛苦和快乐的相同因素，人却将它积累起来，以致使自己对快乐和痛苦产生敏感，结果有时却疯狂地快乐，有时却又深深地失望甚至自杀，而自杀却又不能解决意志的本体性问题，其他动物比人快乐，只要看它们没有自杀就可知道。

如果进一步地分析就会发现，人为了增加自己的快乐，就刻意地增加快乐的花样和需要的压力，而人本来和其他动物一样，并没有更大的困难来满足自己的快乐，花样和压力加大，困难也就随之加大，这些各式各样的东西，也就是认为对自己的存在所必要的东西也就都产生了。

除了上述种种寻求快乐的花样外，人还有一种特别的方式来寻求快乐，结果也全是痛苦，这也是由人反省的能力所生的一种结果，而这种快乐超过了他的一切价值，那就是野心、荣誉和羞耻心，也就是他人对自己的看法。我们采取各种形式，有时甚至是奇特的形式，并努力来达到这些目的。而这些又不是在有形的快乐与痛苦中。说真的，人除与其他动物具有共同快乐的源泉外，人还有所谓心灵的快乐。心灵的快乐也是有着许多等级的，诸如漫无目的地说笑或闲谈到最高的理智成就。但这种快乐也有它痛苦的一面，那就是与它紧随在一起的烦恼。烦恼是其他动物所不知的一种痛苦的形式，至少在它们的自然状态中是如此的。只有极少数的家养动物，有烦恼的些微痕迹，而烦恼在人却全然变成一种灾害。在庸庸碌碌的不幸众生中，他们活动的目的之一是为了钱袋而不是为了头脑，这就为烦恼和痛苦提供了例子。富有的结果成为自己的一种处罚，其灾难便是无所事事，不知做什么好。他们为了逃避无所事事，便到处乱窜，奔跑在这里，旅行到那里。当达到一个目的地时，迫切想知道的便是这个地方有什么娱乐。这种富人也就像穷人一样，只不过一个是想讨娱乐，一个是想讨几毛钱。缺乏和烦恼也实在是人生的一杆之两端。最后对性的关系来说，人也作了特殊的安排，使得自己固执地要选择某一个人。这种情绪一旦增长，就或多或少地为了激情的爱，而激情的爱只是短暂的快乐，却是使痛苦持久的最大源泉，这在我的"性爱的形上学基础"文中，已解释得清清楚楚了。

对于只是存在，其他动物比人更能满足，植物就完全满足于自己的存在，而人是否满足，是要从各人的迟钝性和感觉不敏性来决定的。其他动物通常比人少痛苦但也比人少快乐。直接的理由是，一方面其他动物能免于顾虑和悬念以及由顾虑和悬念所带来的痛苦，但另一方面因为它们没有希望，也就没有期望一种快乐的未来。期望快乐的未来，可以使人产生丰富的想象，而丰富的想象又常是人的最大欢愉与快乐。其他动物的意识限定在当前，限定在它实际所能见到的是什么之上，只能接受当前的刺激，因此不太有恐惧和希望的因素，而人的视界却能扩及整个的一生，他回顾过去，又展望未来，对于当前充满的是是非非就更用不着说了。从这一点来看，其他动物也真比人具有智慧，这是说它们能安静地、平和地生活在当前的时刻中。人时时在顾虑、不安和不满的思想中，比诸其他动物的平和与安逸，难道我们不感到羞耻吗？

据说宇宙的创造者，由于错误或陷入罪恶而创造了这个世界。为了补救自己的愚蠢，就只得留在错误和罪恶的世界中，直到能作出救赎为止，这真是极妙的想法。佛教认为世界的产生是在涅槃的极乐净土经过长期的寂静后由一种不可解释的云雾而产生某种致命的事物，以致产生了变动。我们必须了解这种说法有些道德的意义。虽然在物理科学中也有此相似的比喻，那就是太阳是由一种不可解释的原始云层产生的。结果由于道德的堕落，这个世界变得越来越坏，物理世界也是这种情形，以至弄成今日这个样子的世界。希腊人认为世界和各种神明是一种难于了解的必然工作，这也只能作为一种暂时性的解释。波斯教的善神和恶神不断战斗，这一点是值得我们深思的。但是反复无常的耶和华却创造了这一个完全的痛苦和缺乏的世界，又说一切事物都是好的，这就令人难以接受了。

即使莱布尼兹所说的这个世界为一切可能世界是正确的，也不能证明是神创造了这个世界。因为若如此的话，神不仅创造世界，也该创造可能性自身有比现今世界更为好的可能性，也就是有比现今世界更为好的世界。

有两件事情使我们不可能相信这个世界是由全知、全善、全能的神所做出的成功工作。第一，世界到处充满着不幸。第二，神的最高的产品——人，显然是不圆满的，这真是一种显然可笑的讽刺。有此两端，就不能与信仰神创造了世界调和在一起。相反地，这些例子恰好支持我们已经说过也证明世界只是我们各种罪恶的产品之概念，这样一来，如果没有这个充满罪恶的世界，也许会更好些。依据前者假设，他们只有强烈地谴责创造主且提供了许多笑料。若依据我们的概念，这个世界的罪恶和不幸就是对人的本性和意志的一种控诉，就给我们上了人应谦逊的一课。让我们看到自己像来自有罪父亲的儿女一样，我们来到世间的是充满罪孽的重担的，只因为要赎罪，我们的人生才那样的不幸，结果才是死亡。普遍地说，没有比下面的说法更确实的了，那就是世界难以忍受罪愆，使这个世界充满着莫大的、形形色色的灾难。我在此所说的并不只是物理上经验的连接，而是有着形而上学的意义，是旧约圣经唯一形而上学的真理，虽然它是以一种寓言的形式出现的。因为人们的存在不是别的，只是罪恶的结果，为了满足本不应该的欲望，因而要接受惩罚。

如果我们要找到一个可靠的指南针来指导我们的人生，最有用的方法莫过于把自己看成置身在赎罪的世界中，这个世界是一种要处罚人的殖民地。当这样以后，我们对人生的期望自会依照事物的自然性质，随遇而安，不再认为人生的不幸、灾难与痛告是一种不规则事物，清楚地了解我们的存在是依各人的特殊途径而受处罚，在自然中人的主动本来就是一种被动，在心性上我们应永远做个被动的人。从这个观点出发，就能帮助我们来看大多数不圆满的人生、道德和理智上的缺陷，以及由此而生的、原已了解我们所处的世界是什么样的世界，每一个人生来都是该受谴责的，他的人生也只是在赎罪而已。

人所处的世界、所处的地位、所得的结果是一样，就应该有着悲心。悲己亦所以悲人，悲人也就是悲己，由之容忍、忍耐、慈善、自制，就自然地应与各人同在。

通过艺术的创作与欣赏，我们将意志所生的欲望世界提升到忘我的精神境界中，这时可暂时忘却人世的不幸与痛苦。

要彻底解决人生的不平和痛苦，克制自己的欲望也就是禁欲，以及修习佛教的禅定，从而便使自己进入涅槃世界，这才是人生最正确的方向，最应该走的方向。

十二、爱恋的激情

　　性的关系在人类生活中扮演着极重要的任务。它是人类一切行为或举动不可见的中心点，戴着各色各样的面罩到处出现。爱情事件，是战争的原因，也是和平的目的；是严肃正经事的基础，也是戏谑玩笑的目标；是智慧无尽的泉源，也是解答一切暗示的锁匙——男女间的互递暗号、秋波传情、窥视慕情等，这一切，无非是基于爱情。不但年轻人，有时连老人的日常举动都为它所左右。纯洁的少年男女，经常沉湎于对爱情的幻想。一旦与异性发生了关系的人，更不时为性爱问题而烦恼。

　　恋爱，所以始终能成为最丰饶的闲谈题材，在于它是一件非常严肃的事情，但这人人都关心的重大事项，为什么总要避开人家的耳目，而去偷偷摸摸进行呢？顽固的人甚至尽量装出视若无睹的姿态，这也显示出这个世界是多么奇妙可笑。话说回来，其实性爱才是这个世界真正的世袭君主，它已意识到自己权力的伟大，倨傲地高坐在那世袭的宝座上，以轻蔑的眼神统制驾驭着恋爱，当人们尽一切手段想要限制它、隐藏它，或者认为它是人生的副产物，甚至当作毫不足取的邪道时，它便冷冷地嘲笑他们的徒劳无功，因为性欲是生存意志的核心，是一切欲望的焦点，所以我把生殖器官名之为"意志的焦点"。不仅如此，甚至人类也可说是性欲的化身，因为人类的起源是由于交配行为，同时两性交合也是人类"欲望中的欲望"，并且，唯有借此才得以与其他现象结合，使人类绵延永续。诚然，求生意志的最初表现只是为维持个体而努力，但那不过是维护种族的一个阶段而已，它对种族的热心、思虑的缜密深远，以及所持续的时间长度，远超过对个人生存所做的努力。因此，性欲是求生意志最完全的表现和最明确的形态。

　　为使我的基本理论更加清楚起见，在这里且以生物学方面的说明作为佐证。我们说过，性欲是一种最激烈的情欲，是欲望中的欲望，是一切欲求的汇集，而且，如获得个人式性欲的满足——针对特定的个体，就能使人觉得有如拥有一切，仿佛置身于幸福的巅峰或已取得了幸福王冠的感觉；反之，则感觉一切都失败了。这些事情也可与生理学方面取得对照：客体化的意志中——即人体的组织中，精液是一切液体的精髓，是分泌物中的分泌物，是一切有机作用的最后结果。同时，由此可再认识：肉体不过是意志的客体化，即它是通过表象形式的意志。

恋人之间爱情的增进，不外乎是希望产生新个体的生存意志而已。不但如此，在情侣们充满爱慕的眼神相互交接的那一刹那，已经开始燃烧着新生命的火焰，像是告诉他们：这个新生命是个很调和并且结构良好的个体。为此，他们感到需要融合为一体而继续共同生存的希望，这种希望在他们所生育的子女中得到实现，两人的遗传性质融合为一，在子女身上继续生存。反之，男女间若难以激起情愫，甚或互相憎恶怨恨，即使可以生育，其子女的内在体质，也必是不健全、不调和的。所以，在西班牙加特隆笔下，尽管先把莎密拉密丝王妃称为"空气女郎"，但后来仍把她描写成谋杀亲夫的恐怖女人，这里实在隐含着深刻的意义。

归根结底，两性之间之所以具有强烈的吸引力和紧密的连接，就是由于各种生物的种族求生意志的表现。这时的意志，已预见到他们所产生的个体，很适合意志本身的目的和它本质的客观化。这个新个体，意志（即性格）是遗传自父亲，智慧遗传自母亲，而同时兼容两者的体质。但大致来说，姿容方面比较近于父亲，身材大小方面则多半类似母亲。这是根据试验动物的变种所产生的法则，这个法则的主要立论基础是：胎儿的大小依据子宫大小而定。至于各人特有的个性究竟如何形成，我们还无法说明，正如我们无法解释热恋男女那种特殊的激情一般。我想两者在本质上并无不同，只是一方面较含蓄（指个性），而另一方面较露骨而已（指男女激情）——至于新个体开端是如何？其人生命的要点如何？那就要看他的父母在互相爱恋的瞬间是何等情况而定了。

如世人所常说的，当男女以憧憬的眼神互相交会的那一瞬间，便已产生新个体的最初萌芽。当然，这时的幼芽也像一般植物的新芽，脆弱而且易折。这个新个体即所谓的新理念，即灵魂和意念一切理念都是非常贪婪激烈地猎取分配于它们的材料，努力着想要登上现象界即肉体。同样地，人类个性的特殊理念，以最大的贪欲和最激烈的态度，以便在现象界中能实现他的目标。这种贪欲的激烈程度,就是决定于恋人之间的情热。男女间的情热可区分为许多等级,我们不妨把它的两极端称为"平凡的爱情"及"天上的爱情"。从它的本质来看,本来是相同的、无所谓等级的差别,只是若情热愈趋个人化,换句话说,被爱者的一切条件和性质,愈能适应或满足爱者的愿望要求——则愈能增加力量而已。那么,问题的关键何在呢?以下我们将继续深入研究当可明白。吸引异性的首要条件是健康、力和美,也就是说恋爱的本钱是青春,这是因为意志想努力表现出一切个性特点的人类特质的缘故。所谓恋爱三昧,实无出这几个范畴。其次,当恋情进入下一个阶段后,即出现若干特别的要求,有了这些要求,同时双方均预估能满足各自的恋心时,感情就会逐渐上升。但只有两个个体都觉得非常适合的时候,才能产生最高度的激情,这时,父亲的意志(性格)和母亲的智慧合二为一,新个体告成。表现于全种族的一般性生存意志,因为此一个体能够相应意志本来的强大力量,因而感到一种新的憧憬,这种憧憬的动机超越个人的智慧范围。它就是真正伟大的激情之魂。

人在恋爱的时候,往往呈现滑稽的或悲剧的现象,那是因为当事者已被种族之灵所占领、所支配,已不复是他原来的面目了,所以他的行动和原本的个性完全不相一致。恋爱达到更深一层的阶段后,他的思想不但非常诗化和带着崇高的色彩,而且,也具有超绝的、超自然的倾向,所以,整个人看起来完全脱离了人类本来的、形而下的目的。何以如此?那是因为恋爱中人受种族之灵的鼓舞,了解它所担负的使命远较个体事件重大,且受种族的特别依托,指定他成为"父亲"、他的爱人成为"母亲",具备他们两者的素质,才可能构成将来无限延续的子孙的基础。而且,此时尽管客观化的生存意志明显地要求他们制造子孙,但这种恋爱,并未草率应诺。怀着这种超绝感情的恋人,他们的心灵已超越凡俗之物,飞扬于比自己更高的空中,所以,在原本的肉体欲望中,也罩上庄严的色彩。为此,即使一个一生生活最平淡的人,他的恋爱也是很富诗意的插曲。这种情形下的恋爱故事,多半呈喜剧。——种族中的客观化意志所担任的使命乃是为堕入情网中的男人的意识蒙上"预想"的面具——若和她结合,必可获得无限幸福的预感。当恋情达到最高度时,这种幻想迸发出灿烂的光辉,如果不能与爱侣结合,即顿感人生空虚乏味,连生命也丧失所有魅力了,此时他对人生的嫌恶已战胜了对死亡的恐惧，有时甚至自寻了断以求解脱。这类人的意志，不是被卷入种族意志的漩涡中，就是种族意志的力量太强，以致压倒了个人意志。所以，他们如果不能以前者的资格活动（即不能发挥种族意志），也拒绝在后者的情形下苟活。但这时候的个体，以之作为种族意志的无限憧憬的容器，实在太脆弱了。"自然"为了挽救此人的性命，便使他疯狂。如果疯狂的面纱仍无法压住那绝望状态的意识，那只有以自杀或殉情收场了。

话说回来，并非恋爱的热情不能得到满足，才招致悲剧的结局。"圆满"的恋爱，收场不幸的恐怕比幸福的还多。这是因为激情所要求的，与当事者的周围环境不但不能相一致，而且还破坏了他的生活计划，以致往往严重地损伤他个人的利益。恋爱不但会与外界环境相冲突，连和恋爱者自身的个性也常相矛盾，因为撇开性的关系，来观察你的恋爱对象，也许那还是你本来所憎厌、轻蔑或嫌恶的异性。但由于种族意志远较个体意志强烈，使恋爱中人对于自己原来所讨厌的种种特征，都闭着眼毫不理会，或者给予错误的解释，只企求与对方永远结合。恋爱的幻想就是如此地使人盲目，但种族的意志在达成任务之后，这种迷惘立刻消失，而遗下了可厌的包袱（妻子）。我们往往可发现一个非常理智又优秀的男人，却和唠叨的女人或悍妇结为夫妻。我们常感觉奇怪，"为什么这些男人竟会做这样的选择"？看了上述的说明，足可给大家满意的答复了。因此，古人常说："爱神是盲目的。"不但如此，陷入情网的男人，虽明知意中人的气质或性格，有使他难以忍受的缺点，甚至会给他带来痛苦与不幸，却仍不肯稍改初衷，而一意孤行。

你是否有罪？

我不想去探寻，也毫无所觉。

不管你是什么样的人，

我只知道：爱你。

事实上他所追求的并非自己的事情，而是第三者——将来的新生命，然而，由于受幻想的包围，他们却以为对方正是自己所追求的目的了，这种不追求个人私利的行为，无论如何总是一种很伟大的态度，所以，激情也具备着崇高的旨意，并且常成为文学讴歌的主题——最后再谈到一种对其对象极端憎恶的性爱，柏拉图把这情形比拟成狼对羊的恋爱。这种状态完全是一厢情愿的，尽管男方爱得如醉如痴，如何的尽力，如何的恳求，对方也充耳不闻。这就产生了莎翁所说的"爱她又恨她"的情形。

这种爱恨交织的心理，有时会造成杀人继而自杀的局面，我们每年都可从报纸上发现两三起这种实例。歌德说得好："被拒之恋，如置身地狱之火中，我真想知道是否还有比这更令人愤怒和诅咒的事情？"

恋爱时，对恋人示之以冷淡，甚至以使对方痛苦为乐，我们把它称之为"残忍"，实在并不过分。同时，这也是恋爱中常有的事。因为，恋爱中人当时已被类似昆虫本能的冲动所支配，毫不理会理性所列举的各种道理，无视周围的一切事情，只知绝对地追求自己的目的，始终不松懈、不放弃。从古到今，因恋爱的冲动未得满足、脚上像拖着沉重的铁块在人生旅途上踽踽独行、在寂寞的森林中长吁短叹的，决不只佩脱拉克一人，只是在这烦恼的同时又具备诗人素质的，只有佩脱拉克一人而已。歌德的美妙诗句："人为烦恼而沉默时，神便赐予他表达的力量。"这正是佩脱拉克的写照。

实际上，种族的守护神和个人的守护神，无时无地不在战争，前者是后者的迫害者和仇敌，它为贯彻自己的目的，时时刻刻都在准备破坏个人的幸福，有时连人民全体的幸福也变成种族守护神反复无常下的牺牲品。莎翁《亨利六世》第三部第三幕的第二、三场中，就可看到这种事例。为什么会发生这样的事情呢？只因为人类本质的根基是种族，它具有比个人优先存在和优先活动的权利。我们的祖先，很早就发觉出个中道理，所以借丘比特的外形来表现种族的守护神，他的容貌天真得像儿童，却是残酷而充满恶意的恶神，也是专制、反复无常的鬼神，同时又是诸神和人类的主人。

希腊俗谚说得好："爱神啊！你是统制诸神和人类的暴君！"

带着杀人的弓箭、盲目、背附翅膀，这是丘比特的特征。翅膀象征恋爱的善变无常，但这里的"无常"，通常只有在欲望满足后，引起幻灭感觉的同时才表现出来。

恋爱的激情是以一种迷妄为基础，使人误以为本来只对种族有价值的事也有利于个人。但这种幻想，在种族的目的达成后，随即消失无踪。个体一旦被种族之灵遗弃后，回复到原来的贫弱和受诸多限制的状态，回顾过去，才知道费了偌大气力、经过长期勇猛努力的代价，除了性的满足外，竟无任何收获！而且，和预期相反的，个体并不比从前幸福。于是对此不免感到惊愕，并且省悟原来是受了种族意志的欺骗。所以，王子遗弃王妃一点儿也不足为怪。如果佩脱拉克的热情曾得到满足，他的诗歌也该像产卵后的母鸟一样，声音戛然而止，而沉寂无闻了。

恋爱的结婚是为种族的利益，而不是为个人。当然，这情形当事者并无所知，还误以为是追求自己的幸福。不过，由于它真正的目的在于他们可能产生的新个体上，因此当事者知道与否，并无关紧要。他们由这目的而结合，尔后再尽可能努力取得步调的和谐。但激情的本质是本能的迷惘，由此而结合的夫妇，其他方面有许多相异之处，前述的迷惘一旦消失，相异的素质便昭然出现。所以恋爱结婚，通常结局都是不幸的。西班牙有一句谚语说："恋爱结婚的人，必定生活于悲哀中。"因为婚姻本来就是维持种族的特别安排，只要达成生殖的目的，造化便不再惦念婴儿的双亲是否"永浴爱河"，或只有一日之欢了。——由双方家长安排、以实利为目的的所谓"便利婚姻"，反而往往比爱情的结合幸福些，因为此种婚约，能顾虑到种种因素条件，不管这些条件何其繁多，至少它很具体而实在，不会自然消失。并且，它总以结婚当事人的幸福为着眼点。当然，它对后代子孙是不利的。但从另一角度来看，若面临婚姻抉择的男人，只着眼金钱而不愿自己情热的满足，这是为个体而生存，并非为种族，此种表现是违反真理、违背"自然"原则的。所以，易于引起他人的轻蔑。反之，为了爱情，不顾父母的劝告而毅然结婚的女人，在某种意义上是值得赞扬的。因为当她父母以自私的利己心作忠告时，她却抉择了最重要的原则，并且遵循了造化的精神（应该说是种族的精神）。——照以上所述来看，当结婚时，似乎是鱼与熊掌无法兼得，一定得牺牲个体或种族两者中的一方。是的，事实的确如此，因为爱情和现实的顾虑能够携手并进是一种罕有的幸运。同时，大多数人在智慧、道德及肉体上，都有瑕疵，结婚时无法对爱情进行选择，往往是从各种外在的顾虑而决定，或在偶然的状况下结合。话说回来，便利的婚姻，也可以在讲究实利之余，兼顾到某种程度的爱情，这就是所谓的和种族的守护神取得妥协。

众所周知，幸福的婚姻并不多，因为结婚的本质，其目的并不为现任的当事者，而是为未出世的儿女着想。但性爱若附加上"性向一致"的友情——虽然不多见——也可缔结真正白首偕老的夫妻，这是从完全不同的根源所产生的感情，双力以最柔和的心情，互相慰藉。然而它的发生几乎都在性爱获得满足而消失之后，才表现出来。性爱的发生，是男女以未来的第二代为主体在肉体、智慧、道德方面取得互相弥补和幸福的婚姻，更加上精神特性的调和。

那么，为什么在恋爱中男人竟会为心爱女性的秋波所眩惑，以致甘愿完全放弃自己，不惜为她做任何奉献和牺牲呢？无他，这是因为她身上有着不可磨灭的部分，以致其他的一切都无足轻重了。人们对于某一个特定的女性都有着活泼热烈的欲望——不，几近疯狂的欲望，这就是证明。我们存在的核心是难以打破的，而且这也正是这种本质核心永存于种族中的直接保证。如果认为本质的存在是芝麻小事，或加以轻视，那就大错特错了。这种错误的产生，是因为人们这样想。所谓种族的持续，虽和我们相类似，但却不是任何方面都与我们相同的，而且它又是生存于我们所不能知的未来。这种念头，实源于对外部的认识，只见种族的外貌，而未考虑到其内在本质。实则内在本质才是人类意识核心的根底，而且此意识更具直接性，又是不受个体化原理拘束的物自体，存在于各色各样的个体中——不论并存或续存，其内在本质皆相同。这是切实渴望生存和永续的求生意志。即使个体死亡，它仍得以保存。话虽如此，但人类的生活并不比现在的状态为佳，因为生命就是不断地苦恼，然后死亡。然而如何才能让个体从痛苦的世界解脱呢？只有否定意志一途。由意志的否定，使个体的意志脱离种族的枝干，而停止其生存。然而，其后将是什么样的情景呢？彼时的个体意志究竟是什么样的东西呢？这些问题只有任人解说了，因为我们还找不出足以证明它的概念和事实。佛教把生存意志的否定，称之为"涅槃"，这也是人类一切认识力永远不能达到的境地。

现在，如果我们仔细观察熙熙攘攘的世界就会发现人们大都为烦恼、痛苦、贫穷所困扰，再不就是充满无穷尽的欲求。为了防止各色各样的烦恼来袭，虽然每人都尽了全力，但他们除了只能保持这苦恼的个体的短暂生存外，再不容有其他的奢想了。然而，在这纷乱的人生中，我们仍看见情侣们悄悄交换互相思慕的眼光——不过，他们的眼神，为何总显得那么隐秘、那么猥琐、那么偷偷摸摸？这是因为他们原是叛徒，他们故意使所有即将结束的痛苦和辛劳继续延续下去。他们仍沿袭着祖先的做法，又揭开了另一场人生的序幕。

十三、性爱的倒错

"你竟如此大胆，不顾羞耻也把这种话说出来，不怕受惩罚吗？"

"我不致受罚，因为我所据以论证的都是真理。"索福克里斯说。

在《性爱的形上学》一文中，我曾顺便提到有关男性性倒错的事，说它是由于本能而被引入邪途的结果，本以为可以就此打住，无须详加解释。后来，我对这令人迷惑的问题重加思考，发现其中尚有一些值得注意的问题，并且也有解决的方法，很可当作前章所述诸事的前提，并可使之获得更清晰的了解，因此再作本文增补，同时附上例证。

男性性倒错就其证候而言，不仅是违反自然，而且是极端令人不齿、令人担心的怪现象。这种只有在人类天性完全倒错、混乱、堕落时才会发生的行为，应该是非常罕有的。但若根据实际经验来看，我们可发现事实适得其反。这种恶习，虽然可鄙可惜，却是时不论古今、地不分南北，处处皆曾发生，而且屡见不鲜。众所周知，在希腊和罗马时代，这种情形就相当普遍，不但可以毫无顾忌、不以为耻地公开谈论，并且还可以公然行之。这从当时作家的作品中，可以充分被证实。尤其诗人，几乎没有一个不描写这方面的事情的。连那贞洁的罗马诗人味吉尔也不例外。在远古诗人笔下，甚至诸神——如奥弗欺（为此，梅娜犹才和他决裂。）或塔密里斯等都有断袖之癖。同样，哲学家们对此一问题亦津津乐道，远比谈女性性倒错问题为多。尤其柏拉图，照他的著作读来，他几乎不知道人间尚有其他爱情。同时，斯多噶派的哲学家们，撰文议论认为此一行为适于贤者。柏拉图在《乡宴》篇中提到苏格拉底虽对希腊政治家亚基比亚德百般挑剔，但对他能避免此项毛病却举之为无比勇敢的行为。亚里士多德也把男性性倒错现象视为普通事情，并没有加以责难。居尔特人更把它公开化，且予尊重。还有，克里特岛民之间，甚至明订条文，以此作为预防人口过剩的手段，并且予以奖励之。同时据传连身为文法者的希腊哲学家罗拉斯等人也有这种性变态倾向。罗马政治家塞禄说："在希腊人中，一个青年如果没有'娈童'，是一种耻辱。"对博览群书的读者而言，这种例证大概没有一一枚举的必要了。因为古代书籍中这类的记载俯拾皆是，读者也许可以联想起数百个。还有，连一些未开化的民族，尤其果尔族人，也非常流行这种恶习。我们再把视线转到亚洲大陆诸国，从上古到现在，亦复如是，虽然程度上有所差别，而且他们亦丝毫未加以隐讳。不提印度和中国人，光就回教诸国，我们便可以发现诗人笔下以"男色"为题材远较"女色"为多。如波斯诗人莎狄《蔷薇园》中《爱情》一卷就是专门描写有关男性性倒错的。在旧约或新约中均载明这种行径应受惩罚，可见犹太人对此一恶习大概也不至无所知悉。最后，再谈到基督教的发源地——欧洲，几世纪以来就一直靠宗教、法律和舆论力量来防止这种行为。中世纪时，任何国家对这种行为均处以极刑，法兰西帝国到 16 世纪，仍明文规定处以火刑，意大利在 19世纪初叶的三十年间，尚毫无通融地处以死刑，目前则是终身放逐。可知为了防止这种恶习，是有必要做如此严厉的处置的。但这些办法虽能奏效一时，事实上却无法根绝。不管任何时代、任何场所、任何国度、任何阶级间，它总戴着最隐秘的面纱暗中进行，往往在你意想不到的地方倏然出现。中世纪以前虽然已有死刑的惩罚，但情况并未改观，我们从该时代的书籍中对于有关男性性倒错的记述或暗示，都可得到证实。

因此，从这种现象的普遍与不易根绝的事实，我们可以证明那是与人类的天性俱来的。荷拉士说得好："天性，即使你带着耙子赶它出去，它也会立即再转回来。"仅仅凭着这点理由，它就可能经常在各角落出现。所以，归根结底，我们绝对无法避免这种事实。我们虽可轻易地把这事实归纳出结论，也可和一般人一样指斥非难这种恶习，但这并不是我处理问题的方法。我与生俱来的天职就是彻底去探求真理、发现真相，找出事实的必然性结论。

当然，这种根本上既违反自然、违反人生目的的学说，本来就足以令人侧目，更别说去探求真相了。但无论如何，我们将勉力一试，求出解答。首先，我们要找出亚里士多德《政治论》第七章十六节其中的几段，作为立论的基础。根据他的见解，认为太过年轻与老迈，均不宜于生育。"因为所生育的子女，不论肉体或精神，大都不健全，不是瘦小，就是羸弱。"亚里士多德将此点定为个人应奉行的准则，对于一般社会则这样进言："为下一代身体的强壮和健全计，结婚年龄不宜太早或过迟，因为这两种情形都不能使他们的子女满足，结果只有生育出虚弱的子女。"所以亚氏建议，凡是54岁以后的人，不论为健康或其他诸种理由，纵使尚有性行为能力，也不能让他们生男育女。下文他虽没叙出具体的实行办法，但在他的意见中曾明白指出，若在这种年龄怀孕时，可以堕胎方法行之，以为善后。

造化无法否认亚氏上述事论的真实性，根据"自然不是飞跃的"原则，所有的生物都是逐渐衰老退化的，它无法使男人的精液分泌骤然停止，然而它所最最惦记的又是种族的纯净，它所关怀的是素质健全良好的个体。但事实上，这期间的生殖大都是生育身体羸弱、愚钝、病魔缠身或早夭的后代，同时，这些后代在将来还会把这些素质传给再下一代。

因此，自然在这种法则和目的之冲突下，往往陷于窘困不堪的境地。正如亚里士多德所说，自然在其本质上，实在不愿采取任何强制性的手段。同样地，人们虽明知迟婚或早婚都有害于生殖，也无法期待他们以理性的冷静思虑来控制自己的情欲，于是，造化最后只有本着"两害相权取其轻"的原则，采取了最后一途，利用它惯用的道具——本能。这种本能，正如我在"性爱的形上学"一文中所说的，不论任何场所，都在指导生殖工作，并能制造出一种奇妙的幻想来。但在目前，只有把人们的情欲引入邪途，才能达成造化的目的。总而言之，造化的心目中只有形而下的东西，根本不知道德为何物。不仅如此，造化和道德甚至根本是背道而驰的东西，它只想尽可能完全保持自己一贯的目的，尤其是种族目的。在肉体方面亦复如此，男人陷于性倒错虽然有害，但两害相权之下，毕竟不严重，于是造化就选择它作为种族恶化的预防剂。

由于造化的顾虑于此，所以男人的性倒错，大抵在亚里士多德所揭示的年龄后，才徐徐滋生，随着生育健壮子女的能力的衰弱，而渐次表现得更明显。这是造物者成竹在胸的安排。但有一点值得注意的是，从产生性倒错倾向到形成恶习为止，其间的距离非常远。古希腊、罗马或亚洲人，因未有防范的措施，易受实例的鼓舞而养成恶习，以致蔓延得相当广泛。反之，欧洲各地，由于宗教、道德、法律、名誉等诸种强力的动机予以摒弃，所以使人连想都觉得有所忌惮。我们不妨作这样的估计，假如有300个人产生这种欲念，因为意志薄弱不堪其忧而见诸实行的愚者，顶多只有一两个而已。因为一般而言，人到了那种年龄，血液已冷却，性欲减退，同时理性亦已臻成熟，一举一动均较谨慎，并能习于忍耐。所以陷于此种恶习者，大抵只是禀性鄙恶的人。

男人一旦形成性倒错倾向，开始对女人感觉冷淡，严重者则由厌生憎。并且，男人的生殖力愈减退，反自然倾向愈具决定性，于是造化便达成了它预防种族恶化的目的。因之，性倒错完全是老人的恶习，传出这种丑闻的，也全是老人。壮年男人倒没有此种现象，这实在是令人难以理解的事。当然，其中不能说没有例外，但那也是某些人生殖力偶然提早颓废的结果。造化为防预恶劣的生殖，所以把他们转移到另一个方向。因此，大城市中少数男色的不幸少年，只有对老人暗送秋波了，青壮年都不是他们的对象。古希腊也许因为实例和习惯，或者不免发生与此原则相悖的例外，但在作家笔下，尤其如柏拉图、亚里士多德之辈的哲学家，都曾明白表示，通常爱好此道的都是老人。关于这点，希腊作家普鲁塔克曾说出几句话，颇值注目："男性性倒错是人生盛年期过后，所产生的灰暗爱情，以之驱逐固有的纯洁爱情。"诸神中有男性爱人的，不是马斯、阿波罗、巴卡斯、梅尔克等，而是年华老大的宙斯、赫拉克里斯。——但是，东方各国因行一夫多妻制度，女性大有不敷分配的现象，所以不得已才发生与此相悖的例外，或与其他女性人比率较少的地区，也有此现象。——其次，未成熟的精液，也与老年人的衰退相同，只有生羸弱、恶劣、不幸的后代。所以，青年朋友间往往也有性倒错的欲望，但因为青年期还能以纯洁、良心、羞耻等加以抵抗，所以，实际养成恶习的，并不多见。

综上所述，可知男人性倒错实是造化为预防危害种族而采取的一种间接手段。本来，生殖力的老衰和未成熟，可以道德上的理由中绝他们的生育，但我们不能作这样的期待，因为自然的营生中，原就不考虑道德问题。因而如若遵循自然法则，结果陷入穷途末路时，"两害相权取其轻"，它就采取应急手段，施出策略把本能导入邪途，虽然手法有点拙劣。总之，因为不幸的生殖，有着使全种族渐趋堕落之虞，造化有鉴于此，乃从最大的目的着眼而作防患未然之计。而且，当他选择手段之际，他是毫不犹豫的。他做事的精神，正如蜜蜂之蜇杀其子。造化之所以容许这两种恶劣的事情发生，无非是为了避免更大的不幸。

我执笔本文的意图，主要在于解答上述的奇异问题，其次是为确证我在"性爱的形上学"中所论的学说：对于造化而言，种族的利害总站在其他一切问题之先，所以，本能可以驾驭性爱，并使之产生幻想，包括本文所述的这种可惜而堕落的性欲在内。

此时造化的处理方法虽然是预防性、消极性的，但仍以种族的目的为最后目的。这种观察，正与我的全体形上学说明脉络一贯，且可获得更明晰的解。总之，这虽是奇妙不可解的事情，然而它正是自然的本质。因此，在这种场合下，最主要的不是对恶习提出道德性的警告，而是理解事物的本质。总之，我们固该排斥"男色"的现象，然而却不该忽略它的形而上学根据在于：求生意志虽对"男色"予以肯定，允许其开拓另一条情欲的补救之道，另一方面则断绝了它的生育机会，不使杂乱的素质进入遗传的因子里。

十四、禁欲的解脱

（一）禁欲的礼赞

当个体化原理的迷惘面纱高举在一个人的眼前时，此人即无"人我"之别，对于别人的痛苦如自己的痛苦一样给予关心，他不但会尽自己的最大力量协助别人，并且，为解救大多数人甚至可以牺牲一己。循此以进，若一个人认识最内在的真正自我，他必然愿意以一身承担生存者以及全世界的痛苦。对他而言，一切灾难痛苦并不是旁人的事，他不会眼睁睁看着他人苦恼而无动于衷，只要他间接得知——不，只要认为别人有苦恼的可能，对他的精神就会产生相同的作用。因为他已洞察个体化原理，所以对一切都有息息相关的感觉，不像被利己心所束缚的人，眼中只有自己的幸与不幸，他能认识全体并把握其本质，他更看穿一切都是不停地流转，人生是苦恼和纷争的连续，人类只是继续着毫无意义的努力。他所看到的只有：苦恼的人类、受痛苦摆布的动物和没落的世界。这一切，是那么切近地逼在他眼前，这种人如何会肯定不断被意志行为所操纵的生存？如何会常被这种生存所束缚、会受它太深的桎梏呢？

被利己心所俘虏的人，只认识个别的事物，只了解它们与自己的关系，而且它们还是出奇翻新的，经常成为欲望的动机。反之，若认识整体的事项及其本质的人，则可为镇静一切欲望开拓一条途径，将意志摆脱，进而达到以自由意志为基础的谛念、谛观和完全无意志的境地。当然，被迷惘之面纱所隐蔽的人，本身或许亦曾遭遇深刻的苦恼，或者曾接触他人的痛苦，而感觉到生存的无意义和痛苦，此时他们也许希望永久而彻底断绝一切欲望，折断欲望的根源，封闭流入痛苦的门扉，使自己纯化、净化。然而尽管他们这样努力，仍然很难避免受偶然和迷惘所诱惑，诸种动机复使意志重新活动。所以，他们永远无法解脱。即使他们是生存在痛苦之中，但偶然和迷惘时利用机会展现各种期待，使你觉得现状并非理想的，享乐和幸福正向你招手，于是他们再度堕入它的圈套中，又戴上新的手铐脚链。所以，耶稣说："富者之进天国难于锚索之穿针孔。"

　　到处都是凉爽的场地，但我们却是生存在必须不停地跳跃疾走的、由灼热的煤炭所合成的圆周线上。被迷惘所惑的人，只要偶尔在眼前或立足之处发现到凉快的地方，便可得到慰藉，于是继续绕着圆周跑下去。但洞察个体化原理、认识物自体本质即认识其整体的人，并不因此而满意，他一眼便看穿全场的形势，因而迅即离开圆周线上，摆脱意志，并否定反映于本身现象中的存在，其最明显的表现就是从修德转移至禁欲，即他已不能满足于"爱别人如爱自己"，"为他人摩顶放踵"的仁心，而是对于戒生意志的现象以及充满苦恼的世界本质产生嫌恶。具体地说，他已停止对物质的需欲，时刻警惕使意志执著于某种事物，在心中确立对任何事都持漠不关心的态度。例如，一个健壮的人，必然通过肉体的生殖器表现性欲。但洞察个体化原理的人则已否定了意志，他谴责自己的肉体、揭穿它的把戏，因此，不论任何情况下都不追求性欲的满足。这是禁欲（或否定求生意志）的第一个步骤。禁欲借此而超越个人的生存，进而否认意志的肯定，他的意志现象遂不再出现，连最微弱的动物性亦皆消失。这正如完全没有光线的话，无明暗之境一般，随着认识的完全消灭，自然而然其他世界会消逝于乌有，盖因既无主观，当无客观之理。

　　写到这里，我想起吠陀经中的一节："正如饥饿的孩子们拥向母亲的怀抱一般，世上的一切存在皆为等待圣者的出现而做牺牲。"这里的牺牲，即一般所谓的断念。德国宗教诗人安格勒·西雷修斯首题名"把一切献给神"的小诗，也是在表示这种思想，诗云：

　　　　人啊！世上的一切都爱着你，

　　　　你的周围人山人海。

　　　　一切迎向你奔去，

　　　　俾能接近神。

　　德国神秘主义者叶克哈特在他的著作中亦有相同的阐述，他说："耶稣说：'当我飞升离开地面时，将吸引万人前来归我。'《约翰福音》第十二章三十二节，耶稣与我俱可确证它的真实性。故说，善良的人可把一切东西的本来面目带到神的身边。一个物质对于另一者必有它的用途，例如，草之于牛、水之于鱼、天空之于鸟、森林之于动物，皆各有其用，由此事实显示，所有被造物都是为人类而造的，进而可说，被造物是为善良的人而创造，他将把其他被遗物带到神的身边。"叶克哈待言下之意好像在说，即使动物亦可得救。同时，这一段话可为圣经较难解的地方作诠释。

（二）禁欲的进阶

一个人虽能达到禁欲的境地，但他毕竟具备精力充沛的肉体，既有具体化的意志现象，就难免经常感到有被牵引进某种欲望的蠢动。因此，为避免使欲望的满足或生存的快适再度煽动意志，挑起自我意识的嫌恶和抗拒，他便须不断虐待意志，使禁欲不屈偶然发生的事，其本身即为一种目的。此时，他对自己想做的事，决不去沾手；反之，对于非己所愿之事——即使除虐待意志外实际毫无目的的事，也强迫自己去完成，因此，从意识压抑自己的欲望，进而，为了否定本身现象的意志，纵使别人否定他的意志——即加诸他的不正常举动，也不加抵抗。不管是出于偶然或出于恶意，凡是从外界所降临于他身上的痛苦，一律表示欢迎；既已不肯定意志，不管是侮辱、羞辱或危害，均欢迎它们加盟意志现象的敌对阵容，认为是绝佳的磨砺机会而欣然承受。他由这些痛苦和耻辱，而培养成忍人所不能忍的耐心和柔和的态度，从此情欲的火焰不再在体内燃烧，怒火也无法点燃，完全以不修饰外表的善来消灭恶。进一步又以同样的手法虐待意志客观化的肉体，因为肉体是意志表现的一面镜子，通常身体健壮必会促使意志产生新活动，使它更形象化，所以，他们不供给身体太多的营养，只是不断地痛苦，逐渐挫其锐气，甚至以绝食和苦行的方法，使意志趋于死灭。他们很了解意志是使自己和世界痛苦的根源，因而对它憎恶，最后终于消除意志现象，不久死亡亦随之来临。因为他们原已否定了自身，要除去支撑住身体的最后一点残留物并非难事，所以禁欲者完全欢迎并欣然接受死亡的降临。但同一般人有所差异的是，不仅他们的现象与死亡同时告终，其本质也告消除。这种本质通过现象好不容易才得以保持的虚幻存在，最后终于脱离那脆弱的联系，与死者同时消失于世上。

（三）圣者们

一般的世界史，对于最能阐明我们的观点——否定意志的代表性人物的生涯，持沉默的态度，因为世界史的题材，性质完全与此不同——不，应该说完全对立。综观其内容，不外在于说明无数个体的求生意志现象，并加以肯定。这些留名青史的人物，不管是以心机权术而取得优势，或利用群众施展其暴力，还是命运人格化的"偶然"发挥所致，但在我们眼前展现的却是，任何的努力终归枉然，结局仍是一场空。所以，作为一个哲学家，不必徒然追求在时间中流逝的诸现象，而应努力于探究诸种行为的道德意义，从这里才能获得衡量重大事项的唯一尺度。我们也不必顾忌平凡庸俗的大多数人的意见，而应勇敢地昭告世人：世上最伟大、最重要而且意义最深的现象，并非"世界的征服者"，而是"世界的克服者"。唯有他们，才能放弃那充满整个世界、无时无刻蠢蠢欲动的求生意志，学会否定的认识，平静地度其一生；唯有世界的克服者，始能表现其意志的自由，因而他们的言语行动才显得与世俗格格不入。基于上述几点，所以一般记载圣者们的生活记录，虽然写得很拙劣，其中还掺杂着迷信或荒诞不经的故事，但对一个哲学家而言，这些素材实有其深刻的意味，它远比希腊作家普鲁塔克、里维斯等史家，能告诉我们更多且更重要的事情。

（四）基督教的道德观

在欧洲，与人们最贴近的当推基督教，众所周知，它的道德观即是从最高度的人类爱，引导向禁欲。禁欲，在使徒们所写的文字里开始萌芽，到后来更有完全的发展和明确的显现。使徒们告诉人们，要爱怜人如爱自己，要以爱和善行回报憎，要忍耐、温和，对一切侮辱都无抵抗地忍受；为压制情欲，要人们只摄取一点营养，如此才能完全抵抗情欲。这几点就是意志的否定和禁欲的最初阶段。在福音书中，自我的否定即可称为接受了十字架（参阅《马太福音》第十六、二十四、二十五章，《马可福音》第八、三十四、三十五章及《路加福音》第九、十四、二十三、二十四、二十六、二十七章）。

循此方向逐渐发展，而产生"赎罪者""隐者""僧团"等诸名称。以他们本身言之，那确是神圣、纯粹的，但对大多数人而言，却极不适当，所以也就难免朝伪善和令人憎恶的一面发展。因为最佳的立意如被滥用，那就要成为最恶的事情了。当基督教达到最盛期时，上述禁欲的萌芽，在诸圣者和神秘家们的著作中，开满灿烂的花朵，他们主张以最纯粹的爱心及自由意志的完全禁欲，来消灭自己的意志，而获得真正的平静，进而忘却自我、沉潜于神的直观中。基督教的这种精神，尤在叶克哈特的著作《德国的神学》中表现得最为完整和强烈，路德曾为这本书写过一篇前言，他说，有关神、基督和人的事情，除《圣经》和《圣·奥古斯都》之外，这本书使他获益最多。这里所写的规则或教条，完全是以内在最深处的信念为基础，而诠释求生意志的否定表现。此外，托勒所撰《学习基督的清贫生活》及《心灵深处》两书，一般评价虽较前者略差一筹，也是颇值玩味的卓越著作。——依我看来，这些基督教神秘家与《新约》、《圣经》的教条，其间的关系就如同酒精与葡萄酒一般，或者说，新约是隔物视物，而神秘派的著作则是毫无遮蔽，可以看得一清二楚。更可说一者是直接灵感，另一者是间接灵感，一为大神秘，另一为小神秘的差别而已。

（五）印度人的道德观

虽然我们对印度文献的涉猎很有限，所得的知识并不完整，但就现在我们所能了解的是，印度人的道德观在吠陀经、圣诗、神话、格言、生活规范及诸诗人的作品和圣者传记中，均有极明显的表现，并且显出它的多样性。他们的道德观告诉人们要遵守的信条是：完全否定对自己的爱，而去爱你的邻人。不仅是对人，还要爱所有的生物；要尽自己的所有去帮助别人；要以无限的忍耐心对待加害于你的人；不论处在任何残酷的境遇下，都要以善和爱还报于恶；要以自由意志为基础，欣然接受和忍受一切耻辱，以及禁杀生、戒荤食等。此外，若想迈向真正圣者的境域，还须坚守童贞、抛弃一切肉欲；为便于沉思默想，须抛弃财产、与家属隔离、居住于与世隔绝的环境中；然后根据自由意志，逐渐加于自己痛苦、虐待意志。最后而有绝食、献身鳄鱼、活埋自己、从喜马拉雅山神岩纵身跳下、被战神像的车子辗压等方法，等待自由意志的死亡。这些宗教习俗的起源，至少可追溯到4000多年前。时至今日，虽然在某些种族已有相当的变质，但仍可看到他们实施某种极端的形式时，依然保有其旧貌。

虽然付出这等残酷的牺牲，但这种风俗却能在几百万人的民族间行之数千年，可见并非一时兴起糊里糊涂做出来的，其根源必在于人类的本性。总之，当我们阅读基督教与印度教的圣者或赎罪者的传记时，便能发觉两者竟有惊人的一致。尽管他们的教义、风俗或环境都有根本的差异，然而两者的努力方向和内在生活却完全相同，两者所接受的规则亦相类似。他们所以宁愿放弃世俗的满足，而从追求完全的清贫中获得一种慰藉，显然他们很了解，通常意志必须不断注入新的营养，并且勘破那些东西至终必将破灭。此外，佛教规则亦劝修行者不应有住家财产之累，甚至为避免使修行者对树产生感情或喜爱，还要他们不可长时间栖息于同一棵树下。吠陀多教派更主张：对达到完成境界者而言，外在活动与宗教行为是属于多余的。这也和基督教神秘派的见解不谋而合。总之，虽然时代不同、民族互异，却有那么多的共同点，这绝不是如一般乐观主义者所认为的于思想的扭曲所产生，而是那甚少形诸表面的人类最优异的本质性格所表现出的。

（六）心灵的喜悦境界

欲望愈烈、贪求心愈难以满足的人，他所感到的痛苦也就更多更深，因为欲望经常附在他身上不断地啃噬他，使他的心灵充满苦恼，如此积久成习后，一旦欲望的对象全部消失，他几乎便以看别人的痛苦为乐了。反之，一个彻底否定求生意志的人，从外表看起来，他的确是贫穷、一无所有、既无欢乐亦无生趣的人，但其心灵则是一片清澄，充满宁静和喜悦。他们不会被不安的生存冲动或欢天喜地的事情所驱策，因为这些都是强烈痛苦的先导；他们不贪图生之快乐，因为，喜悦过后往往接续苦恼的状态。他们所达到的这种心灵真正的明朗及平静，决不会被任何人所干扰妨碍。对于这种境界，我们内心的善良精神，将立刻可以发现那是比一切成就更卓越的东西，而毅然叫出："勇敢地迈向贤者吧！"当我们亲眼看到或脑中浮现这种境界时，必不由得兴起无限的憧憬，并进一步使我们深切感到，浮世欲望的满足，正如抛给乞丐的施舍，维持他活到今天，却也延长了他的苦难到明日。反之，禁欲则是世袭的领地，领主永远不必为这些事情忧虑。

（七）圣人的心灵挣扎

肉体既是意志的客体化形式或具象化的意志，所以只要肉体生存着，即有求生意志的存在，它时时燃起熊熊的烈火，努力地在现代中显露它的姿态。因此，圣者们那种平静愉悦的生活，乃是不断克服意志而产生的成果。所以我们不难想象出来，在外结成这种果实的土壤里，必须不断地与求生意志战斗，因为世上任谁也不可能获得永恒的平静。因为，一本描写圣者内在生活的历史，也就是他们心灵挣扎和获得恩宠的过程史。这里所谓的恩宠即指使一切冲动失其效力而赋予其深刻安宁、以打开通向自由之门的认识方法。我们可以看出，一旦达到否定意志的人，他必须倾其全力保持这种成果，以各种方式削弱经常蠢蠢欲动的意志力，或寄托于禁欲，或为赎罪而度严苛的生活，甚而刻意追求不愉快的事情。他们既知解脱的价值，所以时时刻刻警惕，以保持这一份得来不易的宁静，即使稍尝没有罪恶的快乐，或者虚荣心略微蠢动，亦感良心的严厉谴责。因此，最后连这人类欲望中活动最激烈、最难以消减、也是最愚蠢的欲求——虚荣心，也告消失。我们可以说，狭义的禁欲，就是为虐待意志而不断地寻求不愉快的事情，为折磨自己而拒绝快乐，甘愿过着受罪的生活，也就是故意地破坏意志。

（八）痛苦的解脱

除为保持否定意志的成果，而实行禁欲之外，另有一条途径也可达到意志的否定，那就是默认命运所决定的痛苦。并且一般非属前者那种认识的痛苦，而是因自己切身的体验，有时是因接近死亡而进入完全断念的境地。大多数人都循着这种途径达到意志的否定，因为毕竟只有少数人才能洞察个体化原理，这些人仅须通过认识，学会毫无瑕疵的善，对任何人均怀着爱心，把世界的痛苦当作自己的痛苦，从而达到对意志的否定。然而，有的虽已接近这种境界，却大都处于生活舒适的状态，此时，如若受到别人赞扬，一时兴起，又会怀着某种希望，企图求得意志的满足。一言以蔽之，快乐经常成为意志否定的障碍，再度诱惑他走向意志的肯定。因此，一切诱惑都是恶魔的化身。所以，一般人在自己品尝无比的痛苦之前，在意志否定自己之前，必须先毁坏意志，由渐而近地经过各种痛苦的阶段。在一番激烈抗争之余，当濒临绝望之际，倏然返回自我的人，即可认清自己和世界，进而改变自己的所有本质，超越自身和一切的痛苦，进入无比崇高、平静、幸福的境域。他可以欣然抛弃过去以最大激动去追求的东西，也可以安详地接受死亡。这种境界，是从痛苦的火焰突然爆出意志否定的火花，此即前之解脱。即使一个禀性恶劣的人，有时也可从某种残酷的教训，而致于这种净化的境地。他们就像突然间改头换面一般，完全变成另外一个人，因而，他对于从前自己所犯的种种恶行，也不会使良心陷于不安，却乐意以死来赎回过去的罪孽，因为此时他们已把意志现象视为面目可憎的东西，而以欣慰的眼光看它的末日。——就我所知，最能表现因巨大不幸而得到解救、从绝望中而带来意志的否定之诗歌，当推歌德的心血结晶《浮士德》中有关格烈特汉的苦难遭遇。这个故事说明，一个人不仅可从自由意志的探求而认识世界的痛苦，也会从自己切身的过度痛苦经验而获得解脱。的确，这位被己欲所驱策的主角，最后终于达到完全勘破的境界。

十五、女性的智慧

席勒的"女人的品位"一诗，韵律和谐、对仗工整，颇能动人心弦，是一篇很成熟的作品。但依我个人的看法，赞美女人最中肯、最得当的，当是法国作家朱伊所写的几句话。他说："如果没有女人，在我们生命的起点将失去扶持的力量，在中年失去欢乐，在老年失去安慰。"拜伦在他的剧作《萨丹那帕露斯》也曾有几句感伤的道白："在人类呱呱坠地之始，就必须靠女人的乳房始能赖以生长；婴儿的牙牙学语也是出自女人的口中所传授；我们最初的眼泪是女人给我们温柔的抚慰；我们最后的一口气也大都是在女人的身旁吐出来，在一般男人犹疑不前时，她们出来为曾指挥自己的男人做临终的守护。"

以上两者的话语，都颇能真切、具体、传神地道出女人的价值所在。

因为只需从女人的体态来看，便可知道女人天生就不适于从事精神或肉体上的重大工作，她们在行动上无法承当"人生的债务"，所以，造物者老特别安排一些受苦难的事情加在女人身上，以求补偿，诸如分娩的痛苦、对子女的照顾、对于丈夫的服从等——通常女人对丈夫总具有高度忍耐力，且能给予慰藉。——女人很少表现强烈的悲哀、欢喜等情绪，所以她们的生活在本质上来说，无所谓比男人幸福或不幸，她们只是冀求恬静、平稳地度其一生。

女人最适于担任养育婴儿及教育孩童的工作，为什么呢？因为女人本身就像个小孩，既愚蠢又浅见——一言以蔽之，她们的思想是介于男性成人和小孩之间。一个少女能够一年到头成天和小孩儿一起唱歌、跳舞、嬉戏，打发岁月。如果换成男人，即使他能耐下心来做这种事，但请大家试想看看，其结果将是如何？

造物者似乎把戏剧中所谓的"惊人效果"应用在年轻女孩身上。造化给她们的财富只是短短几年的美丽，赐予她们暂时的丰满和魅力——甚至透支她们此后所有的姿色。所以在这短暂的几年间，她们可以虏获男人的爱情，叫男人承诺对她们的照顾——一直到死为止。因为欲使男人动心以至承诺，光凭理性的成熟还不能确保有效。是以上苍创造女人也和创造万物一般，采用经济的手段，只是在生存必需时才赋予她（它）们信用的武器或器械。雌蚁在交尾之后，便失去翅翼，因为翅膀已成了多余，并且对于产卵和抚养还是一种危险；同样地，在生下几个小孩之后，一个女人通常也失去了美丽和娇艳。

在年轻小姐们的心意中，对于家务及其他，只是次要的工作，甚至当作游戏看待。她们唯一所思虑的，不外乎是如何恋爱、如何捕获男人，以及与此有关的事情，如化妆、跳舞等。

宇宙中的万事万物，越是优秀，越是高等，他们达到成熟的时间就来得越迟。男人在28岁以前，理智和精神能力成熟的并不多见，女子却在十八九岁便届成熟期。虽称"成熟"，她们在理性方面仍是十分薄弱，所以，女人终其一生也只能像个小孩，她们往往只看到眼前的事情，执著于现实，其思维仅及于皮相不能深入，不重视大问题，只喜欢那些鸡毛蒜皮的小事。

人，不同于一般动物只生存在"现在"，人类有理性，靠着它，由检讨过去而瞻顾未来。人类之有远见、悬念及忧闷等，都是因理性而发。因为女人的理性非常薄弱，由理性所带来的利与弊，也远较男性为少。不，毋宁说女人是精神上的近视者更为确当，她们直觉的理解力，对周身的事物，观察力非常敏锐，但远距离的东西则无法入目，所以，凡是在她们的视界所不存在的，不管是有关过去的也好，有关未来的也好，她们都漠不关心，无动于衷。固然男人也有这种现象，但总不如女性来得普遍，而且她们厉害的程度，有的几近疯狂。女人的浪费癖就是因为这种心理，在她们的观念中，认为赚钱是男人的本分，而尽可能花完它（在丈夫逝前或去世后）是她们应尽的义务。尤其是，丈夫为了家庭生计把薪俸转交她们后，她们更增强了这种信念。——上述的做法和信念，当然有许多弊端，但也有一些优点，因为女人是生活于现实，所以她们很了解及时行乐的道理，女人眼看着整日辛劳的丈夫，心里难免有所不忍，所以为了调剂丈夫的身心，在必要的场合会设法给丈夫种种慰藉，以增加生活的情趣。

古日耳曼人的风俗，每当男人遭遇困难之际，往往移樽就教于妇女，此事实无可非议。是什么原因？因为女人对于事物的理解方法和男人截然不同，最显著之点是，她们的眼中只有近的事物，做起事来总是选择达到目的的最便捷的路径。而男人，对于眼前的事物，起先是毫不在意地一眼晃过去，但思前想后，绕了几个圈子，最后的结论，重点仍在眼前的事物上。加之，大抵说来，女人较冷静、不犹豫，对于事物的见解，只就存在的事实，头绪单纯，不会打那些纷然杂陈的思想所混乱。而男人则不然，一激动起来，往往把存在的事物加以想象或扩大，结果不是小事变大就是钻进牛角尖。

女人比男人更具怜悯之心，因此，对于那些不幸的人，容易表现出仁爱和同情的言行。但由于现实的心理，关于正义感、诚实、正直等德性，却比男人为劣。这是因为女人理性薄弱，所以只有现实、具体、直接的东西能在她们身上发生力量，对于与之相反的抽象的思想、坚定的决心以及那些有关过去、未来或远隔的事事物物，女人根本无暇去顾及，也不愿去想它。所以，她们先天上虽具那些德性，却无法发挥展开，在这方面来说，女人可以和有肝脏而缺胆囊的生物相比拟（参阅叔本华著《道德基础论》第十七节）。同时，我们可以发现女人的根本和最大的缺陷——不正经。这个缺陷也是由理性欠成熟产生而来，女人是弱者，没有雄浑的力量，造物者就赋予她们一种法宝——"狡诈"以便其赖以生存。她们先天上就有谲诈、虚伪的本能，这是上苍的巧妙安排，此正如狮子有锐爪和利齿、象有牙、牛有角及乌贼有墨汁一样，造物者使男人具有强壮的体魄和理性，对女人也赋予防卫武装的力量——佯装的力量。虚伪和佯装可以说是女人的天性，即使是贤女和愚妇也没有太大的差别。所以她们便尽量利用机会，运用这种力量，这也和上述动物受到攻击时使用它的武器一般，是天经地义、顺理成章的事。在某种程度内，她们觉得如同在行使自己的权利一般。所以，绝对诚实、丝毫不虚伪的女人几乎难得一见。正因为如此，女人对于他人的虚假极容易发觉出来，因此，我们还是不要以虚伪对待女人才是上策。因为女人有这个根本缺陷，因之虚伪不贞、背信、忘恩等毛病随之而来，法庭上的"伪证"，女人就远比男性为多。所以，女人的证言是否适宜于采信，实颇值得商榷。——我们不是经常听到一些故事如丰衣足食的贵妇人，在店铺中竟顺手牵羊地干起三只手的行径吗？

为了人类的繁殖，为了预防种族的退化，年轻、强壮、俊美的男性，被造物者呼之而出。这是牢不可破的自然意志，它表现在女人的激

161

情上。自古以来，这种法则始终凌驾其他一切的法则，所以，男人的权利和利益若和它相抵触，势必遭殃，在那"一见钟情"的一刹那，他的权利利益就要支离破碎。因为女人在她们秘密的、潜意识的、不形之于外的、与生俱有的道德中，就告诉她们："我们女人对于只为个体图利、妄图占种族权利的男人有欺骗的权利。种族的构成和幸福，系于我们所生的下一代，全赖我们女人养育和照顾。我们本着良心去尽我们的义务吧！"女人对这最高原则，不只是抽象的意识，还潜藏表现具体事实的意识，所以机会来临时，除以行为表现外，再也没有任何方法了。当她们这样做时，其内心比我们所推想的还要平静，因为在她们内心深处，已意识到种族的权利实远比个体为大，也更该为种族尽义务，虽然个体的义务受到损害（请参照"性爱的形上学"）。

总之，女人只是为种族的繁殖而生存，她们的天职也只有这一点而已，所以，她们情愿为种族而牺牲个体，她们的思维也偏重于种族方面的事情。同时，也因此而在她们的性情和行为上，赋予某种轻佻的色彩，授予和男人完全不同的倾向。这在结婚生活中经常可发现到，不，几乎通常所说的夫妇不谐和，就是肇因于此。

男人和男人间可以漫不经心地相处着，女人则似乎生来就彼此互相敌视，商场中所谓"同行相嫉"的心理。在男人来说，只是在某种特殊的情形下才会发生嫌隙，而女人则有一种独霸市场的心理，她们所憎恶的对象包括所有的同性女人，连在路上相遇，也好像党徒碰到党徒一样，彼此怒目相向（前者是意大利中世纪皇帝的反对党，帮助法王，后者立场则相异，彼此积恨甚深）。对于初见面的朋友，女人显然要比男人表现出更多的矫揉造作，所以，那时她们间的客套话和奉承话，听起来就比男人们的要滑稽多了。还有，男人们当着晚辈或下属面前，尚能保持若干的客套和人情味交谈；而高贵的妇女和身份较低贱的女人谈话，态度大抵都很倨傲（不是她们的婢仆亦复如此），大有不屑与之一谈的神气。这大概是由于女人在阶级上远较男人不固定、变化较快、也容易消失之故。此外，男人所思虑的范围大，杂事也多，而女人则只有一桩事情——如何虏获男人的心，对其他的事都认为是无足轻重，毫不介意。还有，因为她们的"工作"性质非常接近，所以在同性间希冀以阶级来区别，借以炫耀自己身份的高贵。

唯有理性被性欲所蒙蔽的男人，才会以"美丽的天使"——这个名赠给那矮小、窄肩、肥臀、短腿的女人，因为女性的美实际上只存于男人的性欲冲动之中。她们实是毫无审美观念的，不论是对于音乐、诗歌或是美术，她们都没有任何真实的感受。也许她们会显出一份认真鉴赏、十分内行的神态，那也不过是为了迎合他人做做样子罢了。总之，女人对上述事情，不可能以纯粹的客观性介入。依我个人的见解，其来由是这样的：男人对任何事物都是凭理性或智慧，努力去理解它们或亲自去征服它们，而女人不论处于何时何地，都是通过丈夫的关系，间接支配一切，所以她们具有一种支配丈夫的力量。她们天生就有一种根深蒂固的观念——一切得以丈夫为主。女人表现出关心他事的态度，实际都只是伪装，是达到目的的迂回战术，其实不过是模仿或媚态而已。卢梭在写给法国哲学家达兰倍尔的信中曾说道："一般女人对任何艺术都没有真正的热爱，也没有真正的理解，同时她们对艺术也没有一点天才。"此语确实不差。如在音乐会或歌剧等场合，我们且仔细观察妇女们的"欣赏"态度，即使是对于最伟大的杰作，即使是演唱到最精彩的时候，她们仍然像小孩子似的，喊喊喳喳的，不知讨论些什么名堂。听说古希腊人曾有禁止妇女观剧之规定，此举果是属实，那倒是千该万该的，最少可让我们在剧院中不致受到打扰，能够多听出一点什么。我们现在很有必要在"妇女在教会中宜静肃"（《哥林多前书》十六节之二十四）的条规之后再附加一条，以大字书写于布幕上："妇女在剧院中宜静肃。"

　　我们不能对女人期望太多，就以美术来说吧，在绘画的技法上，男女同样适合，但有史以夹，即使最卓越的女人也从未在美术方面产生任何一件真正伟大或富独创性的成就，在其他方面，也从未给世界留下任何具有永恒价值的贡献。女人们看来对绘画是那么热衷，为什么却不能产生杰作呢？"精神的客观化"是绘画的一大要素，而女性事事陷入主观，由于这个缺陷，所以一般妇女对绘画都没有真实的感受性，连这基本条件都欠缺，自然不会有多大的成就。300年前的哈尔德在他的名著《对于科学的头脑试验》一书中，就曾下过这样的断言："女人缺少任何高等的能力。"除了少数的例外之外，这是不容否认的事实。大体看来，女人实是平凡俗气得很，她们一辈子都不能摆脱俗不可耐的环境和生涯，妻子与丈夫共有身份和称号是极不合理的社会组织。如让她们指挥调配，由于女人的虚荣心，不断地给予男人刺激，这是酿成近代社会腐败的一大原因。妇女在社会中究竟应站在何种地位最为确当？拿破仑一世曾说"女人无阶级"，我们不妨以此为准则。其他像马德里作家夏佛茨倍利的见解也很正确。他说："女人虽是为了男性的弱点和愚蠢而产生，但和男人的理性全无关系。男女之间，只有表面的同感，实则在精神、感情、性格诸方面绝少有同感。"不论从任何方面来看，女人永远是劣于男人的"第二性"，所以，我们对女性的弱点只有睁一闭一眼地装糊涂，无须太认真；但对她们太过尊敬，也未免显得可笑，在她们眼中看来，我们是在自贬身价。混沌初开，人类划分为二之时，就不是真正的"等分"，只是区别为"积极"和"消极"而已。——希腊罗马人及东方民族，他们对女人的认识就比我们正确得多，他们给予妇女的地位，也远比我们恰当。女性崇拜主义是基督教和日耳曼民族丰富感情的产物；它也是把感情、本能与意志高举在理智之上的浪漫主义运动的起因，这种愚不可及的女性崇拜，往往使人联想起印度教"圣城"贝那拉斯的神猿，这只猴子当它知道自己被视为神圣而挂上"禁止杀伤"的招牌时，它便为所欲为地横行起来。女人的横行与任性似乎尤有过之。

西方诸国所给予女性的地位——尤其所谓"淑女"，实是大错特错。自古以来都被称为第二性的女人，绝不是我们所应尊敬和崇拜的对象，更不应该和男性享受同样的权利，或享有特权。否则，则必发生不可收拾的后果。我们指定给予妇女相当的地位，不但会引起亚洲人民的笑话，古希腊罗马人若泉下有知，也必会嗤笑我们的不智，但愿"淑女"一词从此变成陈迹。若如此，我相信不论在社会或政治上，都将会带来无法数计的利益。

由于"淑女"的存在，使得欧洲绝大部分的女性（身份较低的女人），比东方女人的遭遇更为不幸。此类"淑女"完全没有存在的价值。当然主妇及那些将成为主妇的少女，仍是非需要她们不可，对于后者，我们要好好地教育她们，使她们不再骄傲自大，而变成具有服从的美德和能够适应家族生活。

拜伦说："古希腊的妇女生活状态，实是一面很好的借镜。男人能够充足地供给她们衣食，使她们不致抛头露面地到社会去谋生，且能专心一意地照顾家庭。她们都得接受充分的宗教教育，诗与政治理论等书籍，不读也无关紧要，只需阅读有关'敬神'及'烹调'的书籍即可。休暇时，或绘画，或跳舞，或抚琴唱歌，偶尔弄些园艺或下田耕作。伊比鲁斯的妇女可以修筑出一条非常漂亮的道路来，我们现在的女人有什么理由不做那些砍枯草、挤牛奶之类的轻便工作？"

　　欧洲的结婚法认为妇女应与男人取得同等的地位，这种措施出发点就错了。欧洲人一夫一妻的制度，无异减少一半男人的权利，而增加他们一倍的义务。严格地说，若法律给予女人和男人相等的权利，便也应该赋予她们和男人相同的理性。法律违反大自然的原则，对女人愈是尊敬，赋予的权利愈多，相对地，所能享受到这些特权的妇女人数就愈为减少，剥夺了多数妇女的自然权利。为什么会造成这种现象呢？因为一夫一妻的制度和与之而来的结婚法是以男女平等为基础，而给妇女带来反自然的地位和方便，男人结婚后势必要做出很大的牺牲，因此，一些聪明而深思熟虑的男人，面对结婚，往往感到犹疑和踌躇，而迟疑不前。如是，能够结婚的妇女人数大为减少，社会上就产生大量失去扶助的怨女。这些女人，如果出身名门或上流社会，就成为养尊处优的老处女；下层阶级的女人则只有找些粗重的工作赖以维生，等而下之者，则流入花街柳巷，过着卖笑的生涯。后者说来虽是从事着很不光彩、不体面的职业，但从世态的某一方面来说，她们是满足男性不可或缺的阶层，同时她们对于那些已经拥有丈夫——期待嫁人的幸运女人，也有一种特殊的保护作用——避免受到男人的诱惑或摧残。目前在伦敦的卖春妇估计约达八万人，这些女人不正是一夫一妻制度下最不幸的牺牲者吗？她们不正是一夫一妻主义祭坛的供品吗？这些陷于不幸境遇的女人，和欧洲矫饰傲慢的"淑女"正成了鲜明强烈的对比。所以，为全体女性着想，一夫多妻制度，对于彼等反而比较有利。退一步说，假如妻子罹患慢性疾病，或不幸竟不能怀孕……这种情形下，我们有什么理由不同意丈夫娶妾？摩门教之所以能赢得众多信徒的皈依，就是因撤废反自然的一夫一妻制而获得大众的共鸣。况且，把不自然的权利赋予女人，因而也让她们担上不自然的义务，肩负此义务反而会使妇女带来不幸。因为许多男人对于财产或阶级常有所顾虑，若没有附带相当的条件，不足以怂恿男人结婚，因此，他们希望在保证妻子及儿女的条件下，得到其他的女人。在男人来说，这是正

十五、女性的智慧

当合理的，但毕竟结婚制度是构成市民社会的基础，若女人同意那些条件，放弃由结婚所得来的权利，因传统观念的作祟，难免丧失若干名誉，甚至因而过着悲惨的生活。反之，女人若不同意这些条件，那么，她们只好和自己所嫌弃的男子结合，不然，就只有冒险当一辈子老处女了。——因为女人结婚的适龄期非常短暂。

有关一夫一妻制的问题，德国启蒙运动之先驱汤玛秀斯的一篇"蓄妾论"，颇有一读的价值。他说，蓄妾的办法在所有文明国家中都存在着。在马丁·路德的宗教革命前，一直都为时代所默许，甚至在某种程度内连法律也予以承认。它并没什么不名誉，此制度之所以突然销声匿迹，纯因路德的宗教革命。但此剥皮的撤废，却是承认僧侣结婚的前奏。旧教方面也亦步亦趋，不落人后。

关于一夫多妻制的是是非非，我们没有多加议论的必要，这是到处都存在的事实，问题只是应该如何加以调整而已。到底哪里有真正实行一夫一妻制的？男人中的大部分——虽是暂时性的，但却是经常的——不是都过着一夫多妻的生活吗？可见所有的男人都需要好几个女人，所以，照顾多数的女性是男人的自由，甚至可说是男人的义务，这是再正当不过的事情。如此这般，应该把女人拉回到她们自然而正当的立脚地，回复从属的地位。欧洲文明和基督教、日耳曼的愚劣产物，滑稽的要求被尊敬和被崇拜的所谓"淑女"，如能从这世界销声匿迹，而只有真正的"女人"存在，我相信今日欧洲中其生活充满不幸的女人，必将完全绝迹。

在印度，不论任何女人，都不是独立的，由《摩努法典》第五章第一四八节来看，女人也是居于"在家从父，出嫁从夫，夫死从子"的地位。寡妇殉夫自焚，这风俗当然未免太残酷不人道，但丈夫为了子女，以职业自慰，一生中千辛万苦所挣得的产业，死后却被其寡妇和该情夫共同荡尽，这岂非也太残忍？"中庸之道，才是幸福的。"——不论人或动物，原始的母爱，纯粹是本能，因而子女肉体上的援助若不需要时，此爱情就消失了，此后，所表现的是以习惯和理性做基础的母爱，取代那原始的本能，但这样的爱，往往不再出现，尤其是在母亲不爱她丈夫的时候。父子之间的爱情，则大异其趣，其具有持续耐久的性质，这是因为子女是父亲自我的再认，具有形而上学的根源。

地球上几乎所有的新旧民族，财产都只是传给男孩，只有欧罗巴是唯一例外（但贵族又自不同）。丈夫长期辛勤劳苦所获得的财产，一旦落入女人之手，由于她们的无知，在极短时间，便被浪费殆尽，这虽是极不体面的事，但却屡见不鲜。这一点，应该从限制妇女的财产继承权着手，来预为防范。依我所见，女人，不论寡妇或闺女，不能赋予她们土地或资本的继承权利，只能够继承相当于所有资产的利息。这才是最好的制度，但这也是在完全没有男性继承者的情形下才行此办法。取得财产的是男人，不是女子，因此，女人绝对没有"占有财产"和"管理财产"的资格。女人所获得的财产，如资本、土地、房子等，不能让她们自由处置，应设个"财产监护人"。而且，女人不论在任何情况下，都没有理由、资格当子女的"财产监护人"。有的场合女人的虚荣心也许不比男子大，但她们全都是倾向于物质方面，如美容、浮华、炫耀、虚饰等。所以，社交界成了她们最喜欢参与的天地，这也是由于她们理性的薄弱，而使之倾向于浪费。古希腊人说得好："大体来说，女人生来就是浪费的。"男人的虚荣心适得其反，大都属于非物质的理解力、博学、勇气等方面，亚里士多德在其《政治论》第二卷第九章中，曾就上述诸事详加讨论，他说，斯巴达妇女因为具有"遗产"及"陪嫁金"的承继权利，及其他太多的自由，唯其被允许的范围太过广泛，因此，给斯巴达带来了很大的不利，也因而促使了斯巴达的没落。从较近的事实来看，法国自路易十三以来，妇女势力的渐次增大，对于宫廷和政府的逐渐腐败糜烂，不是应负很大的责任吗？由宫廷中女人的奢靡浪费带来政府的贪污腐败，由此腐败而引起法国的第一次革命，由第一次革命而导致以后所有的革命。总之，这些都是欧洲"淑女"制度后果最鲜明的佐证。女人地位的错置是社会状态的根本缺陷，以此缺陷为中心，而波及其他所有的部分。

女人具有服从的天性，在这里我可再提出另一个佐证：年轻的女性一向是逍遥自在、独立不羁的（这是女人的自然地位），但没多久，她们就要找个指挥统御自己的男士结合了，这就是女人所求的支配者。当她们年轻的时候，支配者是爱人、丈夫，年华老大时，则是听取忏悔的僧侣。

十六、生存与理念

各种阶段的存在理念，虽然都是求生意志的客观化，但对于囿于"时间"形式的个体而言，他所认识的却不是"个体"，而是结合生殖关系而产生的"种族"。因此在某种意义上，"种族"可以说是超出"时间"洪流的理念，也是一切存在的本质；通过它，我们才能认识个体，也才能谈论存在。

然而由于"种族"本身只是一个抽象存在，它必须在个体中赋形才能存在，因此，意志也只有在个体中才能存在。不过尽管如此，意志的本质经过客观化后，所表现出来的仍是根深蒂固的种族意识，所有个体追求的急切要事，诸如性爱关系、生男育女及其教育问题，乃至个体的安身立命等，无不与种族发生密切关联。为此，动物才有交尾欲（其欲望的强烈，在德国生理学家布尔达哈所著《生理学》书中第一卷247～257页，有详细入微的叙述）。人类为了性欲的满足，才先有对异性的深刻观察，或者为了选择终身伴侣而神思恍惚，从而产生缠绵悱恻如痴如狂的恋爱。最后，再演变成双亲对子孙的过度爱情。

从内在（即心理）而言，意志犹如树木的根干，智慧是它的枝丫；就外观（即生理）而言，生殖器则如树干，头脑是其枝丫。当然，供给养分时并非通过生殖器，而是肠的绒毛，但因个体有了生殖器，才能和它的根源——种族相联系。所以说前者才可算是根干。总之，若从形而下言之，个体是种族所产生出来的东西；若就形而上言之，则是种族在时间的形式中，所表现出的不太完全的模像。以下我将谈谈与上述有密切关系的若干问题。脑髓和生殖器的最大活力期和衰老期是相互关联的，其发生的时间相去无几。性欲可视之为树木（种族）的内在冲动，它使个体的生命萌芽，此犹如树木供给树叶养分，同时树叶也助长了树木的壮大一般。正由于如此，所以这种冲动力非常强烈，而且是从人类的本性深处涌出来的。若割掉一个人的生殖机能，就好像把他从赖以生长的种族树干砍下而弃置一旁一样，他的体力和精神必将渐次衰退。——个体对于种族所做的服务告终之后——即完成了受精作用后，不论任何动物，必然伴随着力量衰竭的短暂现象；许多昆虫甚至在受精后即告毕命。所以塞尔舍斯才有"精液的射出就是丧失一部分的精神"的警语。就人类的情形而言，生殖力的衰退就表示个体的渐临死亡。不论任何年龄，若滥用生殖力，都会缩短生命；反之，节欲却能增进一切力量，尤有助于体力。正因为如此，节欲是希腊训练运动员的一种方法。再者，若昆虫实行这种抑制，也可使它的生命延续到翌年春天。——上述的种种现象，显示出：实际上个体的生命只不过是借自于种族，一切生命力都是种族力量的迸发。但，在这里还要附带一点说明：形而上的生命基础，是直接表现在种族中的，并且通过这点而显现在个体身上。因此，印度人对于象征种族不灭的林盖姆和由尼甚表崇拜，同时为了反抗死亡，在死神席巴身上也赋予了这种属性。

即使没有上古流传下来的种种神话或象征，我们只需观察一切动物（包括人类）在从事有关性欲活动之际的那种热心和认真，也必可了然性欲的激动，本来就是动物的主要本质，也是种族的一分子对传宗接代大业的效劳。反之，其他所有器官或作用，只是直接服务于个体，而非种族，个体的生存实居于次要地位。同时，由于真正延续的是种族，个体是不能永存的，因此，为了维持种族的关系，个体在激烈的性欲冲动中常常表现出一种把其他一切事物都搁置一旁的习性。

诸位不妨试想一下动物在交尾期的生殖行为，对以上所述自可获得更明确的了解。我们可以看到它本身所不能自觉的认真和热心。当此之时，它们的脑子里会有什么念头呢？——它会想到自己迟早要死亡？会想到它现在的行为将产生类似自己的新个体而取代它的生存？决不！它们不会想，也不知道这些问题。但它们却表现得有如非常关怀种族的持续一般。何以如此呢？一言以蔽之，那时它们全部的意识都集中于生存问题（当然是不自觉的），而只有借生殖行为才能表达最高度的这种欲望，如此，已足以使种族延续不断。同时，这也是因为意志是根本、而认识则属偶然性，才会造成这种现象。因此，意志并不必要完全受认识的引导，只要在其本源性中决定的话，在自然的表象世界中，即可客观化。如果我们想象动物也有生命欲和生存欲的话，亦非一般所谓的生命和生存，而是希求与自己相同种族、相同形象的生命和生存，他从同种的雌类中看出自己的形貌，因而刺激生殖行为的意志。从外表——通过无限的时间——观之，它们的欲望化成相同形貌的个体陆续更迭，并且由于死亡和生殖的交替，而使种族维持。就此看来，死亡和生殖不过如同种族脉搏的律动而已。——这虽是由动物所确定的事情，但可适用于人类。因为人类的生殖行为，虽然伴随有目的的认识，但并不全受这种认识的领导，而是求生意志的集体表现，是一种本能的行为。总之，我们和动物生殖之际的情形相同，当从事其本能工作时，也不受目的之认识的领导，而且从大体来说，此时意志不以认识作媒介而表现。不论任何本能的工作，所认识的只是琐细的部分，而生殖行为才是最伟大、成就最辉煌的本能工作。

从以上的观察，我们不难了解，性欲和其他欲望的性质截然不同。就动机而言，它是最强烈的欲望；就表达的情形而言，它的力量最强猛。不论在何处它都是不可避免的现象。它不像其他欲望，会发生趣味、气氛、情境之类的问题。就因为它乃是构成人类的本质愿望，任何动机都无法与之比拟抗衡。它的重要性简直无可言喻；若不能在这方面得到满足，其他任何享乐也无法予以补偿。同时，不管动物或人类，为它常不惜冒险犯难或大动干戈。若以最坦诚、最直言不讳的话说出这种自然的倾向，我们可以举出门口以男人性器作装饰的庞贝妓馆那句闻名遐迩的题词来说明，那就是："幸福住在这里"。刚要进去作乐的人，对于这句话尚觉自然，出来后，就不免有啼笑皆非之感了。——反之，若以认真严肃的态度来说明生殖欲的强烈，可以希腊神庙圆柱上的那一段碑铭为代表："爱神乃首一者、创造者、万物衍生的本源"。——罗马诗人路克雷提斯在他的著作卷首所作的优美赞语，也属于这类。他写道：

大慈大悲的维纳斯啊！

你是爱纳德族之母，

你为人类和诸神带来喜悦。

性的关系在人类世界扮演极其重要的任务，它带着各色各样的面罩，到处出现，是一切行为或举动之不可见的中心点；它是战争的原因，也是和平的目的；是严肃正经事的基础，也是戏谑开玩笑的目标；它是智慧无尽的泉源，也是解答一切暗示的锁钥——男女间的互递暗号、秋波传情、借窥视以慰慕情等，这一切，无非基于性爱。不但年轻人，有时连老人的日常举动，都为它所左右。纯洁的少年男女，经常沉湎于对爱情的幻想中；一旦与异性发生了关系的人，更不时为性爱问题而烦恼。

恋爱，之所以始终能成为最丰饶的闲谈题材，在于它是一件非常严肃的事情，但这人人都关心的重大事项，为什么总要避开人家的耳目而偷偷摸摸进行呢？顽固的人甚至尽量装出视若无睹的姿态。这也显不出这个世界是多么奇妙可笑。话说回来，其实性爱才是这个世界真正的世袭君主，它已意识到自己权力的伟大，倨傲地高坐在那世袭的宝座上，以轻蔑的眼神统制驾驭着恋爱，当人们尽一切手段想要限制它、隐藏它，或者认为它是人生的副产物，甚至当作毫不足取的邪道时，它便冷冷地嘲笑他们的徒劳无功。因为性欲是生存意志的核心，是一切欲望的焦点，所以我把生殖器官名之为"意志的焦点"。不仅如此，甚至人类也可说是性欲的化身，因为人类的起源是由于交配行为，同时两性交合也是人类"欲望中的欲望"，并且，唯有借此才得以与其他现象结合，使人类绵延永续。诚然，求生意志的最初表现只是为维持个体而努力，但那不过是维护种族的一个阶段而已，它对种族的热心、思虑的缜密深远，以及所持续的时间长度，远超过对个人生存所做的努力。因此，性欲是求生意志最完全的表现和最明确的形态。

为使我的基本理论更加清楚起见，在这里且以生物学方面的说明供为佐证。我们说过，性欲是一种最激烈的情欲，是欲望中的欲望，是一切欲求的汇集，而且，如获得个人式性欲的满足——针对特定的个体，就能使人觉得有如拥有一切，仿佛置身于幸福的巅峰或已取得了幸福王冠的感觉；反之，则感到一切都失败了。这些事情也可与生理学方面取得对照：客体化的意志——即人体的组织中，精液是一切液体的精髓，是分泌物中的分泌物，是一切有机作用的最后结果。同时，由此可再认识：肉体不过是意志的客体化，即它是通过表象形式的意志。

生殖行为联结子孙的保存，亲情联结性欲，如此，而使种族的生命绵延赓续。所以说，动物对于子孙的爱和性欲相同，它所做的努力远比对个体本身更为强烈，所有的动物大抵皆如是，做母亲的为保护子女，往往甘冒任何危险，即使一死也在所不惜，连最温驯的动物，也将不惜生死，不辞任何拼斗。这是最佳的佐证，因为动物的活动现象最为单纯。以人类而言，这种本能的亲情，以理性为媒介——

即反省的引导，有时虽不免因理性的阻碍而削减，秉性暴戾凶残者，甚至也有不承认亲子之情的现象，但就本质而言，实际并非不强烈，在某种情形下，亲情经常击败自私心，甚至牺牲自己的生命以维护子女。据法国报纸的报道，琉县的沙哈尔镇有一位父亲自杀了，动机很简单，因他的长子已届兵役年龄。法政府规定，父亲死亡，长子可免除兵役。——动物没有理性，没有所谓反省能力，所以他们所表现的本能母爱（雄性动物没有这种意识）最为纯粹，也最为明显。总之，这种爱的真正本质，与其说出自个体，莫若说直接出自于种族。这意味着动物也有种族系赖子孙而得以保持，必要时得牺牲自己生命的意识。所以，它和性欲的情形相同，这里的求生意志也会产生某种程度的升华，由超越意识本源的个体而及于其种族。本能的母爱到底何以异乎寻常的强烈？光凭抽象的描述恐怕无法形容尽致，为使读者能了解其个中详情，我想再举出两三个实例以说明之。

水獭被追捕时，立即带着子獭沉入水中，当它们为了呼吸而再度浮在水面时，母獭便以身子遮挡及承受猎师的镖箭，以使子獭逃遁。还有捕鲸时，只要先射杀子鲸就可把母鲸引诱出夹。此时，母鲸便立刻赶到子鲸身边，尽管她身上中了许多鱼镖，但为孩子的一线生机，仍是寸步不离子鲸，毫无逃遁之意。英国航海家史柯斯比著《捕鲸日记》讲述新西兰附近的三王岛海中，盛产海豹，它们都是成群结队地在海岛周围来回游泳，寻找鱼食，但水中有着我们所不知其名的厉害海兽，屡屡使它们身受重创而回，所以，它们在一起游泳时就须训练出一套特殊的战术来抵御敌人；当雌豹在岸边产子授乳的七八周间，雄豹就包围在它四周，即使雌豹饥饿不堪时也不准它跳入海中觅食，如果雌豹有那种举动，它就紧咬不放极力遏阻，就这样它们一齐绝食了七八周，孜孜不倦地训练子豹必备的防身战术，非等子豹对于游泳术异常精熟，决不让其下海（弗烈西纳著《澳洲见闻录》，1826 年）。从以上的例子我们可以看出来，亲情之深切不知比理性高出多少了。

此外，布尔达哈所著《实验生理学》一书中，也提出了他的观察报告，他指出：如麻雀及其他的许多鸟类，当打猎者接近它们的巢窝时，母鸟就离枝飞到猎者的跟前，振翅发出噗噗声响，装出羽翼受伤之状，使猎者的注意力从子鸟转移到它自己身上。云雀也常以己身作饵，诱使猎犬远离它的巢穴。其他如雌鹿或雄兔等遇到袭击时，总会设法使敌者追袭它，务使其子不受到伤害。燕子遇难时，如救子不成，又会飞回正燃烧着的住家中，与雏燕共同赴难。勒弗特市大火灾时，就曾发生这样的感人事例，火警时，因为雏燕还不会飞翔，母燕始终不肯离开雏燕身侧，终于被火活活烧死了。再次，把蚂蚁切分为二，它的前半身还会把它的蛹搬运到安全的场所。而从母狗的腹中取出胎儿后，那只即将濒临死亡的母狗仍会赶到胎儿旁边予以爱抚，直到被人家弃去后，才开始发出哀恸的哭号，以至死亡。

十七、素质的由来

　　卡特鲁斯曾谓："每个人皆依其自然所赋予的素质。"日常经验也告诉我们，父母的生殖因子，可将种族及个体的素质遗传给他们的下一代。但这只限于有关肉体方面（客观的、外在的）的性质。至于精神方面（主观的、内在的）的素质是否如此呢？也就是说父母亲会不会把这方面的性质遗传给子女呢？这类问题经常被提出来讨论，一般答案也几乎是肯定的。然而在精神方面的遗传中，何者属于父亲、何者属于母亲，是否可以加以区分？这个问题就较困难和复杂了。我们在解答这个问题之前，若能仔细回味一下我们应有的根本认识——意志是人类的本质、核心和根源；反之，智慧则只列次要地位，属于附加物，是该实体的偶有性——则无须经验，至少下列几点应该很接近事实：生殖之际父亲所遗传的是属于强性、生殖原理、新生命的基础和根源方面的性质，换言之就是意志；母亲的遗传则属弱性、受胎原理、次要性方面的性质，即智慧的遗传。因而，一个人的道德性质、性格、性向、心地皆得自父亲；而智慧的高低、性质及其倾向则遗传自母亲。以上的假定可由实际或经验中得到确证。这不是光凭闭门造车式的物理实验所能决定的，而是根据我多年来缜密深刻的观察，同时参酌史实所得的结论。

　　我们不妨先观察自己，看看自己的兴趣倾向如何、有些什么恶习、性格上有什么缺点，也把所有优点或美德列举出来。然后回顾一下你的父亲，那么，你一定可发现你的父亲也有着这些性格上的特征。反之，往往亦可发现母亲的性格和我们的竟是截然相异。当然，在品德上也有与母亲相一致者，但这是一种特殊罕有的事例——父母亲性格偶然的相似。人性之不同各如其面，男人有的脾气暴躁、有的富于耐性，有的一毛不拔、有的挥金如土，有的好女色、有的爱杯中物、有的好赌，有的淡漠寡情、有的亲切和蔼，有的忠厚直爽、有的阴险狡猾，有的孤傲自大、有的八面玲珑，有的大胆、有的腼腆羞怯，有的温和、有的爱打架滋事，有的胸襟开阔、有的事事耿耿于怀……不一而足，但只要你对此人及其父母的性格进行多方深入周密地调查，并有正确的判断力，当能发现我们所列举的原则并无错误。例如，有的兄弟同犯着说某种特殊谎话的毛病，这是由于父亲的遗传。有一出名叫《说谎者与儿子》的喜剧，从心理方面言之是很合乎情理的。但我们必须考虑到两种无法避免的限制存在，如果以它作为反驳的借口，显然是非常不当的。第一，"父亲常并不可靠"，除非身体方面的确和父亲很酷似，并且表面的相似还不够，因为受胎期间仍可带来影响。为此，女人改嫁后所生的子女，相貌有时也会和前夫有些相似；偷情苟合所生的子女相貌有时也会和结发丈夫相似。这种影响从动物身上更可观察得清楚。第二，父亲道德方面的性格虽然确可表现在子女身上，但往往会受到母亲所遗传的智慧的影响而产生变化，因此，我们在观察时必须做某种修正。这种变化与智慧差异的程度适成正比，有的非常显著，有的甚为微小；有时父亲的性格特质未必表现得很明显。智慧对于性格的作用，犹若一个人穿上与平日完全不相同的服装、戴上假发或胡须而改变人的外观一般。例如，一个人虽从父亲身上接受"热情"的遗传，母亲也给予他优越的理性——即反省和熟虑之能力，则前者将因之而被抑制或隐藏，事事显得有计划、有组织，与原有热情直爽的性格，完全相异。但母亲的内向和热情则不会表现在子女身上，甚至还往往和她相反。

如果我们以一般人所熟知的历史人物为例，应该从他们的私生活表现下手比较准确。一般史实并不可靠，往往歪曲事实；兼之，这些内容通常只局限于公共场所的活动或政治活动，并不能表现出一个人性格上的微妙之处。以下我将列举两三个历史实例，证明我现在所论述的问题的真确，相信专门研究历史的人，还可以给我补充更多适当的例子。

众所周知，古罗马的狄修斯·穆思是个崇高圣洁的大英雄，他把自己的身家性命都奉献给祖国，与拉丁军之战，虽歼敌无数，却不幸以身殉国。儿子也在与加利亚人战争时，壮烈殉国。这是荷拉士所说"勇敢的人是从勇敢善良人所生"的最佳例证。莎士比亚也就其反面说出一句名言："卑鄙无耻的父亲就有卑鄙的儿子；一个卑贱的人，他的父亲必定也是卑鄙的。"

古罗马史中有几篇忠烈传，记载他们全家族代代相传皆以英勇爱国著名的史迹，费毕亚家族和费布里基亚家族即为典型的例子。——反之，亚历山大大王和父亲菲力普同属好大喜功、权力欲极强的人。——尼罗的家谱亦大值注目，在塞特纽所著《十二个恺撒传》的第四、五章开头就叙述枭桀有关道德方面的问题。根据他的记述，尼罗的先祖从六百年前的克罗底斯开始崛起于罗马，全家人都很活跃，并且骄傲自大、目中无人、性格残酷，一直传到提伯留斯、卡里古拉，最后出了尼罗。这一宗族的可怕性格在尼罗身上可谓集其大成，比之他的祖父或父亲更胜一筹，一来是因他身居高位大权在握，得以无所忌惮地为所欲为，二来是他有着泼辣无理性的母亲亚格莉毕娜，没能遗传给他足以抑制他的暴戾的智慧。所以，塞特纽写下一则轶事，其意义正好和我们前面所述不谋而合。他说，尼罗降生时，他的父亲曾对着前来祝贺的友人说：我和亚格莉毕娜所生的孩子一定是很可怕的，也许他将会造成世界的毁灭。——与此相反的，像米提阿迭斯和基蒙父子，汉尔卡和汉尼拨父子，以及西庇阿整个家族，都是忠心耿耿品性高洁的爱国英雄。——但法王亚历山大六世的儿子，即可怕得和他老子凯撒·波吉亚一模一样。阿尔巴公爵的儿子臭名四溢，和他父亲同样的残暴邪恶。法王菲力普四世的女儿伊莎蓓拉禀性阴狠毒辣，尤以残忍的刑供处死圣堂骑士为闻名，后来嫁与英国国王爱德华二世为妻，竟起意背叛，虏获国王，胁迫他在让位状上署名，然后将他关之于狱，准备慢慢折磨至死。因未达目的，又以如今写来仍令人不禁毛骨悚然的残酷方法将他杀害。——被称为"信仰的守护者"的一代暴君亨利八世的第一任妻子的女儿玛丽一世，这位女王和她父亲一样，同以疯狂的信仰和残暴闻名，她曾把许多异教徒处以火刑，史家称之为"流血的玛丽"。亨利八世的再婚所生的女儿伊利莎白则继承她母亲安妮·巴伦的卓绝智慧，所以还不致陷于信仰的疯狂，她虽然尽量压抑着身上所有父亲的性格，但仍无法完全袪除净尽，有时也难免宣泄出来，对苏格兰女王玛莉的残忍态度，即其例证。

1821 年 7 月 13 日弗莱明·伊迪克新闻有这样的一则报道：欧培县有一位小姐受托带着两个失去父母的幼孩前往孤儿院要求收容，孩子身上带了一点钱，半途中该小姐见财起意想据为己有，竟把两幼儿杀害，而遭警方通缉；最后在巴黎近邻的洛西里发现该小姐陈尸水中，经调查结果证实杀死她的竟是她的生身父亲。——另有两则报道，亦可作为佐证，其一发生于 1836 年 10 月，汉葛利的贝雷奈伯爵因杀害官吏伤害亲族被判死刑，报道中指出，他的哥哥更忤逆凶残，以前即因逆伦杀父而被判绞刑，同时他父亲也有杀人前科。一年后，该伯爵的幼弟在伯爵杀害官吏的同一条街上，用手枪狙击他的财产管理者，以杀人未遂被捕。另一则是 1857 年 11 月 19 日巴黎通讯社所发布的消息，令商旅亡魂丧胆的打劫杀人集团魁首陆墨尔及其党羽，业已被判死刑，附记中说道："首恶和他手下喽啰的家族，似乎都有犯罪的遗传倾向，他们的家族中死于断头台上者为数甚多。"——如果我们有机会去调查一般的犯罪记录，的确可发现许多相同的系谱，尤其自杀的倾向，大多属于遗传性。但也许我们会发出一点疑问，为什么勋业彪炳的罗马皇帝马克·奥里略大帝竟会生出残虐无道的儿子康莫德？你若知道他的王妃是素有恶评的华丝狄娜大概就不会引以为奇了。另有一种类似的情形，也可从推测找出它的理由，例如，德密提纳斯提特斯兄弟，一个仁慈一个暴虐，是什么原因？我认为他们并不是同父同母的兄弟，维斯巴沙纳实际是头戴绿巾而不自知的丈夫。

其次，我们再来谈谈刚才所提出的第二项原则——智慧属于母亲所遗传的问题。这一点较之诉诸自由意志的第一原则更为一般人承认，但两者却有密切的关系，万不能将其分开理解，否则就违反灵魂的单一性和不可分性，古谚云"母亲的智慧"，由此可证明，自古以来它就被认为是一项真理。因为许多经验告诉人们，凡是才慧卓绝的人，必有个理智优越的母亲。反之，父亲的智慧性质，不会遗传给子女，自古以来，以才华见长的男人，他的祖先或子孙，大都庸碌平凡，默默无闻。话说回来，这虽是千真万确的事实，但偶尔也有例外，如威廉·彼得和他的父亲威廉·查泰伯爵就是一例，而且，因为真正具有伟大才能的人，实在难得一见，故而，我们不能不说那是属于最异常的偶然；再次，所谓大政治家，除须具备优秀的头脑之外，也必须要有某种性格特质，这是得自父亲的遗传。反之，在艺术家、诗人、哲学家之中，我还未发现与此类似的情形，他们的工作完全须以天才为基础。诚然，拉斐尔的父亲亦为画家，但并不是伟大的画家；莫扎特的父亲和儿子也是音乐家，但仍不是伟大的音乐家。更有一点似乎颇耐人寻味的，就是这两位旷世奇才在各不相同的际遇中，命运之神只赐给了他们很短的寿命。不过他们却得到一点补偿，在宝贵的少儿期都有父亲的良好榜样和指导，使得他们的艺术天分得以充分获得必要的启蒙。关于这点，我曾在"个人的命运其冥中似乎都有着安排"（论文集第一卷）一文中加以论述。——在这里还有一件事情须留意：从事科学方面的工作优秀的天赋才能，但不必具"绝世的天才"，主要是靠兴趣、努力、坚忍不拔的精神以及幼年起的指导、不断研究、多方练习等。由于智慧并非遗传自父亲，所以某一家族经常出现某种特殊人才，是因为做儿子的往往喜欢循着父亲所开拓的路径前行，所以有些职业大都由一定的家族继承，如再辅以上述条件从事科学工作，大抵皆有可观的成就。如斯卡利吉父子、贝侬利家族、何塞尔一家人的成就，即为显明的例证。

妇女罕有机会将她们的精神能力做社会性的尝试，因此，有关她们的性格和天才，载诸史籍为后世所熟知的事例并不多，否则，我们也许可举出更多的实例以证实智慧确是从母亲所遗传。而且，一般说来，女性的素质虽较微弱，但只要具有这种能力，皆能得到甚高的评价，兹举数例为证：约瑟夫二世的母亲玛利亚·特雷莎是非常精明干练的女皇。卡丹那在他的《自传》第三章中写道："我的母亲有着惊人的记忆力和卓绝的才慧。"——卢梭在《忏悔录》第一章也写着："我母亲的美丽以及才智、天赋的优秀，远远超过她的身份。"其他如达兰倍尔，虽是法国作家姐桑的私生女，却堪称巾帼中的才女，颇有文学才华，且有许多小说和其他著作问世，在当时甚得好评，即使现在我们读起来仍感兴味盎然。佛罗伦斯也在所著《布丰的业绩》一书中写道："布丰深信一般人多半是继承着母亲的精神和道德方面的素质，因而在谈话中每当涉及这方面的事情时，他立刻以夸张的语言赞扬自己的母亲，说她的头脑如何敏捷，她的学识如何渊博。"由此可证她母亲是如何的卓越不凡。但这句话中，把道德方面的素质也包括在内，不无值得商榷，不知是记录者的笔误，抑为布丰的父母亲"偶然"具有相同的性格，总之，必有其中之一者。至于母亲和儿子的性格截然不同的实例倒是不胜枚举。故而，大戏剧家莎士比亚才把葛楚德和哈姆雷特描写成相互敌对的一对母子，儿子在道德方面是父亲的代表者，而以复仇者的姿态登场；反之，若把儿子描写成母亲道德方面的代表者而向父亲寻仇，岂非显得太荒诞可笑了？这是因为父子之间意志有着本质的一致，而母子之间只有智慧的一致，并且必须附加某种条件为基础。所以母子之间常有道德方面的敌对现象，而父子之间则为智慧的对立。从这个观点来看，《沙利加法典》之所以规定女性不得继承其家世，实有它的道理存在。——休谟在他简短的自传中说道："我的母亲是个才智卓绝的女性。"库恩所著的《康德传》一书中，这样描述康德的母亲："据康氏本人的判断，说她是天资聪颖的女性。当时的女性很难得有受教育的机会，她非常幸运地接受了良好的教育，嗣后自己又能时时刻刻不忘进修。——每当散步时，常督促爱子注意自然界的诸种现象，向他说明那是神的力量。"——歌德母亲的贤明、才智，读者早已耳熟能详，文人笔下经常谈及有关她的事情，但对他父亲的事情则只字未提。据歌德自称，他父亲并没有太大的才华。——席勒的母亲颇有文学才华，亦有诗作问世，苏瓦普的《席勒传》中即曾登载她的部分作品。诗坛彗星柏克堪称是自歌德以来德国最杰出的诗人，席勒的作品和他的叙事诗相形之下，顿时显得枯燥无味和不自然；他的一个医生朋友阿特霍夫在 1798 年曾为他出版一本传记，其中有关他双亲的记载，对我们颇有参证的价值。他说："柏克的父亲是个博闻广识并且善良正直的人，唯独烟瘾极深，我的友人经常言及，他的父亲在不得不出面教导子女时，即使只有十来分钟，也非事先备好烟草不可。而他母亲则禀赋绝佳，虽然她的教养只限于看一点普通书籍，写出几个字的程度而已，但柏克常说，如果他的母亲能受适当的教育，必可成为妇女中的佼佼者。然而一提到她道德方面的性格时，柏克则又屡屡大加指责。虽然如此，他仍深信自己多少受到母亲精神素质的遗传，而道德方面的性格则遗传自父亲。"英国诗人史谷脱的母亲是个诗人，1832 年 9 月 24 日的英国报纸报道史谷脱的死讯时，曾同时刊载他母亲昔日在文坛的活动情形。她的诗集在 1789 年出版，希洛克霍斯出刊的"文学新闻"（1841 年 10 月 4 日）中的一篇论文"母亲的智慧"，对她亦有所介绍，这篇论文中揭载许多历史名人的有才慧的母亲。在这里我仅借用其中两个例子，作为补充例证。巴柯的母亲是卓越的语文学家，有许多作品和译作问世，文笔流畅颇饶趣味，并显示出她的博学和眼光的深远。荷兰医学家柏哈维的母亲以医学知识闻名。——另外，哈雷也为我们保存下精神薄弱系由母亲所遗传的显著实例，他列举说："有一对贵族姐妹两人都近于白痴，但凭借家里的财富，终于找到了丈夫。据我们调查所知，这种白痴遗传因子侵入该名门家族历时已达一个世纪之久，到他们的第四、第五代子孙时仍有白痴。"——同时，据艾斯奎洛尔的研究报告也认为，精神失常的遗传，母方比父方为多。如果是从父亲所遗传的话，我以为应归之于气质的影响而发生疯狂。

就我们所提出的原则而言，凡同母所生的孩子，应该具有相同的精神力，若一人天资聪慧，其兄弟姐妹必伶俐颖悟，这种实例可说屡见不鲜，诸如卡拉基兄弟、海顿兄弟、朗勃兄弟、邱维兄弟、薛格尔兄弟等皆属之。——但上述的推论往往难免有不正确的现象。例如，康德的弟弟就是极其平凡的人。这种现象的形成，我在关于天才的生理条件中，已曾加以说明（请参阅《论天才》），天才不但须具备非常发达而敏感的脑髓（母亲所遗传），同时必须具有特异的心脏跳动，以赋予蓬勃的精力，亦即要有热情的意志和活泼的气质，这是从父亲所遗传的。然而，只有在父亲精力最充沛旺盛的年龄，才能使这种性质表现得明显强烈，而且因为母亲衰老得较快，所以，通常都是父母亲在精力较旺盛时所生的儿子（长子）禀赋较佳。康德的弟弟比他小十一岁，资质悬殊自不为怪。若兄弟皆聪明颖悟，通常以兄长较为杰出。除年龄问题外，其他如生殖之际，两亲精力一时性或强或弱的差异，以及其他健康障碍等，均可能使某一方面（父或母）的遗传不完全，而阻碍天才的出现，虽然这种现象并不常见。——附带说明一点，双胞胎之所以没有上述差别，因为他们的本质几乎是完全相同的。

有时，天资聪慧的儿子未必有精神力卓越的母亲，推究其因，可能是由于其母亲有着黏液质的父亲，所以虽有异常发达的脑髓，却无法配合血液循环的力量，予以适当的刺激。拜伦的情形似乎就属于此，我们从未听说他母亲精神力如何优越之类的事情。——总之，只要母亲方面的异常而完整的神经系统和脑髓系统能遗传给儿子，同时具有父亲的热情活泼的性质和强烈的心脏活力，即能产生伟大精神力的必要肉体条件。不必在于他母亲是否有才慧，只要她父亲属于黏液质的人，——可适用上述的状况。

一般人的性格常有不调和、不平衡、不稳定的现象，我认为这恐怕是由于意志和智慧继承自不同的双方所致。若双亲在他身上的彼此相异的素质愈不能调和，他的内部分裂就愈大，不调和也愈显著。反之，有的人"心"和"头脑"非常相称相适，彼此协力合作，使全体本质显出一致的特色，我想那该是双亲的素质已取得均衡和调和的缘故。写到这里，诸位应该能够确信性格系遗传自父亲，而智慧系承自母亲的事实了。我们将此一信念连同前面所述的两点认识——人与人间不论道德或智慧因受自然的决定而有显著的差异，以及人类的性格或精神能力皆无法改变——三者合并起来思索的话，就可以知道，若要真正从根本改善人类，并非从外在而是应从内部着手，即不是靠教养或教训所能为力，而是应以生殖的方法，才能达到目的。早在2000多年前的柏拉图即曾考虑到这些问题，他在《共和国》的第五卷中，曾叙述增殖改良武士阶级的"惊人"计划，他说，所有的坏人都必须予以阉割，所有的愚笨妇女都应禁锢在修道院里，性格高尚的人才能给予闺房的配置，每一个有聪明才慧的姑娘都能得到健全的男人，若如此，不须多少时日，一个更胜于古希腊亚纳最伟大的政治家柏里克里斯的时代必可来临。我们暂且不讨论这个乌托邦计划，就我记忆所知，古代亦有两三个国家曾把"阉割"列为仅次于死刑的最重刑罚，如果世界各国都照那种办法实施的话，所有恶人的血统当可绝迹——周知，一般的犯罪年龄大都在 20 岁至30 岁之间。所以，从理论言之，那不是不可能的事。以此推论，国家政策所应奖励的就不是那些所谓"端庄娴静"的少女，而是给予"聪明秀慧"的女性某种优惠才是国家之福了。人心难测，一个人节操的如何委实很难下判断；并且，表露"高尚的性格"乃是属于极偶然的事，平常罕有那种机会。一般女性的内在美，大多得自其容貌丑陋的帮助，而智慧方面则无上述复杂难解的问题，只需稍加测试，即可获致正确的判断。——写到这里，我们要顺便谈到许多国家，尤其南德地区的妇女，有着以头部负荷重物的恶习，这对头脑必有极不良的影响，因此，民间妇女脑筋逐渐变迟钝，然后，它又遗传给她们的子女，于是全体国民愈来愈愚蠢。所以，此一陋俗若能加以革除，当可增加国民的智慧，这才是增加的最大的国民财富。

当然，以上这些理论的实际应用还有待其他专家去研究。现在我们再回到形而上学的立场，作一个结论。——某种血统自其祖先以迄世世代代的子孙，活跃于其中的皆为同一的性格——即特定的同一意志，但另一方面它又因为接受了相异的智慧——即认识程度和方法的差异，因而使得性格上获得新的根本见解和教训。智慧是与个体同时消灭的，所以意志无法将上一代的见识移注于下一代身上。然而因生命的一切新的根本见解可以赋予意志新的人格，意志由此产生变化或改变倾向，变化，意志即取得肯定或否定新生命的权利；如若一旦选择了否定，全体现象随即告终。意志与智慧所以彼此不断地交相结合，是因生殖必须靠男女两性共同为之的自然法则所产生，再者它也是救济自然秩序的基础。生命本是意志的复制品或镜子，但借着此一法则，生命不断地表现意志的新面貌、不断地在它眼前回转，并容许意志尝试各种不同的见解——包括肯定或否定的选择。唯因智慧彼此不断地更新和发生完全的变化，才能给予新的世界观，这对于同一的意志是开拓了救济之道。由于智慧是由母亲所遗传，所以，一般国民才会禁止兄弟姊妹间结婚，使彼此间根本不会产生性爱。或许有少许例外，但那是另有原因的，其中的一方若非私生子，则必是由于性倒错症造成。何以如此？那是因兄弟姐妹间结婚所生的子女，通常与存在于其双亲间的智慧和意志合而为一，这种存在现象的反复，是意志所不希望的。

另有一个值得注意的现象，这里一并提出来讨论。我们如仔细观察，当可发觉，骨肉或手足之间，虽出于同一的血统，但彼此间性格截然相反的亦不乏其例。有的一个善良亲切，另一个却邪恶残忍；有的一方正直、诚实、高洁，另一方却卑劣、虚伪、刻薄寡恩。为何会产生这些差异？这是令人百思不得其解的问题。印度人及佛教徒把这种现象解释为"前世行为的结果"，这诚然是最古老、最容易理解，也是最聪明的解释，然而却将问题拉得更远了。不过我们也实在很难找出比这更令人满意的解答。若根据我的学说，我也只能这样回答：那是意志表现它真正的自由，即意志的本来面目。绝对的自由是不必依循任何必然性原理的，唯有作为物自体的意志，才能取得这种自由。但物自体本身并不知其所以然，因而我们无法理解，我们所能理解的只是有原理根据的事项及其应用而已。

十八、信仰的对白

德莫菲里斯：亲爱的朋友，我不太喜欢你那种用讽刺语句挖苦宗教甚至对宗教公开嘲笑的方式，在我们之间表现你的哲学才能。每个人的信仰对他自己而言，都是神圣不可侵犯的，因此，对你而言，也是神圣不可侵犯的。

菲勒里息斯：我不同意你的结论！我不知道为什么由于别人头脑简单而自己应该尊重一堆谎话。我们尊重的是真理，所以，我无法尊重与真理相反的东西。我的座右铭是"即使世界毁灭也得维护真理"，正如法官的座右铭是"即使世界毁灭也得维护正义一样"。每一种行业都应有类似的铭语。

德莫菲里斯：那么，我想医生的座右铭将是"即使世界毁灭，也得配销药品"——这将是最可能需要实现的一句座右铭。

菲勒里息斯：天诛地灭！你应该以稍有保留的态度看一切事物。

德莫菲里斯：很好。但是这也适用于你，你也应该以稍有保留的态度看宗教，你应该了解，一般人的需要应该以他们所能了解的方式来满足他们。对那些深陷于追求无价值的物质生活而未受教育的人来说，宗教是向他灌输崇高人生意义某种观念的唯一工具，也是使他们明白这种观念的唯一工具。人在本性上，除了追求物质需要和欲望的满足以外，不会注意其他东西，此外，当这些需求欲望满足以后，才注意到娱乐和消遣。哲学家和宗教家来到这个世界唤醒他们并指出人生的崇高意义。哲学家的对象是少数高超的人，宗教家的对象是多数人，是整个人类。哲学不是每个人都能了解的——柏拉图曾经这样说过，你应该记住这句话。宗教是普通一般人的形而上学，应该让一般人保有这种形而上学，你应该对它表示明白的敬意，因为，如果你不相信它，就等于把它从他们那里拿走。正如世上有民歌一样，也必须有民间形而上学，因为，人们绝对需要一种对生命的解释，同时，这种对生命的解释还必须是他们所能够了解的。这就是为什么它往往包含在寓言中的缘故；同时，就其作为人类行为的实际指南以及痛苦和死亡的慰藉而言，就像我们握有真理时一样。你不必为宗教所取的奇奇怪怪显然不合理的形态而感到困扰，因为，尽管以你的学问和文化修养，也不知道如何采取一种迂回曲折路线，向一般大众宣示深奥的真理，因为他们根本不了解这种真理。一般人们并不直接接触真理，他们只借种种宗教的图式来把握和描述真理，可是，真理与这种宗教的图式，是无法分开的。所以，亲爱的伙伴，我希望你能原谅我这样说：嘲笑宗教是心地狭窄和不公正的表现。

菲勒里息斯：如果说，除了这种形而上学以外就没有任何其他形而上学适合一般人们的需要和能力，这种说法难道不是心地狭窄和不公正的表现吗？如果说，这种形而上学的看法和观点应是构成探讨的极限，是一切思想的指南和典型，而使你所谓少数高超者的形而上学只是普通一般人的形而上学的证实、堡垒和启发，这种说法难道不是心地狭窄和不公正的表现吗？如果说，假使人类心灵的种种最高能力和你所谓的民间形而上学相冲突，便不应加以运用和展开，便应在萌芽时即加以摘取，这种说法难道不是心地狭窄和不公正的表现吗？宗教的种种要求借口，根本上不是这么回事吗？本身缺乏容忍精神和同情心的，可以宣扬容忍精神和同情心吗？我可以拿异教徒法庭和审讯，宗教战争和十字军，苏格拉底的被毒死和布鲁诺及梵尼尼被烧死作证！即使我承认这种事情现在不会再发生，可是，除了国家赋予独占地位的传统形而上学以外，还有什么东西更能阻碍真正哲学的发展呢？还有什么东西更能阻碍最高尚人们、最高尚事业的真正真理的追求呢？这种传统形而上学的主张，被人们如此热心地、如此深刻而牢固地塞进每个小孩子的脑海里，以致除非头脑具有特别伸缩性，否则是永远保留它们的印象，因而自己思想以及作公正判断的能力——在任何情形下，这种能力总是不太强的——便被一下子麻痹和消灭了。

德模非里斯：所有这些话的真正意思是表示，人们已经获得一种自己打算放弃以交换你的信念。

菲勒里息斯：只要它是一种信念，只要它是一种建立在理性上的信念，那么，便可以与种种理性能力相抗，我们也应用同样的理由相抗。但是，大家都知道，宗教不需要信念，不需要理性作基础，宗教所需要的，只是信仰，只是以启示作基础。信仰能力在孩提时代最强，这就是宗教千方百计设法掌握这种幼嫩年纪者的缘故。宗教就是在这种方式之下，使信仰的教义扎根，这种方法的运用，甚至比威胁法和奇迹故事还用得多。因为，如果在一个人的最早孩提时代，不断以非常严肃态度以及从未见过的最大热情向他讲述某些原则和看法，同时，根本没有怀疑的可能，或者，如果只是为了把它描述为走向永远沉沦的第一步，那么，所产生的印象将会非常深刻，以致在一切情形下，使他几乎无法怀疑这个看法的真实性，正如不怀疑自己的存在一样，因此，在一千个当中，难得有一个人具有坚牢的心灵，并严肃而坦诚地自问：这是真实的吗？"坚强的人"这几个字，用于具有这种坚牢心的人，比用于利用这种坚牢心去从事认知活动的人更恰当。可是，对其余的人而言，则没有东西会像下述情形一样的令人觉得荒谬，即在这种方式下被灌输；这种观念以后而不会牢固地相信它。例如，如果人们宣布，杀害异教徒或不信神者是得救的必要条件，那么，几乎每个人都会把这种行为当作自己终生的主要目标，在死亡时，对这种行为的回想将会带来安慰和力量；好像每个西班牙人都惯于认为公开焚烧异教徒是一种最虔诚的和最取悦上帝的行为一样；印度暗杀团的宗教性会友和这种情形颇为相似，英国人在最近才把这种暗杀团分子用大规模的执行死刑而加以镇压了。暗杀团分子以时机来临时不忠不义地杀害自己的朋友和旅伴，并拿走他们的财物来表示自己的宗教信心以及对女神加里的崇拜，因为他们有一种牢固的错误观念，认为自己所做的是值得赞扬的事，并且是有助于自己永远得救的事。宗教教条的力量早年深印人心，结果可以消灭他们的良知，最后消灭一切同情心和人性。如果你想亲眼看到这种情形，如果你想从最近的事实看到早年注入宗教信仰所能带来的结果，就请看看英国人的情形。英国人本来得天独厚，他们比其他国家的人具有更多的悟性、智力、判断力和性格的坚定性；可是，他们却比其他国家的人更堕落，几乎可以说是更可鄙，因为他们教会的迷信使他们如此，这种迷信像固定观念，像彻底偏执狂一样地深入他们的一切禀性中。造成这种情形的唯一原因是，英国人的教育操纵在教士手里，教士利用教育在最幼小的孩童心里注入一切信条，而这种信条产生大脑的局部麻痹因而产生终生愚笨的偏执态度，由于这种偏执态度，甚至智慧最高的人们也使自己堕落，因而对世界其他民族产生一种很容易使人发生错觉的印象。但是，如果我们想一想，要巧妙地实现这种情形是如何地需要在最幼弱的年龄时灌输信仰，那么，我们就知道，派遣传教士到外地去不再只是勉强、高傲和鲁莽的表现，可是，如果传教士的派遣不限于仍然处在不开化状况的民族如南非蛮族荷腾托特土人、班都族黑人卡菲亚人、南海土人以及其他类似土人，这种派遣传教士的做法便显得荒谬了，因为在这些土人间派遣传教士获得了预期的成功。可是，在印度却不同，婆罗门教徒往往以不同的微笑或耸耸肩膀来对付传教士的说教，在这个民族中，一切诱使改变宗教信仰的企图，即使机会良好，也会遭到彻底的失败。因为，我已说过，播下信仰种子的时期，是孩提时代而不是成年时代，尤其不是达到早期种子已生根的成年时代；可是，如果成年人改变宗教信仰，则这种改变信仰的成年人所取得的信念，一般说来，只是为获得某种个人利益或其他利益的假面具。正因为人们觉得实际情形几乎往往都是如此，所以，一个在达到明辨是非以后改变宗教信仰的人，往往为大多数人所轻视，而这种轻视同样显示着：他们把宗教当作早年灌输在生命中以及经过种种考验的信仰，而非当作合理信念的问题。他们看法的正确性似乎是由于下述事实，即不但盲目的信仰大众永远忠实于各自本土的宗教——即使宗教教士，虽然研究过宗教的种种渊源、基础、教条和争论，可是，他们也这样做；因此，一个教士从某一宗教转向另一宗教的现象是世界上最难得见到的事。例如，我们知道，天主教教士完全相信自己所属教会全部教义的真实性，同样，基督教新教教士也完全相信自己所属教会全部教义的真实性，两者都以同样的热情来维护自己所信的教义。然而，这个信念却完全依赖于每个人自己所属的国家。对德国南部的教士来说，天主教的教条是显而易见的道理，可是，对德国北部的教士来说，则新教的教条是显而易见的道理。因此，如果种种信念与其他类似信念的东西是建立在客观基础上的话，这些客观基础一定是属于气候上的，这些信念必定像鲜花一样，有的只能在这里盛开，有的则只能在那里盛开。但是，那些像这样用地方性理由而相信某种教条者的信念，是到处为人所信的。

德莫菲里斯：这没有什么害处，也没有什么重大的差别；事实上，新教比较适合于德国北部，天主教则比较适合于南部。

菲勒里息斯：事情好像是这样。可是，我却采取更高一层次的观点，也有一个更重要的目标在望，即人类真理知识的进步。就此而论，如果每个人不管自己生在什么地方，在自己最年幼的时代就被灌输了某些看法，并确切地相信设若怀疑这些看法就影响自己永远得救的话，这是一件相当可怕的事情。我之所以说它是可怕的事情，因为这些看法大部分涉及我们所具有其他一切知识的基础，因此，有关一切知识的某一观点，便一下子固定了，同时，如果这些看法不真实的话，便是一种永远刚愎的观点；并且，由于它们的后果和结论超越了我们的整个知识系统，因而整个人类悟性便因它们而彻底曲解了。一切文献都证明了这一点，中世纪的文献最显明，可是十六七世纪的文献也差不多。在所有这些时代中，我们看到，即使第一流的人似乎也都被这些错误的前提所误，尤其是，他们都不能洞察自然的真正特性和活动。在整个基督教时代，有神论思想像加于一切心智活动尤其是哲学活动上的噩梦一样存着，并且妨碍了或遏止了一切进步；若任何人具有心灵的伸缩性而能摆脱这些桎梏的话，他的作品便被烧掉，有时候，甚至连自己的生命也被烧掉，像布鲁诺和梵尼尼所遭遇的命运一样。——但是，当平常人胆敢批评一种于自己所信学说不同的学说时，我们可以看到这个早期形而上学的影响，如何完全麻痹着这种人的最惊人可笑的情形。通常，你会发现他们最关心的事是证明这种学说的教条与自己所奉的信条不同。以此，他们相信自己证明其他学说错误的一切单纯性。他们根本没有想到要问问这两个当中哪一个是属实的，他们觉得自己的信条当然是颠扑不破的。

德莫菲里斯：这就是你所谓的更高的观点。我可以告诉你，还有一种比此还高的观点。"先去生活，然后才从事哲学思维"，这句话，初看起来，并不怎样，可是，经过深思以后，你会发现它具有更深远的意义。——此外，还有什么东西去约束一般大众的野蛮和邪恶倾向，而防止他们做出凶暴、残忍、可耻以及更多极端不义的行为？如果你迟迟不这样做，等到他慢慢发现和了解真相，就一定要永远等待。因为，即使我们假设真理早已被发现，他们也无法把握它。他们仍然需要把真理在寓言中表示出来，仍然需要把真理在神话中表示出来。康德曾说过，一定有一种大众的公理和道德标准，而这种标准也必定常常在摇摆不定之中。最后，它是一个无关轻重的事，只要它正确地表示意旨何在。对整个人类而言，这种以寓言方式表示真理的情形，在任何时间任何空间，都是真理本身的适当代替品，因为真理本身是永远不易达到的，也是一般哲学的代替品，因为一般人们永远无法了解哲学——哲学每天都在变，到现在还没有具备一种获得普遍承认的形态。因此，我亲爱的菲勒里息斯，你知道，在任何方面，实际目的总是先于理论目的的。

菲勒里息斯：这个观点，现在得到普遍的赞扬，成为通俗化了，因而也被导入歧途。这就是为什么我现在急于要提出反对的理由。如果说国家、法律和正义只能借宗教及其信条之助才能加以维持，如果说法官和警察需要宗教作为保持公共秩序的必要补助者，这种说法是不正确的。虽然人们不断地说到它，然而，它是不正确的。因为，古人尤其是希腊人给我们一个事实上的和显明的相反例证：他们根本没有我们现在所谓的宗教。他们没有《圣经》，也没有教给要求遵从的教条。他们的宗教当局也不会宣讲道德或担心做什么或不做什么。绝对不会！教士的职务，只是主持寺院的仪式，祈祷、赞美、献祭、净心等，所有这些与个人的道德增进毫无关系；所谓宗教，全在于了解给这个或那个神造个朝，国家的官吏在庙中主持对神的礼拜，因此，这种礼拜在根本上是一种警察事件。除了有关的官吏以外，没有一个人是必须参加这些仪式，甚或信奉这种礼拜的。在整个古代，都没有发现必须相信教条的痕迹。只有当一个人公开否认神的存在或蔑视神时，才会遭受惩罚：因为这时，他冒犯了国家。但是，除此以外，任何人都可以自由决定自己信仰的多少。关于灵魂不朽和生等问题，因为古人对此没有教条式的固定观念，所以也根本没有任何固定或明白的看法；他们对这些问题的看法；完全是不固定的、摇摆的、不确定的和可疑的，而每个人都有自己的看法；他们对诸神的看法，也是彼此不同的、个别的和模糊不清的。因此，严格说起来，古人并没有我们现在所谓的宗教。但是，是否因为没有宗教，而有过无政府和无法律状态呢？他们不是产生过法律和公民制度而现在仍然可以作为我们自己法律和公民制度的基础吗？他们的财产虽然建立在大量奴隶之上，然而，不是完全安全的吗？这种情形不是维持了一千多年吗？——所以，我无法承认宗教具有实际目标，也无法承认宗教是一切社会秩序不可缺少的东西。因为，如果情形果真如此，那么，追求光明和真理所做的奉献，看来至少是不切实际的，同时，如果有人竟敢公开指责官方信仰是破坏真理，而以欺骗方式保持宝座的篡夺者的话，便似乎有罪了。

德莫菲里斯：但宗教并不和真理对立——因为宗教本身也宣扬真理。只是宗教的活动范围不是狭窄的课堂而是整个世界和整个人类，所以，它必须适应大多数群众的需要和能力，因此，不能赤裸地把真理表现出来。宗教是以寓言和神话方式表达出来的真理，因此，要使大多数民众易于接受和消化。因为，大多数民众永远无法接受纯粹无杂质的真理，正像我们无法生活在纯氧中一样。只能用象征方式，向一般民众表示人生的深刻意义和崇高目标并使其时时看到这种意义和目标，因为，一般民众无法实实在在地把握它。另一方面，像伊拉斯的神秘宗教一样，哲学应该是保留给少数特殊人的。

菲勒里息斯：我了解，你所说的是真理必须包含在谎言中。但这种结合会破坏和消灭真理。因为，当你允许一个人用谎言来传达真理时，便在这人手中放了一件多么危险的武器！如果允许这种情形存在，恐怕谎言带来的害处，大过于谎言中所含真理带来的好处。如果寓言自身承认为寓言，我可能不加反对，只是，如果它是这样，便会丧失一切被人重视之处，因而也丧失了一切效果。因此，它必须表现为实质意义下的真理，其实，充其量，它只是寓言意义下的真理。这里，便有着无可补救的害处，有着永久性的不良后果，这种不良后果往往使宗教与追求纯粹真理崇高公正的努力相冲突，并且会永远如此。

德莫菲里斯：一点儿也不。那也已预防了。因为，虽然宗教没有公开承认本身的寓言性质，然而，却作了充分的表示。

菲勒里息斯：宗教怎样表示这一点呢？

德莫菲里斯：通过它的神秘性。"神秘"两字，甚至在根本上就是表示宗教寓言的神学专门名词。而且，所有宗教都有其特有的神秘。正确地说，神秘是一种显然不合理的教条，可是，这种教条本身却隐藏有崇高的真理，一般没有受过教育的无知大众的普通理解力是无法了解这种真理的，因此，他们接受以伪装姿态表现出来的这种真理，并且相信这种真理，并没有因其不合理性而导入歧途。于是，只要他们能够进入问题的核心，就会这样做。当我说哲学中也用到神秘两个字时，你会更了解我的意思，例如，当一身兼为虔敬者、数学家和哲学家的巴斯噶以这三重身份说"上帝到处是中心，没有一处是边缘"时，你就会更了解我的意思。马尔布兰基也曾说：

自由就是神秘。——我们可以进一步说，宗教中的一切东西，实际上都是神秘，因为向那些无知大众表达实质意义的真理，是绝对不可能的，无知大众所能接受的，只是通过寓言把真理表达出来。无知大众看不到赤裸裸的真理，真理似乎要以重重伪装的姿态表现于他们眼前。因此，如果我们要求宗教应为实质意义下的真理，那是很不合理的。神话和寓言是它恰当的因素，但是，在这种因大多数人们的心理限制而造成的情况下，它使人类根深蒂固的形而上需要获得充分的满足，并代替了纯粹哲学的地位，因为纯粹哲学是一般无知大众难以了解的，也许是永远无法了解的。

菲勒里息斯：啊，是的，这多少有点像假腿代替真腿的情形。例如，假腿代替真腿，尽量代替真腿的功用，希望把其当作真腿看待，好坏都是人工方法装上等。唯一的区别是：通常，真腿总是先于假腿的；可是，宗教却到处都是先于哲学的。

德莫菲里斯：那是可能的，可是，如果你没有真腿，假腿是非常有用的。你应该记住，人类的形而上需要，是绝对需要满足的，因为，他的思想范围应该是有限的，不是无限的。可是，通常，人总是没有重视理性从而决定真假的能力；而且，自然及其需要加在人身上的劳动，使人没有时间做这种探讨，也没有时间获得预期的教育。所以，在这种情形下，不可能有基于理性的信念问题。他必须诉诸信仰和权威，即使有真正的哲学可以代替宗教的地位，可是，至少有十分之九的人类是基于权威而接受它的，因此，还是一个信仰问题。不过，权威只能因时间和环境而建立，权威无法加在只服从理性的东西上面。即使只是真理的一种寓言表现方式，然而，对于在历史过程中获取它的东西，也应赋予权威的名字。为权威所支持的这种表现方式，首先投合人类实际的形而上倾向，投合理论的需要，这种需要起于我们的存在，起于下述的认识，即在世界的物质层次之后，必定隐藏一种形而上的层次，必定隐藏一种没有变化而作为不断变化者的基础的东西。不过，因此也投合意志，投合永在痛苦不幸中的有限人类的恐惧和希望。因此，这种表现方式为人类创造所需的鬼神，创造能够使其满足、能够加以笼络的鬼神。最后，更投合人类心中所表现的道德意识，使这种道德获得外在的支持和肯定，获得维护物，如果没有这种维护物，在与许多外来诱惑者的斗争中，是很难维持自身的存在的。正由于这一方面，宗教替我们在人生无数痛苦中带来无限的安慰，人生的痛苦即使死亡时也不会离开我们，相反地，唯有在死亡时才显出它的全部效果。因此，宗教可以比作一个拉住盲者之手引导盲者走路的人，因为盲者自己不能看，而唯一重要之点是盲者应该到达他的目的地，而不是看到一切要看到的东西。

菲勒里息斯：这最后一点确是宗教最有力的一点。如果它是一种欺骗，也是借教之名而行的欺骗，这是无法否认的。但是，这使教士处在一种作为欺骗者和道德家的奇特十字路口。因为他们不敢宣扬真正的真理，像你所解释的一样，即使他们认识真正的真理，也不敢加以宣扬，何况他们不认识。所以，世界上可能有真实的哲学，但不可能有真实的宗教。我所谓"真实"两个字的意义，是指其本身具有的意义，并非像你所说只有象征或寓言性的意义。在那种意义下说，一切宗教都是真实的，只有程度上的不同而已。无论如何，它与世界所表现于我们的福祸、善恶、真伪、贵贱之间解不开的缠绕是完全一致的，这种一致性，使那最重要的、最崇高的和最神圣的真理，只能掺杂在谎言中表现出来，从谎言中获得力量，正如从某种使人类获得更强烈印象的东西中获得力量一样，也必须借启示方式的谎言预示出来。我们甚至可以把这个事实看做道德世界的象征。可是，我们不要希望人类有一天会达到成熟和接受教育，一方面能产生哲学另一方面能接受哲学的时候。单纯是真理的表征，赤裸的真理应该是非常单纯而易于了解的，应该可以以其本来面目而不带神话和寓言（一堆谎言）的方式，灌输给每个人——就是说，不必以宗教方式伪装地表现出来。

德莫菲里斯：你对于大多数人们的能力如何受到限制的情形，认识不够。

菲勒里息斯：我所说的只是一种希望，可是，这是我不能放弃的一种希望。如果这个希望实现了，当然会把宗教从它长久以来占驻的位置上赶下来。宗教会实现了它的工作并听其自然发展。那么，它可以解放它所引导的民族中的大多数人，而它自身也不声不响地消逝了。这将是宗教的无痛苦死亡。但是，只要它存在，就具有两方面：真理的一面和欺骗的一面。你喜爱它还是憎恨它，那要看你到底看到哪一面。你应该把它看做一种必需之恶，它的必须是由于大多数人类的无能，他们不能了解真理，因此，在这种迫切情形下，便需要一种代替品。德莫菲里斯，要坚持这结论，然后，永远记住宗教具有两方面。如果我们不能从理论方面也就是从理智方面证明它的话，也可以从道德方面，证明它是那种与猴子和老虎同类却富有理性的动物的唯一指导、控制和满足的工具。如果你从这个观点去看宗教并记得宗教的目的主要是实用的，理论只是次要的，那么，你会觉得它是最值得重视的。

菲勒里息斯：最后，这种重视完全用一个原则，即目的使手段神圣化。我不想用这一理由而妥协。在驯服和训练那邪恶、愚钝的两足动物方面来说，宗教可能是最好的工具。但在真理之友的眼中看来，任何欺骗，不论如何虔敬，仍然是欺骗。一套谎言将是带来德行的奇妙工具。我效忠的对象是真理，我将永远忠于真理，不管结果如何，我将为光明和真理而奋斗。如果我把宗教列于敌人之列……

德莫菲里斯：但是，你不会发现宗教列于你的敌人之列，宗教并不欺骗，宗教是真实，是所有真理中最重要的。但是，像我早已说过的，由于宗教的观点非常高，高到使一般大众无法直接把握它；由于它的光芒普通的眼睛看不见，所以，它以寓言方式伪装地表现出来，并且向我们宣示一些东西，这些东西本身虽然并非严格真实，但其中所含的崇高意义，则是真实的。如果你这样去了解的话，宗教便是真理。

菲勒里息斯：如果它只敢在单纯寓言的意义上表现为真实的，那是相当公平的。可是，它却进一步主张在严格和实质意义上是真实的，这便是欺骗，也是真理之友必定反对的地方。

德莫菲里斯：但是，那是不可缺少的条件。如果宗教承认自己的观点只有寓言的意义，只在寓言意义上才是真实的，那么，这会使自身失去一切效果；由于这种严重的结果，它对人类内心和道德方面的影响无法估计。你要提防不要让自己在理论上吹毛求疵，使一般人眼中表示出不信任，最后曲解某些东西，但这些东西又是使他们获得安慰的无尽源泉，他们很需要这些东西，的确，他们的艰苦命运，使他们比我们更需要这些东西，因此，我们不应该破坏它。

菲勒里息斯：当马丁路德攻击罗马教廷出售赦罪券时，你可以用那个论证把马丁路德驳倒。——真理，我的朋友，只有真理颠扑不破，只有真理历久不变，只有真理能牢牢站住；真理带来的安慰是唯一可靠的安慰；它是毁坏不了的钻石。

德莫菲里斯：是的，如果你能任意支配真理并能在需要时为我们所用的话。可是，你所拥有的只是形而上体系，关于这些形而上体系，没有东西是确定的，只是使人类绞尽脑汁而已，当你使人放弃某种东西以前，应该有更好的东西来替代它的位置。

菲勒里息斯：啊，还要继续听那种话！使一个人免于犯错，并不是使他失去某种东西，而是给他某种东西。因为，"知道某个东西是假的"就是一种真理。没有任何错误是无害的，迟早会为隐藏错误的人带来不幸。所以，不要欺骗任何人，对于自己不知道的东西要坦白承认自己的无知，让每个人为自己想出自己的信条。

德莫菲里斯：这种排他主义完全违反人性，因此，会破坏一切社会秩序。人是形而上的动物，就是说，人的形而上需要，比任何其他需要更迫切；于是，人特别根据生命的形而上意义来看生命，并且希望通过这一点来看一切东西。因此，从所有教条都不确实这一点看来，不管听起来多么奇怪，然而，种种基本形而上观点的共同一致，对人类而言是最重要的事情，因为，只有在那一致同意这种形而上观点的人们之间，才能建立真正而长久的社会结合。社会组织、国家只有建立于某一普遍承认的形而上体系时，才是稳固的。自然，这种体系，只能是民间形而上学即宗教；那么，它与国家法律及人们生活的所有社会表现连在一起，正如与个人生活中所有的庄严行动连在一起一样。如果宗教不曾重视政府当局和统治者的尊严的话，社会组织就很难存在。

菲勒里息斯：啊，是的，当君王们再也没有别的东西可用时，便把上帝当作妖魔鬼怪来哄骗自己长大的孩子上床睡觉，这就是他们把上帝看得如此高的缘故。很好，但是，我要劝告所有统治者，隔半年选一个日子坐下来好好读一读《撒姆耳前书》第十五章，以便常常记住用神坛支持王座是什么意义。而且，由于神学的最后论证，即火刑柱已没用，所以，政治上采用这种方法的效果也大大地减少了。因为，你们知道，宗教好像萤火虫一样，需要黑暗来显出它的光亮。某种程度的普遍无知，是一切宗教存在的条件，是唯一使宗教能够保存下去的因素。也许我们常常预期的一天终会到来，那时候，宗教会离开欧洲人而去，就像孩子长大了，护士、保姆离去一样，此后就归老师来教导。因为信条只基于权威，而奇迹和启示无疑又只适于人类孩提时代的短期帮助。我们必须承认，根据物质和历史资料提供的种种表示，一个在现在并不比60岁的人老100倍的种族，仍然处于最初的孩提时代。

德莫菲里斯：啊，如果你不怀着掩不住的愉快心情来预言基督教的末日的话，只要你想一想基督教对欧洲人的贡献有多大就好了！欧洲人从基督教那里得到一种前所未知的景况，这个景况是从关于根本真理方面的知识而来，而这种知识告诉我们，生命本身不是目的，我们存在的真正目的在生命之外。由于希腊人和罗马人把人生存在的真正目的完全放在生命以内，所以，在这方面说，他们可以称为盲目的教徒。因此，他们所有的德行都可以溯归于对社会有助的品质，亚里士多德明白地说："那些对别人有用的德行，必然是伟大的德行。"基督教使欧洲人跳出这种短暂而不稳定的存在。过去，希腊人和罗马人忘记了人生严肃和真正而深刻的意义，他们像长大的孩子一样，不在意地活着，直到基督教到来，才使他们恢复生活的热情。

菲勒里息斯：要想评断它如何"成功"，我们只需把古代和中世纪比较一下就可以了，也就是说，只要把培里克里斯时代和十四世纪比较一下就可以了。你根本想象不到自己在讨论同一种族。在前一情形下，表现人性最美好的展开，有最好的国家组织、明智的法律、平衡的司法行政、合理化的自由，一切艺术以及诗歌和哲学，都达到巅峰状态，创造的作品，数千年之后仍然是这方面无可比拟的典范，几乎是我们永远无法赶上的更高一等动物的作品，同时，像我们在色诺芬的《响宴篇》中一样，最崇高的社会情谊把人生美化了。现在请看看基督教会束缚人心和威迫人类身体的时代，这个时代，骑士和教士可以把生活中所有沉闷辛苦的工作摆在第三阶级的平民肩上。这里，你可以发现所谓优势、封建制度与宗教狂热密切结合，带来可怕的无知和心灵的愚昧，结果便产生了不容忍、信仰上的争论、宗教战争、十字军、异教徒的迫害和审判；在此期间，社会风气倾向于含有残忍和愚蠢的骑士精神，怪诞的事物和骗人的胡说变成了一套有系统的东西，社会上充满了堕落的迷信，对女人则表现出装模作样的崇敬。毫无疑问地，和中世纪比起来，古代人比较不残忍；并且，古代人也非常有容忍精神，他们很重视公理正义，常常为国家而牺牲自己，并且表现出种种的高尚行为和真正的人道精神，对今天的人们来说，认识他们的思想和行动，便称为人文学科的研究。他们容许男色，这固然是应该责难的，也是今人对古人道德方面所做的主要指责，可是，与基督教许多令人憎恶的事实比起来，则是微不足道的小事。我曾经说过，这种事情在今天比较不明显，但是，所谓比较不明显并非表示不流行。当你考虑过所有这种现象以后，还能认为基督教促使了人类道德上的进步吗？

德莫菲里斯：如果实际结果并没有完全符合教义的纯粹和真理，这可能由于教义太过崇高，太过高深，非人类所能接受，因此，它的目标摆得太高了。当然，异教徒道德，例如，回教道德就容易遵守了。愈是高尚的东西，往往愈容易被滥用和蒙骗，因此，这些崇高的教义有时也被用作最残忍行动和邪恶行为的借口。

菲勒里息斯：对宗教所产生的益处和害处作一合理公平而正确的评断，确是非常有用的探讨。但这个工作需要更多的历史和心理资料，我们现有的资料则远不够用。学术机构可以把这个当作悬奖论文的题目。

德莫菲里斯：他们不会这样做。

菲勒里息斯：奇怪，你竟然这样说，因为这是宗教方面一种坏的表示。——只要统计家可以告诉我们每年有多少犯罪由于宗教原因而避免了，又有多少犯罪由于其他原因而避免了的话，则由于前者的原因可能很少。因为，当一个人想作奸犯科时，他所考虑的第一种事是因犯罪而带来的受罚以及获得受罚的可能性；第二个考虑是名誉的损失。如果我的看法不错，我想，他会对这两点先作考虑然后才考虑宗教问题。不过，如果他能克服这两个犯罪障碍，我相信，仅有宗教原因，是很难吓住他的。

德莫菲里斯：但是，我相信，宗教会时常吓阻犯罪的，尤其是当宗教的影响力早已超过习惯的媒介，而普遍发生作用时尤为如此，因此，一个人会直接由于宗教的原因而不敢做出任何罪恶行为。因为早年的印象是历久不变的。

菲勒里息斯：假使政府此时突然宣布废止一切有关犯罪的法律，我想，你我都不敢仅在宗教保护之下单独回家。可是，相反地，如果同样地宣布一切宗教都是不足信的，在法律保障之下，我们还是和从前一样的生活，不需做任何特殊的防备。可是，我还要进一步说，各种宗教对道德常常产生不良的影响。我们可以把这种情形作一概括的公式，即凡是给予上帝的东西都是取自于人，因为我们很容易以对前者的阿谀代替对后者正当行为的赞扬。在所有宗教之中，都会很快地表示，信仰、寺庙仪式和各种祭祀比道德行为更为神意所关心，的确，尤其是当它们与教士的酬报连在一起时，前者便渐渐被视为后者的代替者：杀牲、作弥撒、建教堂或路旁立十字架等，立即成为最有功德的事情。因此，这些行为甚至补偿了最严重的犯罪，正如苦修、服从教士权威、忏悔、朝圣、捐助教堂寺庙及僧侣教士、建庙宇等一样，由于这些，最后，教士僧侣好像是人类与可被收买的神只做交易时的中间人。纵使下列这种程度，可是，哪一种宗教的信徒不把祈祷、赞美和各种奉献行为至少当作道德行为的部分代替品呢？——可是，现在我们要回到主要问题上来：你提出人类强烈的形而上需要这一点，当然是对的，但是对我而言，与其说宗教满足了这种需要，不如说是滥用这种需要。总之，我们知道，在促进道德方面，宗教的作用大部分是不可靠的，可是它的不良影响，尤其它所带来的暴行，却是显明的。的确，如果我们把宗教的效用看做王位的支持者，这个问题便产生另一种形势，因为这里，由于上帝的宠爱，神坛与王位紧紧地结合在一起。所有聪明的君王，只要他爱他的王位和家庭，往往会在自己的子民面前，表现自己是具有真正宗教信心的人。

德莫菲里斯：好啦，在我费尽一切努力之后，无法改变你对宗教的态度，可是，我也要告诉你，你所引证的一切东西，也不能动摇我对宗教价值及其必然性的信心。

菲勒里息斯：我相信你的话。因为"赫第布拉斯"中有言：一个被说服而违反自己意志的人仍然持同样的意见。

但是，我觉得可以自慰的是：辩论和矿泉浴一样，唯一真正的效果是后效。

德莫菲里斯：希望你能获得可喜的效果。

菲勒里息斯：只要我能接受某一西班牙谚语，就能达到你的愿望。

德莫菲里斯：是哪一个谚语？

德莫菲里斯：英文中怎么解释？

菲勒里息斯：魔鬼站在十字架后。

德莫菲里斯：来，我们不要互相讥讽而别。我们要了解，像门神一样——或者说得更正确一点，像婆罗门教中死神阎罗王一样——宗教具有两面，一面是和善，另一面是令人气馁的。说你注意到一面，我注意到另一面。

菲勒里息斯：您说得对，老先生！

十九、哲人的智慧

一切知识和学问的根本基础都是那无法解释的东西。每一种说明解释，尽管经过多多少少的中间阶段，但最后总归于这个无法解释的东西，正如测水深度的铅锤一样，当它接触海底时，有时候比较深一点，有时候比较浅一点，但迟早总归要达到海底。研究这个无法解释的东西，成了形而上学。

对于为意志所役使的智慧而言，就是说，对于为现实效用所役使的意志而言，存在于这世界的，只有个别的事物；对于从事艺术和科学工作的智慧而言，就是说，对于为自身原因而活动的智慧而言，存在于这世界的，便只是普遍共相，事物的种、属、类以及事物的观念。即雕刻家，当其刻画个体时，也是希望刻画观念，刻画类属。造成这种现象的原因如下：意志直接追求的，只是个别事物，个别事物是意志的真正目标。因为只有个别事物才具有经验实在性。相反地，概念、种、类，只能成为意志的间接对象。这就是为什么普通人不了解普遍真理的缘故。相反地，也就是天才忽略和不重视个别事物的缘故。对天才来说，如果要勉强注意那构成现实生活内容的个别具体事物，便是一种沉重的负担。

从事哲学思想的两个必需条件是：第一，必须有勇气面对任何问题；第二，对于任何当然的事物具有清晰的认识，从而可以把它当作问题。最后，如果真要从事哲学思想，我们的心灵，还要真正地解脱，不应追求特殊的目标或目的，从而不受意志的引诱，完全致力于知觉世界及其自身意识所传达的信息。

诗人以生活和人类性格以及人类处境中的形象表现想象，他使这些形象生动化，并让观赏者的思想尽可能地为这些形象所占住。这就是诗人能够吸引一切贤愚不等的各种人的缘故。相反地，哲学家所表现的，不是生活本身，而是从生活中抽象出来的思想。因此，哲学家所需要的，是希望读者尽可能地拥有像自己一样的思想。这就是为什么哲学家的读者很少的缘故。这样，诗人可与献花者相比，而哲学家则可与提取花的精华者相比。

哲学有一个古怪而没有价值的定义，认为它是一种只含有概念的科学，甚至康德也这样说。因为任何一个概念的全部性质，没有别的，只是从知觉知识而来的东西，这是一切知识的真正而无穷的根源。因此，真正哲学不能只由抽象概念构成，应该基于内在和外在的观察和经验。哲学中任何有价值的东西，也不是因综合实验与概念而来，像过去哲学所从事的一样，尤其是我们这个时代的诡辩家所从事的一样——所谓我们这个时代的诡辩家，是指费希特、谢林，尤其是黑格尔，以及伦理学方面的施勒马赫。正如艺术和诗歌一样，哲学的根源也应该是对现实世界的知觉的理解：不论头脑在哲学事业中如何的占主要地位，然而，哲学也不应成为冷酷的事业，应该把整个的人，包括感情和理智都投进去，使整个人都受到影响。

如果只表现诡谲精微，那么，只能使你成为怀疑论者，而不是哲学家。相反地，哲学中的怀疑主义，就像议会中的反对党，两者都是有用而必需的。这一点是基于下述事实：即哲学无法产生像数学所产生的那种自明的证据。

所谓理性命令是我们给予某种命题的名称，这种命题，我们不必加以研究就可以认作真实的。同时，我们自己很相信这种命题，因此，即使我们想要对这种命题加以严格的考验，也不可能。因为，如果这样做的话，就会暂时使它们落入怀疑之中。我们完全信赖这种命题，因为，当我们第一次开始有所表达和思想时，就继续不断地说到它们，因此，它们也深植于我们的内心。所以，在习惯上，我们时常想到它们，这种习惯和思想习惯本身一样的久远，因此，我们无法再把两者分开。

人们总是批评形而上学的进步太少，而科学的进步却很大，所以形而上学无法和科学相比。可是，其他科学中哪一种科学常常受到对立者的阻碍呢？哪一种科学受到全副武装的学士的阻碍呢？如果我们希望形而上学与教条一致，那么，形而上学永远不会发挥它的力量。各种宗教都已掌握人类的形而上倾向，一方面由于宗教最初将教条加在形而上学方面而使其麻痹；另一方面则由于禁止和排斥形而上学中一切自由而不受限制的表现。因此，对于人类最重要和最有兴趣的问题的研究就不可能了，而在这种方式之下，人类最高尚的倾向便受到钳制了。

发现真理的最大阻碍，不是事物所表现而导致错误的虚假外观，也不是由于推理能力的弱点，而是由于先入为主的成见、偏见，由于这些东西阻挡了真理之路，所以，像逆风把船舶吹离陆地一样，船上虽有风帆和方向舵也没有用。

普遍真理与特殊真理之间的关系，就像金币与银币之间的关系，因为普遍真理可以转变为许多由它而来的特殊真理，就像金币可以变为许多小零头一样。

从一个命题出发，除了这命题中早已含有的东西以外，除了完全表达它的意义时本身所包含的东西以外，不可能得出更多的东西；可是，如果从两个命题出发而这两个命题又联在一起成为三段论之前提的话，那么，就可以得出比两命题单独所含者更多的东西——正如由化合而成的物体显示出原有成分所没有的性质。逻辑结论之具有价值就是由这个事实而来。

光线对外在物质世界的关系，正如智慧对内在意识世界的关系。因为智慧与意志及意志客观化的有机体联系，几乎和光线与燃烧物体及助燃物氧气的关系完全一样。光线愈纯，其中所含燃烧物体的烟便愈少。同样，智慧愈纯，便更与产生它的意志分离。如果用比较大胆的比喻来表示，我们可以说：生命可以看做一种燃烧过程，智慧则是这个过程中所产生的光。

只要对自己加以最简单而没有偏见的观察，再加上解剖上的事实，我们可以得到下述结论：像智慧客观化的头脑一样，智慧及其相依的感觉器官，只是接受外界影响的一种很强烈的接受力量，并不构成我们原始而固有的本质。因此，智慧在我们身上，不像构成植物中原动力的东西，或构成石块中重量和化合力的东西，在这些形式中出现的只是意志。智慧在我们身上，就像植物对外界影响的感受，对物理和化合活动以及其他有助或阻碍生长和繁盛者的单纯感。可是，在我们身上，这种感受达到最强烈的程度，因而有这种感受，整个客观世界、观念世界便出现了。这就是它的客观化如何起始的情形。如果你想象这世界上没有任何动物生命，会使这种情形更为生动。那么，这世界上不会有任何东西能够知觉它，因此，便根本不会有任何客观的存在。现在，让我们想象，许多植物从地上生出来，一个靠近一个。各种东西，像空气、风、某一植物对另一植物的压力、潮湿、冰寒、光线、温暖、电力等，都开始对它们发生作用。现在，我们更去想象，这些植物对这种影响力的感受性更加强烈，终将变成感觉，随之而来的便是把感觉归源于它的原因，最后会变成知觉。因此，世界会出现于空间、时间和因果关系中，仍然只是外在影响力加于植物感受的结果。这个生动的描述使我们很清楚外界的单纯现象存在，并使它可以为我们所了解。的确，没有人愿意承认，含有只能产生于外界影响力和主观感受关系中的知觉情状，能代表真正客观的东西，能代表那些被认为影响植物的自然力量的内在和原始结构，就是说，没有人愿意承认，它能代表本体世界。因此，这情形可以使我们了解为什么人类智慧领域的范围如此狭窄，有如康德在其"纯粹理性批判"中所描述的。

你应该尽快记下发生于自己心中的有价值观念，这是不必说的，有时候，我们甚至忘记自己做过什么事，因此，也更忘记我们想过什么。不过，思想的产生，不是当"我们"需要的时候，而是当"它们"需要的时候。另一方面，我们最好不要模仿全从外界接受的现成东西，仅仅学习得来的以及可以再从书本上发现的东西。因为，摹仿某种东西就是将这东西付诸遗忘。你应该严格地处理你的记忆力，这样，就不会忘记服从你的支配。例如，如果你记不起某件事情，也许一行诗，也许一个字，不应到书上去查，要一连几个礼拜定时回忆这记不起的事情或东西来磨炼你的记忆，直到完成它的任务为止。因为，你对某件事情或东西绞脑汁的时间愈长，一旦得到了以后，便会很难再忘记。

我们思想的性质（它们的形式价值）发自于内，思想的方向及内容则来自于外，所以，在任何特定时间，我们所想的东西乃两个根本不同因素的结果。因此，思想对象对心灵的关系，只是琴拨对七弦琴的关系，这就是不同的人看到同一东西时会产生不同思想的缘故。

一般人的智慧是如何的微不足道和有限，人类意识是如何的不清醒，这可以从下述事实中看出来：尽管人生短促，尽管我们的生存不安定，尽管各方面有无数难题加在我们身上，然而，只有极少数的人不断地从事哲学思想，大多数人都活在梦幻中。人类的梦幻与动物的梦没有多大不同，唯一不同的地方是人类能够早在几年以前做准备而已。如果说人类曾感到形而上学的需要，那也是各种宗教中少数人预先注意到的，人类有了这些宗教，不管是什么宗教，都够了。

我们几乎可以认为，大部分思想都是在无意中产生的。通常，我们得到某一结论时，并没有清楚地想过导致这个结论的原因。从下述事实看，这是早已明显的：有时候，发生一件事情而这件事情的结果我们无法预料，更不能估计它对自己的影响如何，可是，它却对我们的整个心情产生明显的影响，会把心情从愉快转为忧愁或从忧愁转为愉快，这种情形只能是无意识思想的结果。在下述事实中这一点更为明显：我已熟悉某一理论或实际问题的现实资料，我不再想它，可是，往往几天以后，这问题的答案会自动浮现于心中。可是，产生这答案的活动，对我来说，仍然是一件不可解之事，正如计算器不可解一样。这里所发生的，仍然是无意识思想。——我们几乎可以大胆地作一心理学的假设，把意识范围内的思想当作发生于大脑表面的思想，而把无意识思想当作发生于大脑内部的思想。

只要我们想一想生命的单调以及由此而起的枯燥乏味，如果不是因为不断增进知识和见识，如果不是因为一方面由于经验，另一方面由于生活中不同阶段遭遇的变化，而对一切事物获得更进一步和更清楚地了解，那么，在经过相当长时间以后，便会感到无法忍受的厌烦。这样，尽管我们的心理能力衰退，然而，"每天都有新东西产生"这句话仍然有效，并给予生命一种不断更新的魅力，这里，同一的东西，继续表现为新而不同的东西。

如果我们对某种事物早已有了自己的看法，那么，对这种事物所产生的新观点，自然会采取一种防卫性和消极性的态度。因为，这像敌人攻入自己原先封闭的一套信念中，需要我们重新努力并表示以前的努力没有用了。因此，凡是使我们免于错误的真理便好比药物，良药苦口，忠言逆耳，而且，良药和真理只在事后发挥效力，吸收的时候并不发生效力。

这样，我们便看到个人固执自己的错误，其实整个人类比这更坏。他们一旦有了某种看法，即使几百年的经验和教训也难得改变它。因此，世上便有普遍而始终被人相信的错误，我们每天都看到这种错误，那简直数不清。现在我把这些错误列一个表。

1. 自杀是一种怯懦行为。
2. 不相信别人的人，本身就是不诚实的。
3. 价值和天才是真正谦逊的。
4. 毫无见识的人是很不快乐的。

5. 哲学思维可以学到，但哲学则无法学到（实际上刚刚相反）。

6. 写好的悲剧比写好的喜剧容易。

7. 懂得一点点哲学，使人离开上帝，可是，精研哲学则使人回到上帝。

8. 知识即是权力。到底怎么样？一个人可能富有知识却根本没有替他带来权力，相反地，另一个人可能有无上权威却几乎没有知识。

人们一再地犯着这些错误，根本不对它们加以仔细的思考，只因为人们第一次碰到它们时发现它们非常堂皇响亮。

智慧是内涵的量度，不是外延的量度。这就是为什么有时候一个人在这方面确能敌过万人，而一千个愚人比不上一个聪明人的缘故。

世界上充满了智慧平庸的可怜人，他们所缺乏的是两种密切相关的才能：判断和产生自己观念的能力。但是，不缺乏这种能力的人，很难想象缺乏这种能力的情形，所以，不容易了解他们生活的悲哀。但是，这种缺乏却一方面解释了那些蒙骗同时代人使他们把自己当作真正文学家的胡说八道者的贫乏，另一方面也解释了出现于这种人当中那些真正有才者的命运。从某种程度上看，所有真正的思想和艺术都是想把大才智放在少数人身上，所以，这种想法未能常常成功，那是不足为奇的事情。因为一个能够使人获得乐趣的作家，往往需要在自己思想方式和读者思想方式之间有某种和谐一致性，这种和谐一致性愈完美，乐趣也愈大。所以，只有伟大人物才能欣赏另一伟大人物。由于同样的缘故，坏的或平庸的作家会引起有思想者的厌恶和心理剧变，甚至与大多数人谈话时也会产生同样的结果——因为他在谈话的每一阶段都会发现不适当和不一致。

植物的生命只是生存，因此，它们生活的乐趣是纯粹和绝对主观的、呆钝的满足。动物则不同，动物有知识，可是，动物的知识仍然只限于满足自身动机欲望的范围内，亦即限于自身最直接的刺激范围内。这就是为什么它们也完全满足于单纯生存的缘故，也是为什么单纯生存是以其整个生活满足的缘故。所以，尽管它们不是在思想，只是呆呆地望着，然而，它们可以几个小时完全不动而不会感到不满或不能忍受。只有最聪明的动物如狗和猿猴才需要活动，因此，同样也会感到厌烦，这就是为什么它们喜欢玩耍的缘故，也是为什么它们喜欢两眼注视路过者的缘故，从这方面来说，它们和那些喜欢从窗子里看人的人，属于同一类。

只有人类才拥有知识——即认识其他东西，所谓认识其他东西与单纯的自我意识是相反的——只有人类的知识才达到高层次，同时，由于推理能力的出现，人的知识能力达到了可以从事思想的程度。由于这种情形的结果——除了简单的生存以外，人的生活还可以为上述那种知识所满足，在某种程度上说，这是自身以外存在于别人和其他事物中的第二种生存。不过，人类的知识也大部分限于满足自身欲望动机的范围内，只是这种动机包括那些不太直接的动机在内，当我们整个地看这种知识时，便被称为"实用知识"。另一方面，通常，除了由好奇心和需要娱乐消遣而产生者以外，人类并没有比较自由的即没有目的性的知识，然而，即使只在这种程度以内，每个人却都有这种知识。同时，当动机时，人的生活大多是单纯的生存，人有时候不断闲逛常常参加那些只是聚在一起而没有任何交谈充其量只称作交谈的社交活动，这种现象充分地证明了上述事实。的确，大多数人——甚至他们内心还没有自觉到——把下述情形当作自己行为的最高指导原则，即在生活过程中花费最少的思想，因为，对他们而言，从事思想是困难而麻烦的。因此，思想多少，由他们从事的事务需要多少而定，也由他们的娱乐消遣需要多少而定，可是，两者都要加以适当的安排，使其得以最少的思想而应付解决。

只有在智力多过为生活所需的限度时，才以知识本身为目的。如果在某个人身上，智力放弃其自然的天职——即认识事物之间的关系而为意志服务——以便完全从事客观的活动，那么，这便是一个相当反常的现象。可是，艺术、诗歌和哲学正是起于这个反常现象，所以，艺术、诗歌和哲学产生于原先并非为这目的而存在的官能。因为，从根本上看，智力是一种辛勤工作的工人，他的主人意志使他一天到晚忙于工作。但是，如果这个被驱使的奴隶，偶然在工作之余，自动做些自己的工作，完全出于主动，除工作本身之外，也没有其他目的，只是为了使自己满足和快乐——那么，这就是真正的艺术品，推到极致，便是天才的创作。

这种藏在艺术、诗歌和哲学成就背后的对智力的纯粹客观运用，也存在于纯粹科学的一般成就背后，也早已出现于纯粹科学研究和学问以及对任何问题的自由思考中。的确，如果谈话的题目是纯粹客观的，与参加谈话者的意志毫无关系的话，那么，甚至引起单纯谈话的，也是这同一东西。所有这种对智力的纯粹客观运用，可与它的主观运用——不管如何间接，但运用智力的目的都是为了个人利益——正如跳舞和走路相比一样，跳舞是不带任何目的的过剩精力的消耗。可是，相反地，主观运用智力则是一种自然的运用方式，因为，智力产生本来就是为意志所用。它不但涉及工作和个人的冲动，也涉及一切有关个人私事和一般重要事情的谈话；也涉及吃、喝及其他享乐；也涉及维持生活的一切东西；并涉及种种功利的关切。的确，大多数人对自己的智力不能作任何其他的运用，因为，对他们来说，智力只是为自己意志所役使的工具，完全为意志所消耗，没有一点剩余。就因为这种情形使他们如此的没趣，如此粗俗地热衷于利益以及无法作客观的谈话，正如在他们表面上看不见连接智力和意志之间的带子一样。事实上，以如此抑压方式而时常引起的心地狭窄印象，只是他们整个知识只限于为自己意志所用的外在象征。我们可以知道，这里，只有某一特定意志为达到其目的所需要的智力，而没有更多的智力，因此，外貌粗俗更产生一个事实，即当他们的意志不再驱使智力时，智力便停止活动。他们对任何东西都没有客观的兴趣。他们的注意力不放在任何与自己不发生关系或至少可能发生关系的东西上面，他们的内心更是如此，否则，便不会引起他们的兴趣。他们甚至不会明显地为风趣和幽默所动，他们不喜欢任何需要稍用思想的东西。粗俗的滑稽充其量只能引起他们发笑，除了这点以外，他们便是热情的动物——所有这些都是因为他们只能注意主观的利益。就因为这个缘故，所以"玩牌"成为最适合他们的娱乐——玩牌赢钱，因为，这种情形不像舞台表演、音乐、谈话等仍然停留在纯粹知识范围内，而是使意志发生作用，使无所不在的意志发生作用。对其余的而言，他们自始至终都是生意人，生命生来就是服钱役的。他们所有的快乐是感官上的快乐，他们不喜欢其他种类的快乐。只要跟他们谈业务，不要跟他们谈任何其他的事情。跟他们交往要把自己贬低了。可是，相反地，两个能够对自己智力作纯粹客观运用的人之间的谈话则是理智能力的自由发挥，即使所谈的问题不甚重要而只是开玩笑，情形也是如此。这种谈话事实上好像两个人或两个以上的人在一起舞蹈；而其他种类的谈话则好像并肩走路或二合一后的走路，其目的只是要到达某个地方。

现在，这种对智力做自由的不平常运用的倾向，在天才身上达到了顶点，这里，知识成了最主要的东西，成为他整个生命的目的；相反地，他自身的存在反而降为附属品，反而变为工具，因此，正常的关系完全颠倒过来了。于是，就整个来看，由于他的知识以及对知识的了解，天才活在世界的其他方面比活在自身中为多。他的认知能力的不平常的增加，使他不可能以单纯存在及其目的来消磨他的时光。他的心灵需要继续不断地和强有力地活动。因此，他没有经历日常生活中许多事情的那种泰然以及普通人那种易于专心于日常生活中的事情。所以，对于适合正常心理能力的普通现实生活而言，天才是一种坏的禀赋，同时，像所有不正常的情形一样，也是一种阻碍物。因为，由于理智能力的加强，对外界的直觉了解达到非常客观明确的程度，并带来远比为意志役使时所需者为多的智力，因而这种丰饶成为这个固有意志的彻底障碍，因为，思考特定现象本身并为特定现象之缘故而思考，便减损这个思考与个人意志以及彼此之间的关联，因而阻挠和妨碍了对这些关联的任何明确了解。如果只为满足意志的需要，那么，只要对事物做完全表面的思考就够了，这种表面的思考，除了使我们了解自己与任何可能目的之间的关系以及与这些目的可能有关者之间的关系以外，不能了解其他东西，因此，这种思考所涉及的只是种种关系，根本不能知道其他东西。对事物本质的一种客观而完全的了解，减弱了这种知识并使它达到纷乱状态。

天才与一般智慧之间的不同，就其只是程度上的不同而言，的确只是量的不同。然而，当我们想到一般平常人尽管与个人之间有着差异，但都遵循着共同的路线去思想，因此，虽然他们的判断实际上是错的，然而往往会有相同的判断，这时，我们很容易把量的不同看成质的不同。这种情形达到下述的程度，即他们具有某些基本观点，这些观点在所有各时代都有效，也继续为人们所反复提出来，可是，各个时代的伟大人物却都公开地或秘密地反对这些观点。

所谓天才，乃是头脑中比一般人更明白也更清楚观念世界的那种人；同时，由于最重大最深刻的预见并非来自于观察个别事物，而是来自于了解整体的热情，所以，人类可以期望从天才处获得最深刻的教训。因此，我们也可以把天才解释为一种对事物具有特别明确的认识，也对自身具有特别认识的人。人类崇敬那些禀赋着这种显露事物及其自身本性的人。

如果你想得到同时代人的欣赏，就必须和他们步调一致。可是，如果你和他们步调一致，就不会创造伟大的东西。如果你心里想要创造伟大的东西就必须诉诸后世人来接受你的东西，只是，你不会为当时的人所了解，你会像一个被迫留在荒岛的人，在那里辛辛苦苦竖立纪念碑好让未来的海上旅行者知道自己曾经存在过。

有才能的人为金钱和名誉而工作，可是，相反地，促使天才从事创造工作的动机，却不易确定。天才不为金钱，因为天才很少获得钱；不为名誉，名誉太不确实，而且，仔细地想想，也太没有价值。严格地说，也不是为了自身的快乐，因为创造工作付出的心力超过快乐。不如说是一种特殊的本能，由于这种本能，具有天才的人便不得不以持久的工作来表达自己的所见所感，根本没有想到其他动机。从各方面看，这种情形之发生是必然的，就像果树结果子一样，果树结果子，除了需要土壤使它获得滋养以外，没有其他需要。更仔细地想想，好像在这种人身上，作为整个人类精神的生活意志，由于稀有的偶然事故，已感觉到暂时获得更明确的智力，现在尽力地收获成果，尽力地收获这种明确思想和看法为整个人类带来的成果，其实，这也是这种人的内在本质，因此，它们的光辉可以继续照亮黑暗和一般人意识的麻木不仁。就由于这种情形，因而产生那种使天才人物孤独工作以完成自己作品而不重视报酬、歌颂和同情，甚至不顾自己的福利，为后世着想多过为同时代着想的本能。作为一个神圣的信赖以及自身存在的真正果实，他把自己的作品当作整个人类的财产，为更能欣赏他的后世人而创作。对天才而言，这是比任何其他目的更重要的目的。天才之努力完成和保卫自己的作品，其坚决的程度，就像昆虫之保卫自己蛋卵并抚养自己永远看不到的孵雏一样，它把蛋卵置于自己认为有一天它们将成为生命并获得养育的适当地方，然后带着满足的心情死去。

二十、意志与现象

　　所谓物自体（本体），是指独立存在于我们知觉之外的东西，是指真实存在的东西。希腊哲学家德谟克利特认为它是物质；从根本上看，这也是后来洛克所说的东西；康德认为它是不可知的未知数；我则认为它是意志。

　　正如我们只认识地球表面而不认识地球内部的大量固体物质一样，我们对宇宙万物在经验上所认识的，除了它们的现象，即表面以外，便没有别的了。对于这表面现象的正确知识，构成了物理学，即广义下的物理学。但是，这个表面却要先假设一种不但构成外观且有具体内容的内部，这个假设以及关于这内部性质的许多推论，构成形而上学的主要课题。要想根据表面法则来解释物自体的本性，就等于要通过外观与适用于外观的法则来解释实体一样。所有独断超越哲学都想根据现象法则来解释物自体，这好像是想使两个极端不同的物体彼此涵盖一样，这种想法常常失败，因为，不管你怎样转变它们，总不会圆满。

　　由于自然中的一切东西，都是同时为现象和物自体，或能产的自然和所产的自然，因此，都可以从两方面加以解释，一方面可作物理学的解释，另一方面也可作形而上的解释。物理的解释往往运用"原因"，形而上的解释则往往运用"意志"；因为，出现于无知觉自然中的自然力量以及高一层的生命力，在动物和人类身上，都表现为意志。所以，严格地说，人类所具智慧的大小和倾向以及道德性格的构成，都可以归结于纯粹物理原因，前者基于大脑和神经系统的构造以及影响它们的血液循环，后者基于心脏、淋巴系统、血液、肺脏、肝脏、脾脏、肾脏、肠子、生殖器官等的构造和综合效果；我承认，这将需要一种甚至比生理学家毕查德和作家卡班尼斯在支配物质与道德间关系的法则方面所认识的更为正确的知识。因此，两者更可以追溯到更远的物理原因，即父母亲的身体结构，因为，这些只能对同类供给种子，不能对更高一层或更优秀者供给种子。另一方面，从形上学立场说，同一个人应该解释为他自身的虚灵存在方式，即完全自由的和最初的意志，这个意志为自身创造了合于自身的智慧。因此，他的一切行动，虽然必定是他性格的结果，而他的性格在任何时间又与作用于他的刺激相冲突，虽然是他的实质的结果，然而，却要完全归因于他。

当我们认识和思考任何动物的存在、生命和活动时，尽管动物学和动物解剖学告诉我们许多东西，然而，仍然觉得是一种深不可测的神秘。那么，大自然就因为绝对无情而永远对我们人类的询问一无反应吗？难道大自然不像一切伟大事物一样是开放的、传达消息的，甚至纯真的吗？自然未能回答我们的询问，除了我们问错了问题以外，是否还有其他原因呢？除了我们的问题是基于错误的假设以外，是否还有其他原因呢？除了我们的问题中潜伏着矛盾以外，是否还有其他原因呢？我们能不能认为原因和结果之间的关系，可以存在于本质上无法发现的自然中呢？——不，当然不能。自然是深不可测的，因为，我们是在一个没有包含这种形式的领域内寻求原因和结果。我们试图根据充足理由原则，了解表现于我们面前的种种现象的自然内在本质——可是，这只是我们用智慧借以了解现象，即事物表面的方式，而我们却希望把它用在现象领域之外，因为在这个范围之内，它是有用而充分的。例如，我们以动物的生殖来解释特定动物的存在。从根本上看，这并不比从原因产生结果更神秘，即使最简单的结果也是如此，因为，即使在最简单的情形下，这种解释最后也会发现那不可理解的东西。在生殖的情形下，我们缺少因果关系中另外两个阶段，这种情形并没有产生根本上的差别，因为，纵使我们具有它们，最后，也会不了解，因为，现象仍然是现象，不会变为物自体。

我们埋怨自己生活在黑暗之中，我们根本不了解存在的一般性质，尤其不了解我们的自我与其他存在的关系。不但我们的生命短促，即使我们的知识也完全限于这短暂的生命，因为，我们既不能知道自己来到这世界之前的情形，也无法知道自己离开这世界之后的情形，所以，我们的意识好像是刹那间照亮黑夜的闪光，确像魔鬼恶毒地不让我们获得进一步的其他知识，这样，便可以看着我们陷于困苦失望之中而获得快乐。

可是，这种埋怨并不合理，因为，它产生于由错误前提所带来的错觉，即认为所有事物都来自于一种思维能力，因而在它成为现实的东西以前都以观念方式存在；根据这个前提的说法，认为一切事物既然都是来自于知识领域，一定都可以受到知识的影响，都可以加以解释，都可以借知识而完全加以了解。——但是，事实的真相恐怕是：所有我们埋怨的自己不知道的东西，是任何人都不知道的，确是无法想象的。因为，一切知识所在，一切知识所归的观念，只是存在的外在一面，只是次要的东西，就是说，并非为保全事物本身所必需的，并非为保全宇宙整体所必需的，只是为保全个别动物所必需的。因此，整个事物的存在，只进入知解领域的表面，因而只达到有限的程度，只形成动物意识中描述的背景。这里，意志的目标是主要因素，所占的地位也最重要。因此，通过这个表面，便产生了整个时空世界，即观念世界，这时空世界、观念世界，在知解领域之外，根本不具有这种存在。既然知识之存在只是为了保全每一个动物，那么，它的整个结构，它的一切形式如时间、空间等，都只用来满足这种个体的目的。而这些只需要关于个别现象之间关系的知解，根本不需要关于事物基本性质和整个宇宙基本性质的知识。

康德曾经表示过，多少个困扰着每个人的形而上学问题，不可能有任何直接的解决，也根本不可能有任何令人满意的解决。造成这种情形的缘由是这样的：它们的根源在我们智力的形式——时间、空间和因果关系，而这个智力只是用来指示种种刺激给个人意志，即将其欲望的目标指示给个人意志，也是将掌握这些目标的方法指示给个人意志。但是，如果滥用这个智力来认识事物的本体，来认识世界的整体和内在结构，那么，一切可能事物的上述连接、连续和相互依赖形式，使产生形而上学的问题，诸如起源和目的问题、世界的开始和终结问题、个人的起始和终结问题、由于死亡而带来的个人自我的消灭问题，或尽管死亡而个人自我的继续存在问题、意志自由问题等。如果我们以为这些形式至少有过变动，然而对事物的意识却仍然存在，那么，这些问题只是不存在，而不用解决了。它们会完全消失不见，而表达它们的语言也不再有任何意义了。因为，它们完全来自于这些形式，其目的不是了解世界和存在，只是了解我们自己的目的。

这整个看问题的方式，带给我们对康德理论的一种解释和客观证明，证明理性的各种形式只能加以内在的运用，不能加以超越的运用，即只能用在经验范围以内，不能用在经验范围之外，康德本人只从主观的观点证明这个看法。因为，我们可以不用这种方式表示，我们可以说：智力是形而下的，不是形而上的，也就是说，因为，由于它与意志客观化有关，因而始于意志，所以，它的存在只为意志役使。不过，这种役使只涉及自然中的事物，不涉及自然以外和超自然的事物。显然地，动物只具有发现和觅取食物的智慧；动物所具智慧的高低决定于这个目标。在人类身上，也没有不同；只是人类自保的更大困难以及需求的无限增大，使人类必须具备更多的智慧。只有当这种智慧由于反常情形而过量时，才出现一种不被役使的丰富智慧，这种过量智慧变得相当大时，便称为天才。这种智慧首先成为客观的，甚至在某种程度以内，还可以继续变为形而上的，或至少力求变为形而上的。因为，其客观性的结果是：自然本身，一切事物的总体，现在都变成了智慧的题材和问题。依这种智慧看来，自然开始自觉为一种既存在而又不能存在或可能为另一种存在的东西；可是，在普通人看来，在只具有一般智慧的人看来，自然并没有明显的知觉——就像磨坊主听不见磨坊的声音或制造香料者闻不到香味一样。对一般智力的人来说，自然只是一种理所当然的东西。只有在某些比较明晰的时刻，才会知觉自然，因而几乎一见就怕，可是这种感觉很快就消失。即使这种平常人成千成万地合在一起，然而他们在哲学方面所能成就的，也是容易想象到的；可是，如果智力是形而上的，如果智力的渊源和能力是形而上的，就可以促进哲学，尤其是它的力量合在一起时，还可以促进所有其他科学。

二十一、超越生命

你们应该读读尚保罗的作品，这样，就可以知道一个第一流作家如何地想借鉴错误观念来讨论自己认为无意义的东西，虽然他不断为这些自己无法忍受的荒谬思想所困扰，可是并不希望摈除这错误观念，因为他曾经渴望获得它。这里所说的观念是我们个人意识死后继续存在的观念，尚保罗在这方面的努力显示出，这种观念并非像一般人敢想的，它不是有益的错误，而是有害的错误。因为，灵魂和肉体间之不实的对立以及将整个人格提升到永远存在之物自体的地位，使它对那不受时间、因果关系和变化影响的我们内在生命之不可毁灭性，无法获得真正的认识；而且，这错误观念甚至也不能看做真理的代替品，因为，理性不断地指出其中所含的荒谬不合理，因此，也不得不摈除和它相连的真理。因为，就长时间而论，只有在一种纯粹无杂染的状况下，真理才能继续维持下去；如果含有错误，便多少带有错误的脆弱性。

在日常生活中，如果有人问你有关死后继续存在的问题，而这个人又属于那种希望知道一切事物却不学习任何东西的人，那么，最适当而接近正确性的回答是："在你死后，你将是自己未出生时的东西。"因为这个答案含有下述意思：如果你要求一种存在，有起始而没有终结的话，那是荒谬不合理的；不过，此外，还含有一种暗示，即世界上可能有两种存在，也有两种空无和它相对。可是，你也可以回答："不管你死后成为什么——即使化为虚无——也会像你现在个人有机体的情形一样的自然而恰当。于是，你最要担心的是转变的时刻。的确，如果我们对这个问题加以进一步的思考，就会得到一个结论："像我们人类这样的存在，宁可不存在。因此，我们不再存在的这个观念，不再存在于其中某一时间的观念，从合理的观点看来，就像所谓从未出生过这个观念一样，对我们根本没有什么困扰。现在，由于这存在本质上是个人的存在，因此，人格的终结不能视为损失。"

如果我们想象一种动物能够观察、认知和了解一切事物，那么，关于我们死后是否存在的问题，对这种动物而言，也许没有任何意义，因为，在我们个别的存在状态之外，存在与否不再有任何意义，只是彼此无法区别的概念而已。因此，所谓毁灭的观念和继续存在的观念，都不能用在我们固有的本质存在即物自体上面，因为这些观念都是从时间范围内借用的，而时间又只是现象的形式。另一方面，我们也可以想象，我们表面现象之下这个核心的不可毁灭，只是它的继续存在，同时，只要我们在本质上根据物质世界的结构来看，便也可以想象这个核心及其一切形式的变化，只是仍然牢固地存在于时间中的东西。现在，如果我们否认这个核心的继续存在，那么，根据形式的结构，我们把自己在时间上的终结看做一种消灭，如果产生它的材料没有了，这个"消灭"便不见了。不过，两个观念都是现象世界的形式转变到物自体。可是，一种非为继续存在的不可毁灭性，甚至连抽象观念也难得建立，因为我们缺乏这样做时所需要的一切直觉知识。

不过，事实上，许多新东西的不断产生，以及早已存在的东西的不断消灭，应该视为一种由两片透镜装置（大脑作用）所产生的幻象，我们只能通过这个装置来看一切东西，它们被称为空间和时间，以及两者的彼此透入即因果关系。因为，我们在这些条件下所知觉的一切东西只是现象，我们不知道事物本身像什么；也就是说，除了对它们所产生的知觉之外，我们不知道它们本身像什么。这就是康德哲学的真正中心思想。

我们怎能相信当一个人死亡时，某一东西本身便消灭了呢？人类直觉地知道，当这种情形发生时，这只是时间中的终结现象，只是一切现象形式中的终结现象，事物本身即物自体根本没有受到影响。我们都觉得，我们并非任何人从无中创造出来的东西。从这里便产生一种信念，即虽然死亡可以结束我们的生命，却无法结束我们的存在。

你愈是明显地感觉万物的脆弱、空虚和梦幻性，便愈是明显地感觉到自己内在生命的永恒性；因为，只有与此相反时，上述万物的性质才是显然的，正如只有看着不动的河岸而非船只本身时，才能看到船行的速度一样。

所谓"现在"具有两方面：客观的一面和主观的一面。只有客观的一面才直觉到时间为它的形式因而像逝水一样地向前奔流；主观的一面则固定不动，因而永远是一样的。只有用这一点，才能使我们对长远的过去产生活生生的回忆，同时，尽管我们知道自己存在的短暂性，然而，这也使我们对自己产生不朽感。

只要我们是活着的，便总是处在时间的中点，绝不会处在时间的终点，从这一点，我们可以推知，每个人内心都带有无穷时间的不动中点。使我们具有活下去的信心而不再感到死亡恐惧的，主要就是这一点。

凡是通过自己记忆力和想象力回想自己生命中过去的人，将比别人更能感觉到整个时间中的许多相同。由于这种对当下片刻相同的感觉，便了解短暂的片刻为唯一继续存在的东西。凡是以这种直觉方式了解现在，即严格意义下的实在的唯一形式，来自于我们内心而非来自于外的人，都无法怀疑自己内在生命的不可毁灭。我们应该说，他将会知道，当他死亡时，这客观世界及其表现的媒介物即心智，对他来说，虽已失去了，然而，他的存在不会受此影响，因为，他内心具有和外界一样的真实性。

凡是不承认这一点的人，就不得不提出相反的看法说："时间是一种完全客观而真实的东西，完全独立于'我'之外。我只是偶然被投入时间之中，我占有时间中的一小部分，因此，获得瞬息的真实性，就像现在千千万万别人在我之前所获得的一样，而我也迅将归于无物。可是，在另一方面，时间则不同，时间是实在的东西，没有我，时间一样进行。"我想，这个看法的基本错误，只要明白地表示出来，就会成为显然的。

的确，这些话都是表示生命可以看做一个梦，而死亡则可以看做从梦中觉醒。但是，我们应该记住，人格性、个人是属于梦的意识的，而非属于觉醒意识的，这就是为什么个人感到死亡是一种消灭的缘故，无论如何，从这个观点看，死亡不应视为过渡到另一全新而自己不认识的状态，应该把死亡看做回到自己原来的状态，生命只是暂时离开这个状态而已。

的确，死亡时，意识消灭了，但是，那一向产生意识的东西，却一点也没有消灭。因为意识主要是用心智，但心智又适合某种心理过程，这显然是大脑的作用，因而受神经和肌肉系统的共同作用所限制；说得更正确一点，受心脏所滋养、推动和不断刺激的大脑所限制；通过大脑巧妙而神奇的结构，便产生客观世界的现象和人类的思想活动。前面所说的大脑巧妙神奇的结构，只有生理学可以了解，解剖学是无法了解的，解剖学只能加以描述。我们不能离开某一具体生命而思想某一个别意识，就是说，我们不能离开某一具体生命而思想任何一种意识，因为，作为整个意识先决条件的认识作用，必然是大脑作用——正确地说，因为大脑是心智的客观形式。现在，从生理学观点看，即从经验事实看，即从现象领域看，心智既然是一种次要的东西，是一种生活过程的结果，那么，从心理学观之，它也是次要的，也是与意志对立的，而只有意志才是主要的和无所不在的原始因素。所以，由于意识不直接附着于意志，只受心智所限制，而心智又受有机体所限制，所以，毫无疑问地，意识因死亡而消灭——就像因睡眠或昏晕现象而消灭一样。但是不要泄气吧！——因为，这算是哪一种意识呢？即使意识在人类身上已达到顶点，然而，就人类与整个动物世界共同具有这种意识而言，我们可以说，这是一种大脑意识、一种动物意识、一种受更多束缚的兽类意识。在起源和目的上看，这种意识只是便于动物获取其所需东西。相反地，在另一方面，死亡使我们恢复的状态，就是自己本来具有的状态，即存在的内在固有状态，这状态的原则表现于现已消灭的生命的产生与维持中，这是一种物自体的状态，与现象世界是相反的。在这个最初状态中，像大脑认识力这种暂时代替物，完全是多余的！这正是我们为什么会失去它的缘故。对我们来说，动物意识的除去和现象世界的不再存在是一个东西，因为动物意识只是现象世界的媒介者，也只有作为现象世界的媒介者，才是有用的。纵使在这个最初状态中，我们也保持着这种动物意识，其实，我们应该像复原的跛者抛弃拐杖一样地抛弃它。所以，凡是惋惜将要失去这种只适于产生现象的大脑意识的人，可以和来自格陵兰的改变信仰者相比，当这些改变信仰者得知天国没有海豹时就不愿进天国。

再者，这里所说的一切都用一种预设：即我们能够想象一种并非无意识的只是认知的（并具有一切基本认识形态之表征）状态，主客分开，分为能知与所知。但是，我们必须认为，这种能知与所知形式只受我们的动物所限制，也是次要的和引申的，因此，根本不是整个基本存在的最初原始状态，因此，它的构成可能完全不同，然而并非无意识的。就我们能够彻底深入其中而言，我们内在固有的实际生命只是意志，而在意志本身中丝毫没有认知作用。那么，如果死亡使我们失去心智，就被转变为本来无认知作用的最初状态，不过，这最初状态不只是无意识状态，更是一种被提升到超乎形式以上的状态，在这种状态中，主客的对立没有了，因为这里，被知道的对象实际上和知者是分不开的，而一切认知的基本条件（正是这种主客分立）也将没有了。

现在，如果我们不再向内看而再度向外看，并对呈现于自己面前的世界采取客观看法，那么，我们将无疑地觉得死亡是一种变为虚无的转化；可是，在另一方面，出生则表现为从虚无而来的创生。但两者都不是无条件真实的，因为它们只具有现象世界的真实性。所谓在某种意义下死后还活着的看法，并不比每天看到的生殖现象更神奇。凡是逝去的东西都会回到一切生命发源之处，包括它本身的生命。从这个观点看，我们的生命应视为从死亡借来的债务，睡眠乃是对债务每天付出的日息。死亡显然是个体的毁灭，可是，在这个体中却含有新生命的种子。因此，没有一个逝去的东西是永远逝去的；但是，没有一个新生的东西是获得根本的新的存在的。逝去的东西固然消灭了，但种子仍然留下来，从这个种子中又产生新生命，然后，这新生命来到世上，既不知自己从何而来，也不知道自己为什么是这个样子。这是再生轮回的神秘；它告诉我们，所有活在现在的东西，里面都含有一切活在未来者的现实种子，因此，在某种意义上说，这些东西是早已存在的。因此，一切生命力正在旺盛时期的动物似乎都对我们说："你为什么悲叹生命的寿命的短暂呢？如果在我之前，所有的同类不曾逝去的话，我怎能存在呢？"不管这世界大舞台上出现的戏和面具变化有多大，可是，出现的演员总是那些人。现在，我们坐在一起高兴谈论，我们的眼睛更闪亮，我们的声音更尖锐，千年以前，别人也和我们一样地坐在这里谈论，是同样的事物，是同样的人，千年之后，也还会是这样。使我们不能直接感觉这一点的东西是时间。

幸好我们在转生轮回与再生轮回之间加以明显的区别，前者是整个所谓的灵魂转化为肉体，后者是只有意志还继续存在之个体的分解和重建，并且，由于个体中的意志采取新生命的形态，所以，获此一种新的心智。

自古以来，都是男性贮藏意志，女性贮藏心智。因此，每个人都有父亲和母亲两方面的因素：由于这些因素经过生殖过程而结合在一起，所以，由于死亡而再度分裂，这便是个体的消灭。我们感到非常悲伤的就是这个个体的死亡，因为我们觉得，我们真正失去了它，我们觉得，过去它只是一种混合物，如今这混合物已无可补救地分解了。然而，尽管如此，我们不要忘记，从母亲那里得到心智，不像从父亲那里得到意志那样的牢固和无条件性，因为心智是次要的，也只是物质性的，而且，心智完全依赖于有机体。

因此，我们可以从两个相反的观点去看每个人。从一个观点看，他的生命是短暂的，他会犯错，也有忧伤，他起始于时间之中，也终结于时间之中。可是，从另一个观点看，他是不能消灭的，他是一切存在事物中客观化的原始生命。

斯拉西马查斯：总之，我死后要变成什么呢？请明确地回答我！

菲勒里息斯：变成一切东西，也成为无物。

斯拉西马查斯：如我所料！对问题的解决来说——这是一个矛盾。那种技巧是用得不能再用的。

菲勒里息斯：用表达内在性知识的语言去回答超越性问题，当然会产生矛盾。

斯拉西马查斯：你所谓超越的，到底是什么东西？你所谓内在的，又是指什么东西？——我也熟悉这些词语，我从教授那里学到这些词语，不过，只是把它们当作表示上帝属性的宾词，我的老师的哲学是完全讨论上帝的。如果上帝在这世界中某一地方，他便是内在的，但是，如果他在世界之外，便是超越的——好啦，这是显然的，也是你能把握的东西！你知道自己因此而处在什么地方。但是，没有人再能了解你的旧式康德术语。我们想想，它有什么意义呢？

菲勒里息斯：所谓超越性知识是指那种超越一切可能经验而力求确定事物本性的知识；相反地，所谓内在性知识则指那种限于可能经验范围之内因而只能表示现象的知识。——作为个体而言，你会随着自己的死亡而消逝。但是，你的个体并非你的根本究竟生命，只是根本究竟生命的表现而已，你的个体不是物自体，只是物自体的现象形式，这种现象形式表现于时间面相之下，因而具有起始和终结。相反地，你的本体（物自体）既不知什么是时间，也不知什么是起始和终结，也不知某一特定个体的范围，因此，没有任何个体性可以排斥它——它存在于每个人和每个地方。所以，从前一种意义看，当你死亡时，你会归于无物，可是，从后一种意义看，你会变为一切东西。这就是我说死后你会成为一切东西和归于无物的缘故。你的问题，很难有比这更好和更简单的答案，虽然这个答案含有矛盾；而它之所以有矛盾，正因为你的生命在时间中而你的不朽却在永恒中。——因此，你的不朽也可以称为不可毁灭性，称为没有继续存在的不可毁灭性——这又是一种矛盾。

斯拉西马查斯：好吧，如果没有包含我个体性的继续存在，我不会付出代价来换取你所谓的不朽。

菲勒里息斯：但是，也许你愿意稍作交易。假若我保证你的个体继续存在，不过，有个条件，就是先要保持三个月的完全无意识深眠。

斯拉西马查斯：我同意这一点。

菲勒里息斯：但是，由于我们是完全无意识的，所以对时间的经过毫无所感，因此，当我处在深眠状态时，在意识世界中，无论是三个月或是一万年，对我们来说，都是一样的。因为，在两种情形中，当我们醒来时，都要相信我们已经睡了多久。因此，无论你的个体性在三个月以后或是万年以后恢复，对你来说，都是一样的。

斯拉西马查斯：这是不易否认的。

菲勒里息斯：可是，如果在万年之后忘记把你弄醒，我想，这不会是一件很大的不幸，因为你的不存在时期和短暂的存在时期比起来，显得非常长，你会完全习惯于不存在时期。无论如何，我们可以确定地说，你根本不会想到自己没有被弄醒。如果你知道，推动你现在的现象形式的神秘机构，在这一万年中，不曾片刻停止产生和推动其他同样现象的话，你会对这种情形感到完全满意。

斯拉西马查斯：不，你无法用这种方法骗取我的个体。我曾坚持要求以我个体继续存在为条件，我无法因机概论和现象而安于它的损失。我，我要存在！那是我所希望的，不是先要说服别人相信自己具有的一种存在。

菲勒里息斯：可是，只要你看看周围，就会知道，喊着"我，我，我要存在"的不只是你一个人；一切东西都具有最少意识。因此，你心中的这种欲望，正是万物共有而非个别特有的欲望，这个欲望并非来自个体性，而是来自于存在本身，是一切存在之物所固有的，也是一切东西存在的理由，因此，借存在本身而得到满足。这种欲望所追求的，就只是这个东西，并非某种特定的个别存在。如此强烈地追求存在的东西，只有从间接上看才是个体！从直接和根本上看，则是

二十一、超越生命

217

意志本身，这在一切东西中都是一样。那么，由于存在本身乃自由活动，其实只是意志的反映，所以，无法剥夺这种意志的反映。不过，就那永远不会满足的东西可以获得彻底满足而言，意志是因此而获得暂时满足了。对意志来说，一切个体性都是无关重要的东西。表面上看来，意志似乎关心着个体，可是，实际上，意志并不关心个体，因为，除了在自身以外，个体对意志没有直接的认识。这种情形的结果，使个人比在不同情形下更留意于保持自己的存在，因而也保证种族的继续存在。从这一点，我们可以知道，个体性不是一种完美而是一种缺陷，因此，摆脱个体，不是一种损失，而是一种收获。因此，你不必为此而烦恼，真的，如果你知道生命深处是你所体现的普遍生活意志——那么，对你来说，这种烦恼似乎是幼稚可笑的。

斯拉西马查斯：幼稚和可笑的是你自己及所有哲学家，像我这样成熟的人，花费十五分钟时间和这种傻子在一起，简直是浪费时间。我还有更重要的事情要做。再见！

二十二、心理的变化

　　构成每一生物内在中心的生活意志，在高等动物身上表现得最明显，就是说，在最聪明的动物身上表现得最明显，因此，在这种动物身上，生活意志的本质，也可以看得最清楚。可是，在比较低等的动物身上，生活意志的表现就不会那么明显，意志客观化的程度也比较低；反过来说，在比动物更高的人类身上，理性的出现，表示人类能够缜密思考，因此，人类也有装假掩饰的能力，这种掩饰装假能力很快把意志蒙上一层障幕。所以，在人类身上，意志只有在情绪和激情爆发时才表现出来，这就是为什么当激情表现出来时往往激发信心的缘故，不管它是哪一种激情。正由于这个缘故，所以，激情是诗人和演员表演的主要题材。——可是，我们对猫、狗、猴子等的喜爱，就是由于上述的事实；使我们感到愉快的，就是它们所有行动的天真无邪。

　　受习惯力量影响的许多事情，有赖于我们天生基本特性的持久和无法改变，因此，在许多同样环境下，我们所做的往往都是一样，即使教一百次，也和第一次时感到同样的需要。——另一方面，真正的习惯力量确是从惰性而来的，这种惰性想使智力和意志作新的选择时避免费力、困难甚至危险，因此，使我们今天还仿着昨天和以前无数次教过的事情，而我们所知道的，将符合这种情形。

　　可是，这问题的真相在更深一层上。因为，我们要用一种比初看情形下更为特殊的意义来了解它。对于完全受机械原因影响的物体来说，可以称为惰性力量的，对于受刺激动机影响的身体来说，则称为习惯力量。纯粹基于习惯而从事的活动，确是没有任何个别特殊动机而产生的，这就是为什么当我们从事这些活动时并没有确确实实思考它们的缘故。任何成为习惯的活动只有第一次才有动机，这个动机的后效构成现在的习惯，这足以使这种活动继续不停地发生，就像物体被推动以后，只要没有阻力，会继续运动而无须再加推动一样。同样的原理也可以适用于动物，这里，动物所受的训练，可以说是一种故意造成的习惯。马匹被动地继续拉车，并没有人驱策它，这种动作仍然是最初用鞭子使它拉车的结果，像根据惰性定律的习惯一样，使这种动作继续不断下去。——这所说的一切，不只是比喻而已，事情都是一样——是不同阶段的客观化意志，正因为它遵循同样的运动法则，所以，表现为这种不同的形态。

"长命百岁！"是西班牙的一句普通问候话，"希望长命"是所有人类的共同愿望。无疑地，我们不应以关于生命的知识来解释这个现象，应该用一种关于人类固有本质的知识来解释这个现象——即生活意志。

所有离别都是先尝死亡的滋味，而所有重聚则是先尝复活的滋味。这就是为什么纵使彼此不太关心的朋友二三十年后再见时也会感到非常愉快的缘故。

突然来临的好运容易破坏，因为，快乐和不快乐只是我们所需和所得两者之间的比率而已，因此，我们感觉不到自己拥有或确知将要拥有的财货；因为，一切快乐只是消极性的，只有除去痛苦的效果，相反地，痛苦或不幸却是积极性因素，也是直接感觉到的。如果拥有财富，或确知有希望拥有财富，我们的需求便立刻增加，这使我们增加了对更多财富和更大希望的要求。相反地，如果长久的不幸使我们神经萎缩并使需求减少到最低限度，那么，就缺乏接受突然来临之好运的能力，因为，由于它与现存的需求不符，所以，便产生一种显然积极的效果，因而全力进行，因此，它能使精神分裂，容易伤害。

所谓"希望"，是欲求某种东西及其可能性的混合物。

没有希望的人也没有恐惧，这就是"失望"两个字的意义。因为，人类很自然地相信自己希望成为事实的东西，人类之所以相信它，是因为人类欲求它；如果人类本性中这种特质为一再的坏运所消灭，甚至相信自己不希望发生的事情却偏偏发生，而希望发生的事情，却只因他的欲求而偏偏不发生，于是，便产生所谓绝望的情形。

当自然人受到不公平的待遇时，心中就燃起一股报复的意念，我们时常听人说，报复是痛快的事。这个事实可以从许多只为报复而不想获得报偿所做的牺牲中加以证明。我想对这个事实提出一种心理上的解释。

自然或机遇或命运加于我们的痛苦，不像别人意志所加于的那样大。这种情形是因为我们知道自然和机遇乃世界的支配者，也因为我们知道，自然和机遇为我们带来的，也会为别人带来，因此，当我们的痛苦来自于这个原因时，我们悲叹的，不是自己的命运，而是人类的共同命运。可是，相反地，由他人意志所引起的痛苦，却含有令人特别难受的痛苦或屈辱，即意识到别人在力量或机智方面的优越以及自己的无能。如果能有补偿，补偿固然可以抵消所受的损害，但是，那种格外难受的感觉，那种所谓"我必须忍受别人"的感觉，往往比损伤本身能带来更大的伤害，只能以报复的方式才能减轻。不论我们用什么方法，用力量或是机智，只要我们对别人报以损伤，证明他并不优于自己，于是，内心获得了所渴求的满足。因此，凡是有高傲或虚荣的地方，也就有报复。但是，所有满足的欲望，多少都表现为一种幻想，因此，报复也是如此。我们希望从报复中得到的快乐往往由于事后感到的同情心而觉得难受；的确，严厉的报复事后常常会痛心而且良心不安，我们不再感到使自己报复的那个动机，我们感到的，只是自己的邪恶。

金钱代表人类的抽象快乐，因此，凡是不能再有具体快乐的人，往往把整个心思都放在金钱上面。

当意志排斥知识时，我们称这种情形为固执。

憎恨是一种属于"心"的东西，而轻视则是一种属于"脑"的东西。

憎恨和轻视彼此完全不同，也相互排斥。的确，多数的憎恨，没有别的原因，只是由于不得不尊重别人的优点；相反地，如果你憎恨自己所遇到的卑贱不幸的人，那么，就结束了你的憎恨，因为你更容易轻视他们。真正的轻视与真正的高傲正好相反，真正的轻视藏在心中，不让别人知道它的存在。因为，如果你让自己所轻视的人注意到这个事实，就对他显出某种敬意了，如果你希望他知道自己如何把他看低的话——便不是轻视，而是憎恨了。相反地，真正的轻视是完全认定别人的无价值；这里容许放纵和抑制的存在，为了自身的安全，我们避免刺激被轻视的人，因为每个人都能带来损害。不过，如果这种纯粹的、冷漠的和真正的轻视表现出来的话，所得到的便是最强烈的憎恨，因为被轻视的人没有力量回以轻视。

造成人们残酷无情的原因是，每个人都要忍受足够的烦恼，或以为自己有足够的烦恼。可是，相反地，造成人们如此好奇的原因，则是极端相反的，即厌烦。

如果你想知道自己对某人的真正看法如何，只要留意一下自己第一次在门口看到他给自己的意想不到的信件时所产生的印象就可以了。

理性也应该称为预言，因为，理性向我们展示未来（即我们现在所做事情的未来结果）。这正是当强烈欲望或暴怒或贪婪将把我们导入必将悔恨的错误道路上时要设法加以克制的缘故。

人类的快乐和幸福状况，往往可以和树林相比：从远的地方看去，觉得美丽，可是，如果你走进里面，美感就消失不见了，再也无法发现它。这就是为什么我们时常羡慕别人的缘故。

尽管我们有许多真实的反应，尽管我们时常照镜子，可是，为什么永远不能真正认识自己因而也不能像描述别人一样地在想象中描述自己呢？

造成这种情形的理由一部分是由于下述事实，即当我们在某一反应中注意自己时，往往是直接不动的注视，因此，眼睛的动作便大部分失去了，而事实上眼睛的动作是意味深长的，也是"注视"的实际特征。可是，我们心理上似乎也有类似这种肉体上的缺点。如果要客观地认识所感觉的东西，便要离开这东西去看它；但是，当我们在镜子里看到自己的影像时，便无法采取一种有距离的观点，因为这种观点最后是基于道德的自我主义及其深刻的非我感。因此，当我们看到自己的影像时，自我主义便会告诉我们"这不是非我，而是我"，因而会妨碍任何纯粹的客观认识。

只有在意识到无意识生活的人看来，这种生活才是实在的，当下直接的实在是个人意识的条件。因此，人的个别真实生活，主要也在自己意识中。但是，这必然是观念化的，因而受心智及心智活动范围和内容所限制。因此，意识明晰的程度，即思想明晰的程度，可以视为生活的真实性程度。但这种思想或意识的明晰程度，这种对自身或他人生活明晰觉识的程度，在人类中的变化非常大，因为，有的人先天具备的智力高，有的人先天具备的智力低，有些人的思想有相当发展，有些人的思想却没有多大发展，有些人具有闲暇工夫从事思想，有些人则没有工夫思想。就智力的内在和先天差异而言，如果没有考虑每一个别情形，则这些就无法作适当的比较，因为，这种差异从近处是看不到的，同时，文化程度、闲暇和职业方面的不同，也是不易发现的。但是，纵使只依据这些，我们也必须承认，很多人的生活程度，至少比别人大十倍。

这里，我们不必说那些不开化的人，因为，他们的生活和活在树上的猿猴差不多，例如，我们想一想那不勒斯或威尼斯的挑夫，看看他们从出生到死亡的生活过程。这种人的生活完全为欲望所支配，用自己的劳力维持生活，靠自己的劳力供给一天的需要，其实是供给一时的需要；大部分时间都在工作，永远在动乱不安中，总是辛辛苦苦；不考虑明天的事情，极度疲乏后，休息一下来恢复体力，总在争争吵吵，没有一点时间用在思想上，在温和的天气下享受肉体上的舒适，吃得也马马虎虎，最后，教会供给他愚蠢的迷信，作为形而上的安慰。这种无休止的迷梦，构成了千千万万人的生活内容。他们只知道满足现在的需要，他们不会想到自己生存的一致性，更不会想到生存本身。在某种程度上说，他们虽然活在这世界，却没有真正认识自己的存在。

现在，我们来看看深思熟虑而头脑灵敏的商人，在这种人的生活中，他的时间老是花在思索方面，他小心翼翼地实行自己周密考虑的计划、建立自己的家庭、为妻子儿女的未来打算，也参加共同事务。很显然地，这种人的生活与前者比起来，富于自我意识，就是说，他的生活具有较高的真实性。

最后，说到诗人，甚至哲学家，在这种人的生活中，思想已经达到极高的程度，他忽略了生活中的个别现象，对生活本身产生疑惑，对这个不可解的大谜产生疑惑，他的意识已达到非常明晰的地步，因而变为普遍的意识。通过这种意识，他心中的观念已超越一切为意志役使的关系，向他展示了一个让自己探索思想而非浑浑噩噩活下去的世界。——如果意识程度就是实在性程度的话——那么，当我们说这种人是"最真实的人"时，这句话就有意义了。

为什么我们用"平常"两个字表示轻视的意思呢？为什么我们用"不平常"几个字表示赞扬的意思呢？为什么凡是平常的东西都是可轻视的呢？

"平常"两个字的原始意义是指属于所有人的东西，亦即属于整个人类的东西。因此，凡是除了一般人类所具有者以外没有其他特性的人，都是"平常人"。

因为，一个与千千万万人无异的人能有什么价值呢？千千万万人吗？不，应该说是无数的人，应该说，像铁匠打铁时冒出无数火花一样，大自然在其永远无限的源泉中不断涌出的无数的人。

我以前常常说，动物只具有种族的性格，唯有人类获得真正的个性。然而，在大多数人中，只有很少的人具有真正的个性，他们几乎可以分为两类。他们的欲望和思想像面孔一样，都是整个"类"的欲望和思想，或者至少应该说是他们自己所属的类的欲望和思想，因此，他们的欲望和思想都是卑微不足道的，每天常见的、平常的、无数次重复出现的。他们所说的和所做的，都可以正确地事先预料到。他们没有个人的特性，好像是工厂造出来的。

他们的秉性就是所属类的秉性，难道他们的生活不是如此的吗？无论怎样，我们都可以说，所有高贵、伟大、崇高的人，由于他们所具本性的结果，都是孤立于一个世界里，而在这个世界里，没有比表示日常现象的"平常"两个字更好的字来表示低级而令人讨厌的东西。

作为"物自体"的意志，是一切东西的共同素质，是万物的普遍要素。因此，我们和每个人一样，都具有这种意志，其实，也是和动物一样，甚至与更低等的东西一样，都具有这种意志。就任何东西和任何人都具有这种意志而言，我们都是一样的。可是，从另一方面看，使某个东西高于另一东西，使某个人高于另一人的则是知识。由于这个缘故，我们所说的，应该尽可能地限于知识的表现。因为，人人皆具的意志，由于那个缘故，也是"平常的"。因此，所有意志的强烈表现都是"平常的"，就是说，意志把我们降低为类的样品，因为，这个时候，我们所表现的只是类的特性。所以，我们共同所有的就只有愤怒、无限的快乐、憎恨、恐惧，总之，是一切情绪，就是说，一切意志的激动，如果意志非常强烈以至盖过意识中的知识并使人类表现为意志动物而非认知动物的话。如果人为这种情绪所支配，即使最伟大的天才也和最平常的人一样。相反地，凡是希望成为不平常的人，就是说，凡是希望成为伟人的人，决不应让意志的激动支配他的整个意识，不管他如何的必须这样做。他应能注意到别人的可厌意见而不让自己的意见受它影响。的确，除了我们把别人伤害，像其他无数错误一样，毫不犹豫地归之于说话者的无知，因而只注意到它们而不受其影响以外，没有更明确的象征表示我们的伟大。

人类中一切基本的东西，一切真实的东西，都像自然势力一样，在不知不觉间发生作用。因此，在意识中经过的东西变成观念。所以，在某种范围以内，它的表现就是观念的沟通。于是，所有性格上和心灵上的真实而确定的特质，主要都是无意识的，也只有如此，才产生深刻的印象。人在无意中做的事情，并不花费他的力量，也没有任何力量可以产生它的替代品。一切原始概念，诸如一切真正成就的基础以及构成真正成就的核心者，都是在这种方式之下形成的。因此，只有先天的东西才是真实的和稳固的。如果你想在事业上有所成就，如果你想在写作、绘画上有所成就，如果你想在任何方面有所成就，就必须遵循法则。

很多人相信自己的好运是由于环境。他们以为，自己具有一种令人愉快的笑容，这种笑容使他们获得许多人的好感。然而，我们知道，一个人可能面带微笑，实际上却是恶棍。

具备着伟大而光辉特质的人，毫不犹豫地承认自己的过错和弱点。他们把这些过错和弱点看做自己已付出的代价东西，他们甚至还进一步以为，他们不因这些弱点而感到羞惭，反而以具有这种弱点为光荣。

相反地，另有许多性格善良而具有无瑕疵的智者，却决不承认自己的一点点小缺点，而小心翼翼地隐藏这些缺点，任何人提到这些缺点时，他们都会很敏感。因为，他们整个优点都在于没有缺点和瑕疵，因此，凡是表现出来的缺点，都会直接使他们的优点消失不见。

即使在接受训练的能力方面，人类也是超过其他动物的。清真教徒被训练每日五次面向麦加祈祷，他们固定不变地这样做。基督教徒被训练于某些场合在自己胸前画十字和跪拜等；而一般宗教则形成训练技巧中的真正杰作，即心理能力的训练——大家都知道，这种训练是不能太早开始的。有人认为，除非我们在某人六岁以前，以严肃的态度开始不断地对他述说某种事情使他产生深刻印象，否则这种事情便不能在这个人的脑海里牢固不拔，我觉得没有比这种看法更明显不过了。因为，对人的训练和对动物的训练一样，只有在早期才能得到完全的成功。

具有丰富的想象力，表示大脑的知觉作用相当强大，不一定需要感官的刺激使它活动。

因此，想象力愈活动，由感官从外界传来的知觉便愈少。长期的孤独、身陷囹圄或卧病在床、沉默等，都有助于想象力的产生，在这些境况影响下，不需要刺激，就会使想象力发生作用。相反，如果外界有丰富的材料让我们知觉，如在游览时，在喧扰的生活中，那么，想象力便休息了，即使受到激发时也不活动，因为这时不是它活动的时候。然而，如果要使想象力获得丰富的成果，便要从外界接受大量刺激，因为只有外界刺激才填满它的储藏室。但是，培养想象力和滋养身体一样，在身体获得大量需要加以消化的滋养品时，就是身体最虚弱和最需要休养的时候——可是，它后来表现的一切力量，却是从这滋养品而来的。

记忆很可能被其中所含有的东西所混乱，但它不会真正成为令人生厌的东西。记忆的能力不因接受而减少，就像把沙粒堆成不同形状时并不表示不能堆成其他形状一样。在这个意义上看，记忆是没有根基的。然而，你拥有的知识愈多，这种知识愈是五花八门，那么，你就要花更多时间在自己记忆中找出所希望的东西，因为，这个时候，你会像一个想在堆满货物的大货仓中找寻某一特殊货品的店主一样；或者，正确地说，由于你所具有的思想路线可能非常丰富，便必须回想那条距自己达到所期记忆的思想路线。记忆不是保存东西的储藏室，记忆只是运用心理力量的能力。头脑只拥有可能的知识，并非拥有实际的知识。

通常，有大才的人与才能很低的人相处比与才能平常的人相处要好一些，因为，这就像专制君主和平民以及祖父和孙儿自然地联合起来一样。

很多人需要外界的活动，因为他们没有内心的活动。相反地，凡是后者不存在的地方，前者便可能是一种非常讨厌的东西和阻碍物。——前一事实也说明了那些无事可做者静不下来以及毫无目的地跑来跑去的原因。使他们从一个国家跑到另一个国家的原因，就像在时使他们聚在一起组成那些令人见了可笑的集会一样，都是由于厌烦无聊。我曾经从一位不认识的50岁老绅士那里，偶然地证实了这种看法，这位老绅士告诉我，他曾经做了一次为期两年的愉快旅行，他到过世界上许多遥远奇妙的地方。当我说他一定遇到很多困难、辛苦和危险时，他毫不犹豫地、非常坦白地回答说："我没有一刻感觉厌烦过。"

二十三、宗教的源流

作为一门学问而论，哲学与应该相信的或可能相信的东西，没有任何关系，哲学只与可知的东西有关。如果这种情形与我们相信的事实完全不同，那么，即使对信仰也没有好处，因为，信仰的本质就是宣示不可知的东西。如果这种东西可被认知，那么，信仰便是可笑而无用的，这就像在数学范围内提出一种以信仰加以证明的理论一样的可笑而无用。

可是，在另一方面，我们可以说，信仰给予我们的，可比哲学给予我们的为多，可以多得多；然而，信仰教给我们的，不能与哲学的结论连在一起，因为，知识比信仰较为实际，因此，当两者碰在一起时，后者会被碰得粉碎。

总而言之，信仰与知识是两个完全不同的东西，为了两者相互的便利起见，两者必须被严格地分开，因此，两者各行其是，彼此不相注意。

生命短促的人类，川流不息地、一代一代地相继来到这世界，又相继离开这世界；每人都肩负着恐惧、匮乏和忧虑，跃进死亡的怀抱。当人类如此的生死相继时，他们从来不厌其烦地问什么东西使自己烦恼，这个悲喜剧的意义是什么。他们向天祈求，但天道无言。天没有给我们回答，却来了一批带着启示的教士。

但是，如果一个人还认为那些超人类的存在者曾经替人类带来信息，告诉我们有关自己或世界存在的目的，那么，这个人便仍然停留在童稚时代。即使各种启示——一定有错误，就像所有属于人类性事物一样——往往包含在奇怪的寓言和神话中并因而称为宗教，然而，除了智者的思想以外，根本没有其他的启示。因此，在这个范围以内，不论你相信自己的思想或相信他人的思想，都是一样的，因为，你所相信的永远是人类的思想和意见，而不是别的东西。然而，人类往往有一种缺点，总喜欢相信那些自称其知识来自超自然力量的人，却不愿相信那些自己头脑中有思想的人，可是，如果你记得人与人之间智力上的巨大不平等，那么，便可以知道，某一个人的思想，在另一个人看来，实在可以作为启示。

无论什么地方，无论什么时候，婆罗门教也好，回教也好，佛教也好，基督教也好，所有教士僧侣的基本秘密和狡猾的地方，都像下面所说的。他们认识并抓住了人类形而上需要的巨大力量和牢不可破性，于是，便自称具有满足这种需要的方法，他们说，用这种方法，可以把解决人生大疑问的答案直接带给人类。一旦他们使人们相信了这种说法，就可以随心所欲地引导和支配他们。比较慎重的统治者便与他们联合起来，其他统治者本身就为他们所统治。可是，如果能绝无仅有地让哲学家做国王，那么，整个喜剧便在最不适宜的方式下结束。

要对基督教作一公正的判断，必须考虑到基督教之前是什么，基督教所取代的又是什么。最初是希腊罗马的泛神论，这种泛神论被视为大众的形而上学，没有任何真正明显的教条，没有任何规范行为的法则，没有任何道德的倾向，也没有经典。因此，根本不应称为宗教——毋宁说，是一种幻想，是诗人们从民间传说中拼凑而成的产品，大部分是自然势力的显明人格化。我们很难想象成人们会重视这种幼稚的宗教。然而，古代作家中却有许多记载表示他们确实重视这种宗教，尤其是马克斯穆斯的头一部作品中，特别有这种记载，但是希罗多德的著作中，这种记载更多。后来，由于哲学的进步，这种严肃的信仰便不见了，这使基督教得以取代这种宗教，尽管这种宗教有着外来的助力。——基督教必须取代的第二个东西是犹太教，犹太教粗陋的教义在基督教中被升华了，也在无形中寓言化了。一般说来，基督教的确是属于寓言性质的，因为世俗所谓的寓言，在宗教中被称为神秘。我们必须承认，无论在道德方面或教义方面，基督教都远优于先前的两种宗教。从道德方面说，只有基督教（就东方人而言）宣扬和好、爱你的敌人、忍受和否定意志。不过，由于一般大众不能直接把握真理，所以，最好用美丽的寓言方式把这个传播给他们，这种寓言足以作为他们实际生活的指针以及使他们获得安慰和希望。可是，在这种寓言中，加上一点点荒诞不合理的东西，是不可缺少的成分，这更可以表示它的寓言性质。如果你从实质上去了解基督教教义，那么，伏尔泰便是对的。可是，相反地，如果你从寓言上去了解基督教，那么，基督教便是一种神圣的神话，便是一种使人们获得真理的工具；如果没有这个工具，人们就根本无法接近这些真理。即使教会所谓的"在宗教教义方面，理性根本没有用，也是盲目的，因而应该加以排除"。从根本上看，也是表示这些教条属于寓言性质，不应以理性的标准来衡量它们，因为理性是从实质意义了解一切事物的。教义中荒诞不合理的地方，正是寓言和神话的表象，即使这里所讨论的例子中，也是源于像《旧约》和新约两个相同教义连在一起的需要。这个伟大的寓言最初是在没有明白自觉的深藏真理暗中影响之下对外在和偶然环境的解释渐渐出现的，一直到最后，才为奥古斯丁所完成，奥古斯丁深深了解这个寓言的意义，因此，把它作为系统的整体，并能补充其中所缺少的东西。因此，奥古斯丁的学说是完美的基督教教义，后来马丁·路德也采取这个看法，今天的新教徒从实质意义上了解"启示"，因此，他们把它限于某一个人而认为最完美的基督教教义原始基督教，可是马丁·路德却不这样看（正如它不是种子而是可食的果实）。——然而，所有宗教的弱点仍是：它们绝不敢承认本身是寓言性的，因此，它们必须郑重地表现自己的教义在实质上是真实的。由于荒诞不合理的东西是寓言的本质，所以，这个弱点导致永久的欺骗以及对宗教的大大的不利。其实，更坏的是，到时候我们会知道，因为它们在根本并非实质上的真实，所以，便消灭了。这样说来，最好是直接承认本身的寓言性质。只是，这些困难是如何能让人们了解一件东西同时是真实的又是不真实的。但是，由于我们发现所有宗教多少都是以这种方式形成的，所以，我们必须承认，在某种程度以内，荒诞不合理是合于人性的，其实是人类生活中的一部分，并要承认，欺骗是宗教中无可避免的——其他许多方面也证明了这个事实。

　　基督教所谓上帝预定说和马丁·路德先驱者奥古斯丁所完成的上帝恩选说，提供我们上述所谓荒诞不合理的地方是源于结合的一个证据和实例：根据奥古斯丁恩宠说的看法，有的人比别人处于较优地位，成为神恩的对象，这等于说，他是带着现成的特权来到这世界的。可是，这个学说的令人不满意之处以及荒诞不合理之处，完全源于旧约中的一个假设，即人是一外在意志的创造物，这外在意志从无中把他创造出来。但是，如果我们想一想，真正道德上的优越实际上并非天赋的，那么，在婆罗门教和佛教轮回说看来，问题便完全不同而更为合理了。根据轮回说的看法，一个人可能与生俱来的一切好处，都是他从另一世界和前生带来的，因此，它们不是恩宠所赐，而是自己在另一世界所作所为的结果。——不过，在奥古斯丁这个教条之外，又加上一个更坏的教条，这更坏的教条告诉我们，在大多数堕落因而注定永远受罚的人类中，由于上帝预定说和恩选说产生的结果，只有极少部分的人才被宣告无罪，最后得救，而其余的人则应得毁灭并永在地狱中受苦。从实质意义上去了解，这个教条使人很不舒适，因为，这个教条不但惩罚过错，甚或惩罚仅仅缺乏信仰的人，惩罚一个20岁不到的人，要他们无目的地受苦，而且还说，这种几乎普遍的受罚，实乃原罪的结果，因而也是人类最初堕落的必然结果。但是，上帝最初造人时，没有把人造得比现在好一点，他一定知道人类会堕落，然后他张开陷阱，他一定知道人类要掉进这陷阱中，因为一切都是他造的，没有事情可以瞒住他。那么，根据这个教条的意思看，他从无中创造脆弱而易于犯罪的人类以便使他们接受无穷的痛苦。最后还有一点，上帝禁止一切犯罪，也宽恕一切犯罪，甚至要人类爱自己的敌人，可是他自己却没有这样做，他所做的正与此相反，因为，当一切都成为过去而永远毁灭时，当世界末日来临时，那最后的惩罚，既不是存心改进人类，也不是存心恐吓人类不再犯罪，唯一的解释只是报复。这样看起来，好像整个人类之被创造，只是为了要他们永远受苦和受罚——就是说，虽然我们不知道因为什么，但是，除了极少数人由于神的恩宠能够免于这个命运之外，其余的人都要永远受苦和受罚。此外，上帝似乎是为魔鬼而创造这个世界的——这样看来，如果他根本没有创造这个世界的话，要好得多。——如果你从实质意义上了解教义，这就是发生于教义方面的情形。相反地，如果从寓言意义上了解教义，那么，所有这些都可以得到较满意的解释。不过，我们早已说过，这个学说中荒诞不合理的地方即令人觉得不愉快的地方，根本只是犹太—神教及其自无中创造以及随此而来的结果，只是对轮回说作不合理而令人反感的否定之结果，从某种范围看，轮回说是很自然的道理，因此，各个时代的人类都接受这种说法，只有犹太人例外。6世纪时，教皇格利高莱一世为了避免由于否定轮回说而产生的巨大不利，并减轻这个教条令人不愉快的性质起见，非常聪明地发展出一套涤罪所的说法，并把这种说法正式引进教会的教义中。于是，一种轮回说的代替品便被引进基督教来，因为两者都构成一种涤化过程。用同一目的，又产生了一种所谓万物复原的说法，根据这个说法，即使犯罪者，在宇宙大喜剧的最后一幕，也都完全恢复原状。只是新教徒由于固执著《圣经》上的宗教，所以不放弃所谓在地狱中永远受罚的说法。这可能对他们有好处——我们可以恶毒地说：他们得到的安慰是，自己并非真正相信它；因为当他们不管这个问题时，心里在想：它不会那样坏。

奥古斯丁所谓犯罪者多而应得祝福者少的想法，也可以在婆罗门教和佛教中发现，不过，婆罗门教和佛教中的轮回说已把这种想法中令人讨厌的地方去除了。的确，前者的最后救赎和后者的涅槃也是极少数人才能达到的，可是，这些少数人来到这个世界，并非经过特别挑选和赋予特权的，他们应得的赏罚是他们自己在前生中得到的，而他们也继续在今生保有它们。不过，其余的人并非被抛入永久的地狱中，他们被带到与自己行为相符的那个世界中。因此，如果你问这些宗教的创立者那些不曾得救的人们去了哪里的话，他们会告诉你："看看你自己的四周，这就是他们所在的地方，这就是他们所成为的人，这就是他们的活动范围，这就是欲望、痛苦、生、老、病、死的世界。"——可是，相反地，如果我们只从寓言意义上去了解奥古斯丁所谓被选者少、永远受罚者多的想法，并用我们自己哲学的意义去解释它的话，那么，便与下述事实一致，即只有极少数人可以否定意志因而从这个世界中救赎出来（正如佛教中只有极少数人能够达到涅槃一样）。相反地，这个教条具体化为永远受罚的，就是我们所在的这个世界。这就是传给所有其余者的世界。这是一个很坏的地方，这是炼狱，是地狱。只要我们想一想，有时候人给人的痛苦多么大，慢慢把别人折磨致死的痛苦怎么样，并且自问一下魔鬼是不是做得比这更厉害，就可以了解这种情形。对那些坚持生活意志不放的人们而言，可能会永远留在这个世界。

但是，实际上，如果亚洲人问我"欧洲是什么"，我一定回答说："欧洲是完全为一种前所未闻和无法相信的幻想所支配的大陆，这个幻想告诉我们，人的出生是他的绝对的开端，他是从无中创造出来的。"

从根本上看，撇开两方面的神话不谈，佛陀的涅槃和奥古斯丁的两城说是一样的，奥古斯丁的两城说把这世界分为两个城，即世俗之城和上帝之城。

在基督教中，魔鬼是一个非常需要的角色，他是尽善尽美、全知全能之上帝的平衡力量，如果不把魔鬼当作一切罪恶的来源，就无法了解充满世界的无法估计的罪恶到底从哪里来的。由于理性主义派已经扬弃魔鬼的观念，所以，由此而在另一方产生的不利之处愈来愈大，也愈来愈明显。这可能早已预料到，事实上也确为正统教会预料到。因为，当你从大厦中抽去一根柱子，就不可能不危及其他柱子。——这一点也证实了在别处所产生的看法，即耶和华波斯教中善之神的化身，而撒旦则为波斯教中恶之神的化身，善之神和恶之神是不能相离的。可是，善之神又是因陀罗的化身。

基督教有一特别不利之处，即它与其他宗教不同，不是纯粹的学说，主要的却是历史，是一连串事件，是许多人的行动和遭遇以及事实，构成基督教教条信仰的，就是这种历史事实。

基督教的另一基本错误是用不自然的方式把人类与人类所属的动物界分开，只认为人类才有价值，把其他动物看成为物。这个错误是所谓"无中创造"的结果，此后，在《创世纪》第一章和第二章中，造物主把一切动物只看做物，根本没有善待动物，即使一个养狗的人当他与自己的狗分开时，也会有惜别之意。可是，造物主却不善待动物，把动物完全交给人类，让人类来支配它们，后来，在第二章中，造物主继续指定人类为动物命名，这又是动物完全依赖人类，而根本没有任何权利的象征。

实际上，我们可以说，人是大地的魔鬼，而动物则是受苦的灵魂。这是伊甸园那一幕的结果。因为，一般大众只能借强力或宗教来加以控制，而这里基督教使我们羞居困惑之中。我曾经从可靠方面听说，当保护动物协会要求某位新教牧师讲道以反对虐待动物时，这位牧师回答说，尽管这是世界上最好的事，可是他不能这样做，因为在他的宗教中找不到根据。这个人确是诚实的，也是对的。

当我还在哥廷根读书时，德国人类学家布鲁门巴哈非常严肃地对我们描述活体解剖的恐怖情形，并且告诉我们那是一件多么可怕的事情，不过，依靠活体解剖的机会不多，即使有，也是为了那些可以带来直接好处的重要实验，即使如此，也必须尽可能公开实行，以便使这科学祭坛上的残忍牺牲尽可能得到最大的效用。可是，今天却不同，每个小小的医学人员都以为自己有权在刑房（实验室）以最残忍的方式折磨动物以便决定某些问题的答案，其实这些答案早已写在书中了，只是他们无知懒得去翻阅罢了。——我们要特别提到巴布拉所做的令人憎恶的事：故意把两只老鼠饿死！后来又在"人类和脊椎动物大脑比较实验"中对大家描写这件事，好像他做得很对似的。——他这样做，只是为了从事一项根本无益的实验，即看看饥饿会不会在大脑的化学成分中产生相当的变化！这是为了科学的目的吗？难道这些拿着手术刀的人根本没有想到自己主要是人然后才是化学家吗？当你知道自己把无害动物锁起来让它慢慢饿死，你会睡得安稳吗？你不会在半夜爬起来大叫吗？

显然地，犹太人对自然的看法，尤其是对动物的看法，现在应该在欧洲寿终正寝了，我们应该承认，那永恒者不但存在于人类身上，也存在于所有动物身上，因此，我们也要照顾和考虑动物。我们一定是眼睛瞎了、耳朵聋了，否则为什么不知道动物在本质上和我们是完全一样的呢？人与动物不同的地方只在偶然因素方面即智力方面，而不在实体方面即意志方面。

火车发明以后，为人类带来的最大益处，是免得千千万万可怜的人骑马而使马受苦。

正如多神教乃许多自然势力的人格化一样，一神教也是整个自然势力整个的人格化。

但是，当我试图想象自己站在某人面前对他说："我的创造主！我曾为无物，但你把我创造出来，因此我成为有物了，而这东西便是我自己——"然后又说："感谢你给我这个恩惠"——最后甚至说："如果我对一切东西都没有好处，那是我的罪过"时——我不得不承认，由于我自己的哲学以及对印度思想研究的结果，我脑子里无法容纳这种思想。并且，这种思想也与康德在"纯粹理性批判"中（在讨论宇宙论的证明之不可能性那一部分）告诉我们的相反。纯粹理性批判中说："尽管没有人能够维持下述思想，可是我们也不能排斥下述思想，即我们所认为一切存在者中最高的存在者似乎对自己说：我是从永恒到永恒，在我身边的，除了完全由于我的意志而存在者外，没有别的东西。可是，我何以存在呢？"

不管你用木头、石块、金属做偶像，或者从抽象概念中把它合在一起，都是一样的，一旦你面对一个人格性的东西，为他奉献，向他求助，向他拜谢，这就是偶像崇拜。从根本上看，不管你是牺牲自己的羊或自己的爱好，都没有多大区别。一切仪式、一切祈祷都是偶像崇拜的明确证明。这就是为什么所有宗教中神秘主义派别都同意废除一切仪式的缘故。

犹太教的基本特性是实在主义和乐观主义，这是密切相关的，也是真正一神论的先决条件，因为它们把物质世界看做绝对真实的，而把生命看做显然的赐予。相反地，婆罗门教和佛教的基本特性则是唯心主义和悲观主义，因为它们认为世界只是梦幻般的存在，而生命则是自己罪恶的结果。大家都知道犹太教源于波斯祆教，可是祆教中的悲观主义成分至今犹在，恶之神就是代表了这种悲观主义成分。不过，在犹太教中，恶之神也像撒旦一样，只具有附属的地位，然而撒旦和恶之神一样，是一切虫、蛇、蝎子的创造者。犹太教利用恶之神直接补救它的乐观主义的根本错误，即产生"堕落"的说法，然后，"堕落"把悲观主义因素带入这个宗教里面来，因为悲观主义成分是忠于真理所必需的。虽然这个因素把原本应该看做基础和背景的东西变为存在过程，但是，仍然是这个宗教中最正确的基本观念。

新约必定源于印度，因为新约中的伦理观念完全是印度式的，在这种伦理观念中，道德导致禁欲主义、悲观主义及其具体化。但是，正因为这个理由，新约和旧约完全立于内在对立的立场，因此，旧约中唯一可与新约相连的是关于"堕落"的故事。因为当这个印度学说进入巴勒斯坦时，产生了一项工作，就是把有关这世界的腐化和不幸，及其需要救助通过神之化身而拯救的知识和自我牺牲、赎罪的道德连在一起，和犹太一神教连在一起。这个联结工作，勉强地完成了；就是说，虽然这两个东西完全不同，甚至于彼此对立，然而，还是连在了一起。

从无中造物的，外在于这世界的创造主和救世主是合一的，并且由于救世主的关系，也是与人类合一的，他是人类的代表，因为，自从亚当陷入罪恶之中，即堕落痛苦和死亡落到亚当身上以后，人类是因他而得救的。这是基督教表现世界的情形，正如佛教表现世界的情形一样——不再通过那发现万物都"很好"的犹太乐观主义，现在，魔鬼被称为"这世界的王"（《约翰福音》第十二章三十一节）。世界不再是目的，只是手段，快乐王国在这世界之外。舍弃这世界和期望一更好世界，便构成基督教的精神。可是，打开达到这更好世界之道路的是"修好"，即从这世界救赎出来以及救赎的方式。在道德上，要爱你的敌人，而不要报复，给你永恒生命的希望，而不给你无数子孙的希望，以圣灵代替犯罪的惩罚，一切东西都安静地在圣灵的卵翼之下。

因此，我们看到新约改正了旧约，也赋予旧约以新的意义，所以，使它在内在和本质上都与印度古代宗教一致。基督教里所有真实的东西，在婆罗门教和佛教中也应发现。但是，犹太教所谓从无中产生生命的观念，所谓为充满不幸、恐惧和匮乏的短暂人生而永远不觉得太过谦卑地感激造物主赐予的世俗产物——这些，你在婆罗门教和佛教中是找不到的。

如果一个人想要推测怎么会产生这种与印度学说一致的情形，他可以认为，"逃亡到埃及"这一事实可能有某种历史的根据，也可以认为，耶稣是由埃及僧侣养大的，而这些僧侣的宗教源于印度，接受印度的伦理观念，以及这些伦理观念具体化的概念，后来，设法把这些学说用在犹太教义中并嫁接到那古树上。觉得自己在道德上和智慧上的优越可能使他自认为神之化身，因而自称为神予以表示自己不只是人而已。我们甚至可以认为，由于他的意念的力量和纯洁以及那普通当作物体之意志的全能，他也能表现所谓的奇迹，即通过意志的形而上影响力而从事活动，关于这点，他从埃及僧侣那里接受的教育可能对他有好处。后来传说扩大了这些奇迹的次数和神奇。只有这种假设，在某种程度内，才可以解释保罗何能够把一个刚死去不久而其同时代许多人还活着的人，郑重其事地表示为神之化身以及与世界创造主合一者。因为，要郑重其事地引起这种神圣化和伟大，往往需要数百年才能慢慢实现。在另一方面，这个想法可以当作一种论证来否定保罗一般书信的真实性。

我们现有的福音书是用耶稣在世以及他周围的人的原件或部分原件而成的，这是我用所谓世界末日以及想象中主耶稣第二次光辉来临的预言而得的结论，当主耶稣答允重来时，人们认为，在现存人们中某些人的有生之年，这件事将要发生。因此，这个允诺之未曾实现，乃是一个非常令人困扰的事情，不但在后世人觉得困扰，而且也早已引起彼得和保罗的困扰。百年以后，如果没有当时文献之助而攻击福音书的话，那么，一个人确已防止把这种预言引进来，这种预言的没有实现便早已明白了。

科学家斯特芬斯建立了一项原则，这项原则说，福音故事或其特有的细节应该加以神话式的解释，当然，这项原则是正确的，不过，我们很难确定这原则的适用范围有多大。关于一般神话的性质，最好运用手边不太需要慎重处理的实例。例如，亚瑟王在整个中世纪的英法两国，是一个相当真实的人物，人们都知道他的许多事迹，他的名字常常与同样人物、同样环境一起出现，与他的圆桌、武士、英勇行为、术士、不贞的妻子和她的情人朗塞罗等，共同构成很多世纪中许多诗人和文学家笔下的主要题材，他们描写的都是同样的人物、同样的情节，所不同的只是服装的式样和风俗习惯，就是说，根据他们自己所属的时代不同，而在服装和风俗习惯上有所不同而已。几年之前，法国政府派遣维勒马克到英国去研究亚瑟王这些传说的渊源。他发现这些传说背后的事实竟然是 6 世纪初期住在威尔斯的一位名叫亚瑟的小首领，他不屈不挠地抵抗萨克逊人的入侵，但是他的无关重要的事迹已经被人遗忘了。天知道，这个人居然成为许多世纪来无数诗歌、小说和故事中所歌颂的伟大人物。这情形几乎和罗兰的情形完全一样，罗兰是整个中世纪的英雄人物，无数诗歌、史诗和小说都以他为歌颂的对象，甚至还替他录像，直到最后亚里斯托把他改观为止。

奥古斯丁主义及其关于原罪以及与原罪有关者的教义，我们早已说过，是真正的基督教。另一方面，皮拉吉斯主义则想把基督教带回到粗浅的犹太教及其乐观主义。

奥古斯丁主义和皮拉吉斯主义之间的对立不断地使教会分裂。追根究底，我们可以说，前者表现事物的本质，后者则表现事物的现象，却误以为事物的本质。例如，皮拉吉斯教派否认原罪说，因为，还没有做过任何事情的孩童，一定是天真无邪的。他之所以这样做，是因为他不了解，孩童是现象的起始，不是物自体的起始。对自由意志、救世主的死、恩宠，总之，对一切东西，我们也可作同样的考虑。——由于它的易于了解和浅显性，因此，皮拉吉斯主义往往表现为理性主义，但是，它现在所表现的这种情形是前所未有的。希腊正教会主张有限度的皮拉吉斯主义，如天主教会自特棱特宗教会议之后所主张的一样，其目的是反对奥古斯丁主义和内心有神秘主义倾向的路德以及加尔文。耶稣会也是半皮拉吉斯教派，另一方面，詹生教派则是奥古斯丁派，他们的主张很可能是最道地的基督教。因为，由于放弃独身生活和禁欲主义以及代表禁欲主义的圣者，新教变成了被割裂了的基督教，或者说得更正确一点，变成了没有头的基督教，而它的上端不见了。

各种宗教之间的基本差别不在于它们是一神教还是多神教，是泛神论的还是无神论的（佛教是无神论的），而在于它们是乐观主义的还是悲观主义的。由于这个理由，《新约》和《旧约》是极端相反的，它们的结合造成了一种非常奇怪的怪物，因为《旧约》是乐观主义的，而《新约》却是悲观主义的。前者是长音阶曲调，后者是短音阶曲调。基督教的这个基本特性，奥古斯丁、马丁·路德和麦兰克洪都深切地了解，也尽可能把它系统化，可是，我们这个时代的理性主义者却想除去它并加以别的解释，他们的目的是想把基督教带回到平淡的、自私的、乐观的犹太教，再加上一种进步的道德观念和乐观主义所需的来世，以便我们正在享有的美好时光不要结束得那么快，而将那大声嘲笑着乐观展望也终将来临的死亡驱逐开去。——这些理性主义者都是对《新约》神话的深刻意义毫无所觉的诚实而肤浅的人，他们无法超越犹太教的乐观主义。他们希望在历史和教义中都能获得平直而未加任何渲染的真理。他们可以和古代的尤墨鲁斯学派相比。的确，超自然主义者带给我们的根本是神话，但这种神话却是传达重要深刻真理的工具，这种真理是不能用任何其他方法使一般大众了解的。两者的错误都是想在宗教中找寻平直的、未加任何渲染的实实在在的真理，但平直、未加渲染和实实在在的真理只能在哲学中找到，宗教所具有的真理只是适合于一般人们的真理，只是一种间接的、象征性的、寓言式的真理。基督教是一种反映某种真实观念的寓言，但这寓言本身却不是真实的。把寓言看做真理是超自然主义者和理性主义者共同所犯的错误。前者说寓言本身是真实的；后者则曲解并改变它的意义，直到他们根据自己的看法使它本身成为真实的为止。因此，每一方面都能提出适当有效的论点来驳斥对方。理性主义者对超自然主义者说："你的看法不真实。"后者反驳前者说："你的看法不是基督教。"两方面都对。理性主义者认为他们以理性为标准，可是，实际上，他们的标准只是一神论和乐观主义假设中所含的理性，很像卢梭的"萨伏依代理主教宣言书"，所有理性主义的那种典型。对于基督教教条，他们承认有效的，只是从实质意义上认为真实的东西，即一神教和灵魂不朽。超自然主义者无论如何还有寓言性的真理，理性主义者则不可能有任何真理。理性主义者根本错了。如果你是一位理性主义者，就应该成为哲学家，摆脱一切权威，勇往直前，无所畏惧。可是，如果你是一位神学家，就应该和权威符合并坚守权威，即使硬要你相信无法了解的东西，也要坚守它。一个人不可能服侍两个主人，因此，必须在理性和经典之间选择一个。这里如果采取中庸之道，便表示两头落空。不信仰就从事哲学思维！——不管你选择哪一种，都要全心全意。可是，如果只信到某一限度，过此便不再信仰，只从事哲学思维到某一限度，过此便不再从事哲学思维——这种无决心便是理性主义的基本特征。

那些认为科学可以继续进步和不断推广而不会影响宗教继续存在和发展的人们，是大错特错的。物理学和形而上学是宗教的当然敌人。说两者之间可以和平相处那是天大的笑话，实则两者之间是一场殊死战争。宗教是由于无知而产生的，宗教不比无知维持得更久。当波斯诗人奥马烧毁亚历山大利亚城的图书馆时，他了解这点，他这样做的理由——即书本中的知识如果在《可兰经》中找不到，便是多余的——被认为荒谬不合理的，其实，如果你不看得太严肃的话，这种理由是非常锐利的，它的意思是说，如果科学超越《可兰经》，便是宗教的敌人，因此，便不能让它存在。如果基督教的统治也像奥马那样的贤明，那么，基督教在今天的情形就会好多了。可是，现在再去烧毁一切书籍那就太迟了。人类在宗教中长大，正如在襁褓中长大一样。信仰和知识不可能在同一个头脑中相安无事，它们像一狼一羊同处一笼——知识势将吃掉同伴的狼。——在宗教所做的死亡挣扎中，我们看到宗教死抓住道德不放，想要表示自己是道德的根源。没有用！——真正的道德并非宗教，尽管宗教认可道德因而也支持道德。

信仰有如爱，爱是不能强迫的，如果要强迫别人去爱，便会产生恨，因此，最先产生不信仰的，就是这种强迫别人信仰的企图。

在基督教国家中文明达到顶点的原因，并不是因为基督教最适合这种文明，而是因为基督教已经死了，不再产生多大的影响力量，如果发挥了影响力，那么，在基督教国家之间，文明会降到最低点。所有宗教都是反对文化的。

我们可以从下述事实来看看宗教所具有的是什么样的恶心，即谁要是嘲笑宗教，谁就会遭受严厉的制裁。

二十四、作家与写作

　　我们可以用象征的方式把作家们分为三种：一种像流星，一种像行星，另一种则像恒星。第一种产生短暂的效果，我们注视着它，大声地喊着："看呀！"——然后，它们永远消失无踪。第二种像行星，维持的时间较久一点。它们与我们接近，所以，往往发出比恒星更为明亮的光，无知的人便误把它们当作恒星。但是，它们也会很快地空出自己的地位，而且——它们只是反射别处的光，而它们的影响范围也只限于自己同伴之间（他们同时代的人之间）。第三种是唯一不变的，它们固定于苍穹之上，发出自己的光芒，各时代都受它们的影响，当我们的观察点改变时，它们的外观不会跟着改变，因为，它们没有视差。第三种与其他两种不同，它们不只属于某一天体（国家、民族），而是属于整个宇宙。但是，正因为它们如此的高，所以，它们的光往往要许多年以后才能到达地球上人们的眼前。

　　最重要的是，作家有两种：一种是为表达自己思想而写作的人，另一种是为写作而写作的人——心中具有某种观念或体验，他们觉得这种观念或体验值得表达出来，后者需要金钱，这也是他们写作的原因——为金钱而写作。他们为写作而思想。你们可以从下述事实中认识这种作家，他们尽量把自己的观念思想拖长，他们的观念思想是半真半伪的、含糊不清的、勉强的和游移不定的，他们总喜欢朦胧不清，这样便可以表现自己所不曾经历的东西，这就是他们的作品缺乏明确感的缘故。你可以很快地看到，他们的写作只是为了填满稿纸，一旦你发现这种情形，就应该把这种书丢开，因为时间是宝贵的。——报酬和保留版权表示文学事业的毁灭。只有完全为表达自己需要表达的东西而写作的作家们，才会写出值得写出的东西，这好像对金钱有一种诅咒心理似的。每个作家，一旦开始为收入而写作，就会写得很坏。所有伟大人物的最伟大作品，都是属于同一种时代的，在这种时代里，他们必须写出自己的作品，没有任何目的，所得的报酬也非常少。因此，有一句西班牙谚语告诉我们："荣誉和金钱不属于同一袋子。"这里便可以用上这句谚语。

许多坏的作家，完全依赖赞者的愚昧欲望，就是只阅读刚印行的东西，这种作家就是新闻记者。这个名字取得真好！在英文里面，这个字的意义是"日常劳动者"。

我们也可以把作家分为三种。第一种作家写作时毫无思想。他们靠记忆，回想甚或别人的著作而写作。这种作家的人数最多。第二种作家写作时才思想。他们思想的目的就是写作。第三种作家在写作前就有了思想。他们从事写作，只是因为他们有思想。这种作家最少见。即使在写作之前慎重思想的少数人们当中，也很少人思想主题本身，大多数人只是思想有关书本，有关别人对这主题已经表达过的东西。换句话说，如果他们要从事思想，便必须由别人创造的观念对他们加以有力的刺激。那么，这些观念便是他们的直接题材，因此，他们不断受这些观念的影响，因而永远无法获得真正原创性的东西。可是，在另一方面，上面所说的少数人却因主题本身而引起思想，因此，他们的思想直接指向这个主题。只有在这些人当中才可以发现持久而不朽的作家。

只有取材于自己头脑中的作家的作品，才是值得阅读的。

任何一部作品都是作者思想的复制品。这些思想的价值如果不在内容方面，即作者所想的东西方面，就在形式方面即处理内容的方式，即作者思想这些内容的方式方面。

思想的内容种类很多，正如它给予作品的益处一样多。所有经验材料，即所有本性上和最广泛意义下历史或物理的事实，都是这里所说的思想内容。特性是在对象方面，因此，不论作者是什么样的人，作品可能都是重要的。

可是，相反地，在形式方面，特性却在主体上。讨论的题目可能是大家都能接受的和熟悉的，但了解这些题目的方式、思想的形式，则是价值所在，这体现在主体方面。因此，如果这样的作品是可以受称赞的和独特的，那么，其作者也是可以赞佩的和独特的；从这里我们可以知道，一个值得阅读之作者的价值愈大，归因于他思想内容的地方便愈少，甚至这种内容材料也更是常见的和常被用到的。所以，三位伟大的希腊悲剧作家，用的都是同一种内容材料。

所以，当一部作品成名以后，一定要看清楚，它的成名之由到底是它的内容材料，还是表现内容材料的形式。

一般读者大众比较对内容材料有兴趣，对形式方面则兴趣较少，这种情形在一般人对诗集所显出的可笑态度中表现无遗，他们不辞辛苦地探索产生诗作的真正事实或个人环境，的确，他们对这方面的兴趣，远比对诗集本身来得大，因此，拿歌德的《浮士德》来说，他们在这方面比歌德本人看的书还要多，他们研究有关《浮士德》的传说，比研究《浮士德》更为专心。布吉尔曾经说过："他们将作学术式的研究，研究到底是谁。"我们已经知道，这种情形也发生在歌德的情形中。这种忽视形式而对内容材料的偏好，好像一个人忽视伊特拉斯坎美丽花瓶的形状和花纹却要对颜料和陶土作化学分析一样。

思想的实际生命只延续到用语言表达时为止，一旦用语言表达，便僵化了，因此变成死的东西了，但却毁坏不了，就像史前时代的动植物化石一样。我们的思想一旦用语言文字表达以后，就不再是真正的或根本上真实的了。当它开始为别人而存在时，就不再活在我们自己心中了，正如当小孩开始自己生活时，便与母亲分开一样。

我们这个时代有许多没有原则的胡说八道者，产生了许多坏而无益的作品，这种潮流在不断兴起，文艺杂志应该成为抗拒这种潮流的巨石。由于它们判断的守正不阿、明智和严格——应该毫不假以辞色鞭挞所有由不够格作家写出的东拼西凑的东西，所有空洞头脑借以填满荷包的废话，也就是全部作品中十分之九的作品，因而应该把反琐碎反欺骗看做本身的责任，可是，它们并没有这样做，相反地，却促进这些现象，它们卑鄙地帮助作家与出版商联合起来剥夺读者的时间和金钱。它们的作家通常都是教授或文人学者，这些人薪水不多，所以是为了钱而写作。于是，由于他们具有共同目的，利益一致，便联合起来，互相支援，彼此捧场。这就产生了对坏作品加以赞扬的情形，文艺杂志上所登载的都是这种坏作品。他们的座右铭是：生活，我们要生活！

匿名写作可以庇护各种文艺上的无赖，所以，应该清除。匿名写作之所以被引入文艺杂志中，原是保障诚实批评家不受作者及其读者的愤怒指责。但是，尽管如此，却有很多情形只是容许很多评论家的完全不负责任，甚至掩饰那些可用金钱收买的和卑鄙的评论家的窘态，他们为了获得出版家的赏钱而向读者推介某些作品。匿名写作往往只是用来掩饰评论者的晦涩、无能和无聊。一旦他们知道自己可以托庇于匿名之下时，这些人会做出令人无法想象的卑鄙行为来，也不怕在文艺方面做出令人无法相信的恶行来。

卢梭早在他的序言中说过："所有诚实的人都在自己所写的东西

后面摆上自己的名字。"这句话更应该用在论战的作品上，即通常所谓的评论文章上！

风格是心灵的状态，比身体的状态更不会隐瞒我们。模仿另一个人的风格，好像戴上面具，不管这面具如何好看，可是，它的缺乏生命很快就被看出来而令人感到乏味和不可忍受。因此，最丑陋的面孔也比面具好。

风格上的装腔作态，可以和扮脸孔相比。

要想对某一作家加以初步的评价，不必知道他所思想的内容和形式，因为这要阅读他所写的全部作品；只要知道他如何思想就够了。现在，关于他如何思想，关于他思想的主要本质和重要特质方面，他的风格供给我们一个明确的印象。因为，这表示一个人整个思想的形式性质，不管他思想的内容和形式如何，这种形式性质总是一样的。这好像面糊一样，他可以把它捏成种种不同的样子。正如有人问尤伦斯皮吉尔走到下个城镇需要多久的时间时，他给这位问话者一个表面上毫无意义的回答："走！"其实，他的意思是想从步伐中知道一定时间内他能走多远，同样，只要我阅读某一作家的几页作品，就多少可以知道我能从他那里得到多少益处。

第一个规则是必须有东西可以表达，的确，这个规则就是好风格的充分条件。

平庸者所写作品的枯燥乏味和令人生厌，可能是下述事实的结果，即他们一知半解地表达自己，就是说，他们并不真正了解自己所用文字的意义，因为这些文字是他们从别处整套地学来的，因此，他们所拼集的不是个别的文字，而是整套的词句（陈腐的词句）。这使他们的作品明显地缺乏那种表示本身特色的明确观念，因为他们根本缺乏那种使观念明晰的素质，根本缺乏个别明晰的思想。相反地，我们看到的尽是一些文字上的含混模糊、流行的词句、陈腐的语句和时髦的惯用语。因此，他们模糊的作品，好像是以用旧了的字版印出来的印刷品一样。

关于上面所说著作中的令人生厌问题，我们应再加以一般的观察，即令人生厌的情形有两种：一种是客观的，另一种是主观的。客观的令人生厌往往由于这里所说的缺点，即作者没有任何明确的观念或见闻知识可表达。因为，凡是具有明确观念或见闻知识的人，都会用直接方式直接把它们表达出来，因此，总是表现出明确清楚的概念，所以，他的作品既不冗长乏味，也不含混，更不模糊，因而根本不会令人生厌。纵使他的主要观念有错，然而仍然经过明确的思考和仔细的考虑，就是说，至少在形式上是对的，因此，他所写的东西往往保持着某些价值。可是，相反地，同样原因，客观上令人生厌的作品，则往往毫无价值。——另一方面，主观的令人生厌只是相对的，起于读者方面对某一题目的缺乏兴趣；不过，这是由于读者本身的限制。因此，最令人钦佩的作品，对某一读者而言，可能在主观上使他讨厌；相反地，最坏的作品，对某一读者而言，可能在主观上觉得很有兴趣，因为该书所讨论的问题或作者本人使他发生兴趣。

一个装腔作势的作家，就像一个把自己打扮起来免得被人把自己和一般民众等量齐观的人一样，这种危险是绅士人物从来不敢的，尽管他衣着不好。正如过分装饰和穿着华丽衣服反足以表示一个人的平凡一样，装腔作势的风格也反足以显示作者平凡的头脑。

然而，如果你想象说话一样的写作，这种想法也是不对的。所有写作风格多少都保持某种与碑文体相近的痕迹，碑文体确是一切风格的原始形式。因此，这种企图和相反的企图一样，都是值得批评的，因为要想象写作一样的讲话，一方面有些学究气，另一方面也不容易了解。

含混和模糊的表达方式，总是最坏的象征，因为99%都是由于思想模糊，而思想的模糊又是由于思想本身中原有的不和谐和不一致，由于它的错误。如果头脑中所产生的是真正的思想，便会立刻寻求明确的表达方式，并且会很快达到目的。无论如何，明确地思想过的东西，易找到适当的表达方式。一个人所能想到的一切思想，总是用可以了解的和毫不含混的文字很容易地表达出来。凡是把困难的、模糊的、含混的论述摆在一起的人，都没有真正知道自己在说些什么。他们所具有的，只是对它的一种模糊意识，这种模糊意识只是想尽力形成思想而已。可是，他们也时常想对自己和他人掩饰一个事实，即实际上他们并没有什么东西可以表达。

真理是完全赤裸的，表达真理的方式愈简单，真理的影响便愈深刻。例如，对人生空虚所作的悲叹，有什么话比约伯的话更使人印象深刻呢？约伯说：人为妇人所生，日子短少，多有患难。出来如花，又被割下。飞去如影，不能存留。——正因为这个理由，所以，歌德纯真的诗歌比席勒经过修饰的诗歌，不知要高明多少。也正因为这个理由，所以民歌产生了强有力的效果。任何多余的东西都是有害的。

能够阅读的人当中，90%以上的人，除了报纸以外什么书都不读，因此，他们的拼字法、文法和风格几乎都是根据报纸的，而且由于他们的单纯性，甚至把自己对语言的扼杀看做简洁、优美和真正的改革，的确，一般从事不需学识之职业的年轻人，只因为报纸是印出来的东西而把报纸看做权威。因此，国家应该郑重其事地采取行动来保证报纸完全不犯语言上的错误。国家应该设立检查者来监督报纸完成这个目的，检查者不支薪俸，只领奖金，每发现一个不恰当的语言或在风格上令人讨厌的文字、文法或语句结构上的错误或用错的介词，就接受相当于20法郎的奖金，若发现风格和文法上的笑话，则接受60法郎奖金，若一再发现，则奖金加倍，这些奖金应由犯错者给付。德国语言是任何人的玩物吗？下贱的人都受到法律的保障，难道德国语言竟是微不足道而不值得法律如此保障的东西吗？可怜的凡夫俗子！——如果准许所有胡说八道者和报纸作家有无限权限可以任意而愚昧地运用语言的话，德国语言不知道要变成什么样子？

风格方面的错误是它的主观性，由于文学的没落和古代语言的被忽视，这种风格方面的错误，愈来愈普遍，但是只有在德国才不受限制。这种错误是这样的，即只要作家自己了解自己的意旨就满足了，作家可能不管读者，让读者自己随意去体会。作家不理会这种困难，继续写出自己的东西好像一个人独白似的。可是，这实际上应该是一种对白，而在这种对白中，表达者必须明确地表达自己，不要使对方发生任何疑问。正因为这个缘故，所以，风格不应是主观的，应该是客观的。所谓客观风格是下述的一种风格，即在这种风格中，语言的安排使得读者和作者所想的完全一样。但是，只有当作者还记得思想是服从重力法则的，因而从头脑流注于纸上远比从纸上灌输到头脑中容易，因此，要从纸上把思想灌输到头脑，便需要我们的合作，只有当作者知道这点时，才会产生上述的情形。如果真的产生了这种情形，那么，文字就像完成了的油画一样，便在一种完全客观的方式下发生作用；而主观的风格很难比墙上的污点发挥更多的效果，只有偶被这些污点激发想象力的人，才能在其中发现形状和图画——对其他的人而言，只是污点而已。这里所说的区别适用于整个思想交流的方式，但是，也可以在个人交往中表现出来，例如，我刚在一部书中读道："我的写作不是为了增加现有书籍的数量。"这句话所表示的，正与作者的原意相反，而且是废话。

凡是草率写作的人，一开始就表示自己并不认为自己的思想有价值。因为，只有对思想的重要性和真实性有信心时，才会激发我们不屈不挠地热心发掘最明晰、最有力和最引人的表达思想方式——正如只有在装宝贵的东西或无价的艺术品时，才会使用金银盒子一样。

很少人像建筑师造房子一样地写作，建筑师造房子时，往往事先绘图并仔细思考最微小的细节。大多数人的写作像是玩骨牌戏，他们的句子像骨牌戏一样，一个一个地连在一起，有的是经过思考的，有的则是偶然的。

写作艺术中最主要的原则应该是：任何一个人，在同一时间内，只能思想一件事情，因此，我们不应要求他在同一时间思想两件事情，更不应要求他思想两件以上的事情。但是，如果我们在句子中插入括号，把句子分开以适应括号中的文字，那么，这就是要求一个人在同一时间思想两件或两件以上的事情，这种做法会引起不必要的混乱。在这方面，德国作家违犯得最厉害。德语较其他现存语言更易于助长这种犯错的情形，可以解释这个事实，但不可以此为借口。用任何语言写出来的散文没有比用法文写出来的散文读来更轻松愉快的，这就是为什么法语通常不会犯这种错误的缘故。法国作家以最合乎逻辑和自然的顺序将自己的思想一个一个地表达出来，然后一个一个地摆在读者面前，因此，读者可以全力注意其中的每一思想。相反地，德国作家却不同，德国作家把所有思想交织在复杂而又复杂的句子里，因为他一定要在同一时间内表示好几件事情而不把它们一个一个地表示出来。

德国人真正的国民性是沉滞。他们的步法、活动、语言、叙述方式、理解和思想方式中，尤其是写作风格中，明显地表不出这一点，从他们喜欢使用冗长沉滞且复杂的句法中，也明显地表不出这一点；冗长沉滞且复杂的句子增加记忆力的负担，使我们忍耐、无助，一直到句子的最后，才能看出缘由，才能解决这个谜。这是他们所喜欢的东西，如果他们也能装腔作势和说大话的话，一定也会在其中显示出来。可是，这样只会失去读者。

把一种思想直接置于另一种思想之上，这显然违背一切健全理性。但是，如果一个作家在自己已经开始表达的语句中加上一些完全不同的东西时，所发生的就是这种情形，于是，这时读者所看到的，只是毫无意义的一半句子，直到另一半句子出现时，才能抓住它的意义。这就像给客人一个空盘子让他希望有东西在盘中出现一样。

如果括号与原来句子并非密切合在一起，只是为了直接破坏句子的结构而插进去的，那么，这种造句的方式便达到不雅驯的极点。如果我们说打断别人的说话是一种不礼貌的行为，那么，打断自己说话，也同样是一种不礼貌的行为，可是，这种行为却出现于下述的造句法中，多少年来，所有以赚钱为目的的下等的、粗心的胡说八道看每一页都用上五六次括号之多，并且以此为乐。这是突然停止一个词语以便加上另一词语。不过，他们这样做，不只是由于懒惰，也是由于愚昧，他们认为这是一种可以使论述有生气的做法。——其实，只有在很少情形下，这种做法才有存在的理由。

任何著作上的特质——如劝诱力或丰富的想象力，使用比喻的守护，大胆，严苛，简明，在他们的步法、活动、语言、简洁、单纯中显然地表现出来——都是不能靠阅读表现这些特质的作品而获得的。可是，如果我们早已具备这些特质，如果这些特质是我们的自然倾向，就是说，如果这些特质潜在于我们自己身上，那么，就可以通过阅读别人的作品而唤起自己身上原有的这种特质，那么，我们就可以发觉这些特质，看看这些特质能够产生什么结果，在我们的自然倾向中加强这种特质，即在我们大胆运用这种特质时加强这种特质，判断它的效力，因而学习如何对它加以正确的运用。只有在这种时候，才算实际地具有这种特质。那么，这是阅读可以有功于写作的唯一方式。它在我们对自己天赋才能所能有的运用中对我们有所裨益，因此，只有当我们具有这种才能时，才会对我们有所裨益。如果我们不具备这种才能，就无法从阅读中学到东西，只能学到僵硬的形式，而成为表面的模仿者。

像地层中一层一层地保留着古代生物的遗骸一样，我们图书馆的书架上也一层一层地保留着过去的错误及其对错误所作的解释，像古生物的遗骸一样，这些错误及对错误所作的解释，曾经是非常生动的，对它们所在的时代也产生过很大的骚动，可是，现在僵化了，只有古生物学家和考古学家才会重视它们。

据西罗多德说，泽克西斯在看到自己无数军队时心想，在这许多人当中，没有一个人会活到一百岁，因此，眼泪便流下来了；同样，今天当我们看到厚厚的书目时心想，在这许多书籍当中，没有一部书会留存十年，我们也不得不流泪了。

不读书的艺术是一种非常重要的艺术。不读书的艺术是对那些在任何特定时间引起一般读者产生兴趣的作品，根本不产生兴趣。当某些政治上或教会方面的小册子或小说或诗歌在造成很大的骚动时，你应该记住，凡是为愚者而写作的人都会获得大量的读者。——读好书的先决条件是不读坏书，因为人生是短暂的。

如果你有时间读好书，那么，买好书将是一件好事情。可是，通常，总是把买书误认为得到了书中的宝藏。

在世界历史上来说，半个世纪可算是相当长的时间了，因为，就历史上经常发生的事故而言，它的内容材料经常是在变动的。可是，相反地，在文学史上来说，半个世纪则根本不算时间，因为没有什么事件发生，情形还是和50年前一样。

与这种情形一致的是，我们发现科学、文学和艺术的时代精神大约每隔30年就宣告解体。因为，在此期间，每个时代精神中所含的错误已经成熟了，这些错误的荒谬不合理的压力摧毁了时代精神，同时也助长了相反观点的力量。这样，便突然产生一个变动。但是继之而来的是另一方面的错误。把这种情形周期性重复展示出来，将是文学史中真实的内容材料。

希望有一天有人写出一部文学的悲剧史，告诉我们，很多国家现在虽然把她们伟大的作家和艺术家引为无上光荣，可是当这些人在世时，她们如何对待他们。在这种历史中，作者会告诉我们，所有各个时代各个地区的真正优秀的作家，往往要耐心地对抗着最坏和最顽固的作家和艺术家；作者会描述所有人类的真正启蒙者，各种艺术的伟大大师们的痛苦；作者会让我们知道，除以上少数的例外，这些人如何在贫困和不幸中受苦，没有赞誉，没有同情，没有门人，而名声、荣誉和财富却归于无价值的人；就是说，他们的命运多么的像以扫的命运，当以扫外出打猎为父亲获取猎物时，他弟弟雅各夺去了父亲对他的祝福；最后也告诉我们，尽管有这些阻拦，但是，他们对自己事业之爱却支持着他们，一直到这样一位人类教育家的艰苦奋斗获得最后胜利，永不凋谢的桂冠开始向他招手，而歌颂他的时刻也来到了：

沉重的甲胄变成了孩童轻便的衣服；
痛苦是短暂的，真而快乐却是无穷的。

二十五、哲学杂谈

我们不要像英国人一样，认为自然和艺术创造物证明了上帝的智慧，我们应该从这些创造物中了解：通过观念而来的一切东西，即通过心智而来的一切东西，纵使这心智已达到了具有理性的地步，可是与直接来自于意志的东西比起来，只是拙劣的东西，这种直接来自于意志的东西并非是通过观念而传达的，自然的创造物就是这种来自意志者的例证。这是我的论文"论自然中的意志"的主要旨趣。

在没有受过哲学训练的人们中——包括所有不曾研究过康德哲学的人，外国人——同样，在今天许多德国物理学家及其他专家间仍然存在着古老的、根本错误的心物对立观念，因为他们还是用自己的一套看法来从事哲学思维。——用这种错误的对立观念，便产生了许多唯心论思想家和唯物论思想家。后者主张，通过物质的形式和内容，可以产生万物，因此，也产生人类的思想和意志；前者则极力反对这种说法。不过，事实上，虽然这世界确实有许多无意义的观念和幻想，然而，却没有心，也没有物。一块石头中力的作用，像人类大脑中的思想一样，也是完全不可解释的，这个事实表示石块中也有心的存在。这个理由，我会告诉这些争论者：你们相信自己知觉到死的东西，即缺乏一切性质的完全消极性东西，因为你们认为自己能真正了解机械效果的一切东西。但是，如果你们不能将物理和化学效果溯源于机械效果的话，便无法明白了解这些物理和化学效果，机械效果本身也是一样——就是说，由重量、不可入性、内聚力、硬性、刚性、弹性、流动性等产生的种种表现方式——正如其他东西一样的神秘难解，其实，也像人类头脑中的思想一样的神秘难解。如果物可以（你不知道为什么）落到地上，那么，你也可以（你也不知道为什么）思想。机械学中可以真正彻底了解的，在任何解释之下，都不能超越纯粹数学性质之外；就是说，只限于决定它的空间性和时间性。可是，空间性和时间性以及支配两者的法则，都是先天为我们所知，因此，也只是我们知识的形式，也只属于观念范围。因此，从根本上看，决定它们的东西是主观性的，不会有纯粹客观性东西，即独立于知识之外的事物本身。甚至在机械学上，如果我们越过纯粹数学性东西，如果我们接触到不可入性、重量、刚性、流动性、气态，就碰到那些像人类思想和意志一样使我们感到神奇不可解的表现方式，就是说，碰到那些无法探测的东西，因为所有的自然势力都是无法探测的。你们都知道物是什么，都了解物的性质，想以物来解释一切，想把一切东西都溯源于物，但是，现在问你们，物在什么地方呢？——现在，如果你们假设人类脑子里有心存在，那么，正如我们早已说过的一样，便不得不承认所有石头中也有心。相反地，如果你们所谓的死的和纯粹被动的"物"，也能像重量一样地产生力的现象，或像电一样的产生吸、拒和火花的现象，便也能像神经组织一样地从事思想活动。总之，一切表面的心都可归源于物，但一切物也都可归源于心；因此，我们知道，两者之间的对立是假的对立。

在所有科学中，使大众印象最深刻的莫如天文学。人们对牛顿的近乎盲目地崇拜，简直使人无法相信，尤其是在英国。几年以前，《时报》称他为"所有人类中最伟大的人"，1815年，一位贵族出750英镑高价，买了牛顿的一颗牙齿，装在自己所戴的戒指上面。对这位算学大师的崇拜达到如此可笑的程度，由于下述事实：牛顿曾确定质量的运动，并把这种运动溯源于产生这种运动的自然势力，人们便以质量的重要性作为量度他的功劳的标准。否则，我们就无法了解为什么他会比其他某一自然势力的人得到较大的荣誉，或无法了解为什么不把近代化学之父拉瓦西看得和他一样的高。另一方面，把某些特定现象解释为各种不同自然势力的联合行动，甚至发现这些自然势力只是这种解释的结果，这个工作远比只思考两种自然势力的工作困难得多，远比只考虑像重力和隋性这种在无阻力空间中单纯活动势力的工作要困难得多。数学的确定性和天文学的正确性，就是建筑在其内容的特别单纯性上面，由于天文学和数学的正确性和确定性，使世人惊奇地发现，人类居然能够宣布无人发现过的行星的存在。这最近的成就，虽然获得前所未有的赞扬，可是，也只是一种从结果追溯原因的推理活动而已，这种推理活动为下面所说的那位行家用到更为奇妙的地步，这位行家从一杯酒里断定装酒的大桶中有皮革，起初人们不相信，等到酒桶干了时，果然在桶底发现一把系着皮革的钥匙。这个推理活动与发现海王星的推理活动毫无差别，唯一不同的地方是在实际应用方面，就是说，在它所用到的对象方面；这样看来，它的差别是在内容方面，而根本不在形式方面。

时下对"生命力"假设的反对，与其说是错误的，不如说是彻底愚昧的。因为，凡是反对生命力的人，就是根本否定自己存在的人，因此，也可以说达到了极端荒谬地步。不过，如果这种荒谬的反对出自于医生、药商之口，便表示最卑鄙的忘恩负义，因为生命力正是克服疾病以及使这些人得以赚钱的东西。——宇宙间有一种自然势力，其主要性质是从事有目的的活动，正如重力的主要性质是使物体结合起来一样，这种势力改变，指引和规定有机体的全部活动作用，其表现于有机体中的方式，正和重力表现于物体落地现象中一样，如果宇宙间没有这种自然势力，生命便只是一种外观，一种幻象，而一切东西实际上都只是机械性的，即机械、物理和化学力量的作用。——诚然，动物体内固然有物理和化学力量，然而，使物理和化学力量合在一起并支配它们从而构成一种有意欲活动和持久有机体的因素，却是生命力。如果认为物理和化学力量本身可以产生生命有机体的话，我们早就说过，那不但是一种错误，简直是愚昧。——这个生命力便是意志。实际上，生命力和意志是一个东西，因此，凡是自觉为意志的东西，在无意识的有机生命中，都是那种可以称为生命力的动力。以此类推，我们可以下结论说，其他种种自然力量，从根本上看，都和意志是一个东西，只是在这些力量中，意志客观化的程度比较低一点而已。

我在我的主要著作中说："生殖器和身体其他表面部分不同，生殖器完全服从意志的支配，根本不服从知识的指导。的确，意志几乎独立于知识之外，就像在那些只反应刺激而促进繁殖植物生命的部分中所表现的一样。"事实上，观念不像其他情形下影响意志那样的以赋予动机的方式影响生殖器，而是直接以刺激物的方式影响生殖器，因为生殖器的勃起现象是一种反应活动，因此也是直接的，同时，也只有当观念表现出来时才会影响生殖器，要想观念发生有效作用，另一必需条件是使这些观念出现一段相当时间，而以赋予动机方式发生影响作用的观念，其出现的时间却非常短促，而其效力也总是与出现的时间长短无关。并且，某一观念对生殖器的效果，像赋予动机的效果一样，不能为另一观念所取消，除非这另一观念压倒了前一观念的意识因而使前者不再出现，但是，在那种情形下，即使第二个观念中并不含有与第一个观念相反的东西，其效果也是永久地丧失了，这就是反动机所必需的。因此，女人的出现，如果以赋予动机的方式对男人发生影响作用，不管这种动机本身如何强烈，也不足以构成性交行为；她的出现必须以直接刺激物的方式来影响男人，才会产生性交行为。

我很赞同下述的看法，即除了少数例外情形，疾病只是自然本身所产生的对生命有机体中某种失调现象的治疗过程；为了达到这个目的，那赋有支配力量的便诉诸非常手段，这些手段便构成我们所谓的疾病。这种情形最简单的实例是伤风受凉。当我们受凉时，表皮的活动麻痹了，体内气体的排泄受阻，这种情形可能导致死亡。但是，当这种情形发生时，内层皮肤即黏膜便接替表皮的工作，这就构成了所谓的受凉，虽然这也是一种疾病，可是，很显然地，这种疾病只是治疗那真正但却发觉不到的疾病的过程，即治疗皮肤作用中止的过程。这种疾病（即受凉），也经历主要疾病的几个同样的阶段：发病，病势加剧，达到最高点，减退；开始是急剧的，渐渐地变得缓慢一些，然后停留在这种情形下，直到那根本但未发觉的毛病即皮肤作用的麻痹现象消失为止。所以，如果勉强压制受凉，那是非常危险的。几乎所有的病，在本质上都是这种过程，其实，这些疾病都只是靠药物来治疗而已。

我最反对泛神论的地方是认为它没有意义。当我们说世界是神时，并没有解释世界，只是为"世界"这两个字多加了一个不必要的同义词而已。无论你说"世界即神"或"神即世界"，都没有分别。如果你从神出发，把神当作假设的和应加解释的东西，说"神即世界"，这样，你固然作了某种解释，用不知道的事物来解释更不知道的事物；如果你从实际事物即世界出发，说"世界即神"，很明显地，这也没有表达什么，充其量只是以更不知道的事物来解释较不知道的事物而已。

因此，我们可以说，泛神论必先假设一神论的存在，因为，只有先假定一个神，最后才能把他和世界合一，然后再来否定他。你不曾毫无成见地从那需加解释的世界出发，你从那假定的神出发，但是，由于你不知道如何处理他，所以，让世界接替他的角色，这就是泛神论的起源。因为，如果一个人对世界采取没有成见的观点而把世界看做神，那么，这种情形就不会发生在他身上。很显然地，这一定是愚蠢的神，除了将自身转化为这样的世界以外，不知道有更好的事情可做。

如果我们对它加以重视而不仅把它当作一种伪装的否定，那么，人们假设泛神论代替一神论所表示的大进步，便是未经证明和难于想象的东西变为彻底的愚昧。因为，不管神这个字所含有的概念如何模糊不清，如何混乱，然而，有两个属性和它分不开：无上的力量和无上的智慧。但是，如果一个东西具备这两种属性，竟然还来到这样一个世界，真是荒谬的想法。因为，我们在这世界的处境，莫说全知者不愿来到，就是任何具有智慧的人也是不愿来到的。

在希腊的许多神中，我们可以看到最深刻的本体论和宇宙论原理的寓言式表现。——尤伦纳斯，代表空间，代表一切存在物的第一条件，因此也是最初的生产者（父）。柯朗纳斯代表时间，他阉割生殖的根源——时间，消灭一切生殖力；或者说得更正确一点，在世界之初，产生新形式的能力，产生生命族类的主要能力失去了。从父亲那种贪婪中跳出来的宙斯，代表物质，只有它逃过了那消灭其他一切东西之时间的势力，它永久存在。一切其他东西都从物质而来，宙斯是诸神和人类的始祖。

人类与动物以及所有其他世界的继续存在、统一，大宇宙与小宇宙之存在和统一，是由神秘难解的狮身人面怪物、半人半马怪物、月之女神及其无数乳房之下不同动物形象所表示，就像由埃及之人身动物头怪物和印度以及尼尼微的人头牛狮身体怪物表示的一样，尼尼微的人头牛狮身体怪物使人想起人狮的神之化身。

代表人类性情的四种基本特质以及由此而来的痛苦是：亚特拉斯代表忍耐，他要忍受一切苦痛而永久支持下去。迈诺息斯代表勇敢，他被压制而投入毁灭之中。普罗米修斯代表聪明智慧，他被缚山岩上，这表示他的力量有限，兀鹰即忧虑啮食他的内脏。伊壁米修斯代表轻率没有头脑，因自己的愚鲁而受罚。

我常常觉得关于潘多拉的传说不可理解，甚至荒谬反常。我怀疑海希奥德可能对它有所误解而歪曲了它的意义。潘多拉盒子所装的，并非都是坏东西，相反都是好东西（正如她的名字所表示的）。当伊壁米修斯轻率地打开盒子时，一切好的东西都跑出来散开了，只有"希望"还保留在里面，而仍然和我们在一起。

神话描写柯朗纳斯吞食并消化石头，这不是没有意义的，因为，以种种方法都无法化解的东西，所有的痛苦、烦恼、损失、忧愁，只有时间才能冲淡。

宙斯将泰坦巨人们投入深不见日的地狱，泰坦巨人们败亡的故事，似乎和反抗耶和华之天使们的败亡故事同出一辙。履行誓约而牺牲自己儿子的伊多曼尼斯的故事和犹太法官耶费莎的故事，在本质上是一样的。

哥德语和希腊语都源于梵语，希腊和犹太神话是不是也从一种更古的神话而来呢？如果你显意发挥你的想象力，甚至可以说，宙斯和阿克曼尼生海克力士那夜之所以比平时长一倍，是由于东方耶利哥城的约书亚要太阳停住不动的缘故这样，宙斯和耶和华彼此协助，因为天上的诸神也和地上的诸神一样，往往暗中互通声气。但是，宙斯神的销魂与耶和华及其所选的那批盗匪的残忍行动比起来，显得多么天真无邪。

大家都知道，我的哲学的最高旨趣是禁欲主义立场；从我的哲学立场去看，生活意志的肯定集中于生殖活动，生殖活动是肯定生活意志的最确实表现。从本质上看，这种肯定的意义如下，即原本无知因而成为盲目冲动的意志通过观念世界而认识自身的本性，但却不让自身被这种知识所扰乱或困于其欲望和激情之中；因此，它自觉地欲求那种以往当作无知动机和冲动而欲求的东西。根据这一点，我们发现，凡是通过意欲的纯洁而以禁欲主义方式否定生命的人，从经验上看，与那通过生殖活动而肯定生命的人不同，因为在前一情形中，所发生的是不知不觉的，是一种盲目的生理现象，但在后一情形中，是以自觉方式实行的，因此，所发生的事情是通过知识的。事实上，很显然地，这种与希腊哲学精神毫不相关的抽象哲学观点以及证明这观点的许多经验事实，在关于赛克的美丽传说中，应拥有确切的寓言意义。据传说记载，只有当赛克没有见到自己所爱之人时才被允享受爱情的乐趣，可是赛克不理会这种警告，坚持要看到自己所爱之人，因此，依照神秘力量的无法抗拒的天命，她陷入极端不幸的境地，只有经过地狱深渊并在地狱中经历苦役才能离开这不幸境地。

我总认为历史和诗是完全对立的，历史与时间之关系正如地理与空间之关系。前者和后者一样，也只是真正意义之下的一种科学，两者的题材都不是普遍性的真理，都只是个别事物。那些希望知道某些事情而不必从事真正科学所需要的运用理性的人，总喜欢研究历史；在我们这个时代，这种情形比过去更为普遍，因为每年都有无数的历史著作问世。在历史著作中所看到的只是同样事物的重复出现，无法看到其他东西，正如我们转动万花筒时，所看到的只是形状不同的同样东西一样，所以，虽然我没有继续责难，可是，我在这方面是没有兴趣的。许多人想把历史看做哲学的一部分，其实是想把历史和哲学相混，他们认为历史可以代替哲学，我反对这种看法，我觉得这是可笑而荒谬的。人们往往偏爱历史的原因，可以从平常所看到的社交谈话中得到解释，通常的原因是这样的，即某人描述某种事情，另一人又描述别的事情，在这种情形之下，每个人都相信自己所看到的东西。同样，在历史上，我们也看到人们是为个别事物本身缘故而专心于个别事物的。

另一方面，既然动物学可以考虑到种类问题，那么，历史也可以视为动物学的延续，而在人类的情形下，由于人有个性，所以我们也必须认识个体以及影响个体的个别。历史在本质上的不完整性就是这个事实的直接结果，因为个体和是数不清的和无穷的。对历史的研究而言，你所知道的东西决不会减少尚需知道者的总量。对一切真正科学而言，至少可以想象一种完整的知识。——当中国和印度的历史打开在我们眼前时，所显示的内容的无穷性，将会使我们了解这门科目的荒谬，也会使那些期望这种知识的人明白，人类必须在其中发现，在个案中发现法则，在人类活动的知识中发现各民族的风俗习惯，但不要从无限的观点去看事实。

在上面所说的历史本质上的不完整性以外，我们还要认识一个事实，就是那掌管史诗和历史的女神克莱欧染上说谎的毛病，正如娼妓染上梅毒一样。我认为历史上所描述的事件和人物与实际比起来，多少有点像书籍前面对作者的描画与作者本人相比的情形，就是说，只是约略相似，有时候甚至根本不相似。

报纸是历史的秒针，可是，不但这种秒针的金属比其他两种指针低一等，而且也走得不准确。报纸中"社论"好像时代剧的合唱歌。无论从哪方面看，"夸大"对新闻写作的重要性正如对戏剧写作的重要性一样，因为目的在于尽量制造事端。所以，为了他们职业的缘故，一切报纸作家都是大惊小怪者，这是他们使别人对自己发生兴趣的方法。可是，实际上，他们所做的，就像小狗一样，只要任何东西动一动，就会大声吠起来。所以，我们不必太注意他们的惊慌，我们要了解，报纸是放大镜，只有这种放大镜才会尽量把东西放大，因为报纸往往是捕风捉影。

正如每个人都具有一定的面相可以借此对他作一暂时的评断，同样，每个时代也具有同样特别的面相。每个时代的时代精神都像吹过万物的强烈东风一样。你可以在一切完成的东西中发现时代精神的痕迹，也可以在一切思想和作品、音乐和绘画、种种流行的艺术中发现时代精神的痕迹，它在一切东西和一切人物身上留下迹象，所以，一个时代所习用的毫无意义的惯用语也必定是一种没有曲调的音乐和没有目的的形式。因此，一个时代的精神也给予自身一种外在的面相。这种时代精神的基层部分往往表现在建筑方面：建筑形式之后，接下来的首先是装潢、器皿、家具和各种用具，最后会影响到衣着以及头发和胡子的样子。

如果你要评断天才的价值，不应拿他作品中错误的地方或比较差一点的作品作为标准，应该拿他杰出的作品作为标准。因为，即使在智慧领域内，人性中也有着固有的弱点和荒诞之处，甚至最有天才的人也往往无法完全避免。所以，甚至在最伟大人物的作品中，也可以指出许多严重的错误，使天才与众不同的因素以及评断天才的标准，是在时机和心境成熟时天才所能达到的成就，而这种成就是才能平凡的人永远无法达到的。

在智慧的价值方面最大的不幸是要等待那些只能产生拙劣作品的人们去赞扬优秀的作品；其实，这种不幸早已存在于下述的普遍事实中，即优秀作品需要接受人类判断力的评定，而这种判断力却是大多数人所不具备的，正如阉割的人没有生孩子的能力一样。

大多数人所缺乏的就是这种辨别的能力即判断力。他们不知道如何辨别真假，如何辨别精华和糟糠，如何辨别黄金和铜锡，他们感觉不出平凡大众和英才俊杰之间的极大距离。结果便产生下述古诗中所描述的情形：伟大人物命中注定只在死后为人所知。

在各种科学中，这种缺乏辨别能力的现象，也是同样的明显。任何一种科学上的理论，一旦获得了普遍的相信以后，便会继续公然藐视真理好几百年。例如，经过一百年之后，哥白尼的地动说还没有取代多乐美的天动说。培根、笛卡儿、洛克很慢也很迟才获得人们的信任。牛顿的情形也是一样，只要你看看莱布尼兹和克拉克谈话中对牛顿万有引力说所表现的憎恶和嘲笑，就可以明了这一点。在《原理》一书问世后，牛顿几乎还活了40年，可是，当他死的时候，他的理论只为英国人所承认，而且还是部分地被承认，据伏尔泰在解释牛顿理论的序言中告诉我们，在英国以外，相信牛顿理论的人还不到20人。另一方面，在我们这个时代，牛顿有关颜色方面的荒谬理论，在歌德关于颜色的理论问世40年后的今天，却仍然为人所相信。然休谟很早便开始出版作品，而且他的写作风格也彻底大众化，可是在他59岁以前却一直不为人们注意。虽然康德终生著述教学，然而60岁后才成名——诚然，艺术家和诗人比思想家的处境要好一点，因为艺术家和诗人的读者大众至少比思想家的读者多100倍，然而，莫扎特和贝多芬在世时，人们重视过他们吗？或但丁、莎士比亚在世时，人们重视过他们吗？如果莎士比亚同时代的人对他的价值有任何认识的话，在那个绘画艺术非常发达的时代里，无论如何会给我们留下他的最可靠的画像，然而，实际上我们所得到的，只是一些完全不可靠的图像、一幅拙劣雕像，甚至一幅更坏的基石半身像。如果同时代的人重视他的价值，今天我们也会拥有他的无数原稿而不致只有两件法律上的签名。每个葡萄牙人都以他们唯一的诗人卡莫恩斯为荣，可是，他却靠施舍为生，每天晚上，都有一位他从印度带回的黑小孩到街上替他把施舍品取回来。

正如阳光必须用眼睛去看它才会照耀，音乐必须用耳朵去听它才会感到美妙声音一样，艺术和科学中杰作的价值也必须有识者来欣赏它。只有这种人才具有魔法可以激发杰作中禁闭的幽灵而使其现身出来。在这方面，无论他多么想欺骗自己，然而平庸的人面对着它好像面对着一个自己无法打开的魔盒一样，或像面对着一件自己不能演奏只能发出断续噪声的乐器一样。一部优美的作品需要感觉力敏锐的人欣赏它，一部有思想的作品则需要一个有思想的人去阅读它，这样，才能真正存在而有生命。

伟大人物和他们生活的短暂时期有关，正如巨大建筑物和它们坐落的小块地方有关一样，你无法完全看到他们的巍峨伟大，因为你站得离他们太近了。

当你们看到世界上有这么多教学机构以及拥满了老师和学生时，

可能认为人类专心致力于追求智慧和见识。但事实不然，老师们教学生是为了赚钱，他们所追求的不是智慧，而是智慧的表面，并且要表现自己有智慧；学生们求学，也不是为获得智识和见识，而是求学之后，可以把知识和见识当作闲谈的资料，还可以装腔作势一番。每隔 30 年，都会产生新的一代，他们一无所知，却想一口吞下人类几千年来累积的知识，然后，自以为知道得比过去所有的加起来还要多。因此，他们上大学，去搜求书籍，尤其是搜求最近出版的书籍，因为最近出版的书籍是属于他们同时代的东西。一切都快速，一切都新奇！像他们自己一样的新奇。然后，这一代带着他们自己的信念一齐消逝了。

各个时代的各种学者和博学的人，通常都是广求见闻而非寻求见识。他们认为对一切事物都有所见闻是一种光荣——他们没有想到，见闻只是达到见识的工具，本身的价值很少，甚至根本没有价值。当我看到这些见识广博的人知道的东西那么多时，有时对自己说：这种人思想的东西多么少呀！因为他们大部分时间都用在读书上了。

博学与天才相比，正如植物标本簿和那不断更新、永远充满青春、永不变化的植物界相比，再没有比注释家的博学和古代作家的童真之间更大的差别。

业余爱好者！——这是那些为收入而专门从事艺术或科学的工作者，对那些爱好乐趣而从事者的贬义语。这种贬义是用他们世俗的看法，即认为除非为需要、饥饿或其他贪欲所驱使，否则，没有人会重视一件事情的。一般人都具有同样的瞻望，因此也具有同样的看法，这就是人们普遍尊重"专业者"而不信任业余爱好者的缘故。其实，业余爱好者以事情本身为目的，而专业者却以之为手段；而只有直接对事情本身有兴趣爱好而从事者，才会全心全意去从事最伟大的东西，往往出自于业余爱好者而非出自于专门从业者。

不再把拉丁文当作普遍性学术语言，以本国方言文学代替拉丁语文，这是欧洲科学和文学事业方面真正的不幸，因为通过拉丁语文的媒介，欧洲普遍性的学术沟通才会存在。在整个欧洲，能够思想和有判断能力的人已经够少了，如果他们之间的沟通由于语言的障碍而断绝和瓦解的话，他们的有利效果就大大地减少了。可是，除了这个大大的不利以外，我们还可以看到更为不利之处：古典语言很快就不会为人学习了。在法国，甚至在德国，忽视古典语言之风早已达到极点。早在 19 世纪 30 年代，《法典》就被译成德文，这件事明显地表示，人们已经开始忽视一切学问，就是说，野蛮不开化的现象已经出现了。现在，希腊语文甚至拉丁语文作者的作品，已经用德文注释出版了。(不管人们怎样说)造成这种现象的真正原因是编者不再要知道如何用拉丁文写作，而我们年轻的一代人也非常高兴跟着他们走向懒惰、无知和野蛮不开化的道路。

比这种现象更应加以指责的做法是，在学术性著作中，尤其是在学术性刊物中，甚至那些由学术机构出版的书刊，从希腊文作家甚至从拉丁文作家引来的话，竟然用德语译文引述出来。难道你们是为裁缝和补鞋匠而写作吗？

如果这是实际达到的情形，那么，人文、高尚格调和教养再见吧！人类尽管有铁路、电气和飞行工具，却又恢复野蛮了。最后，我们失去所有祖先们享有的另一便利：不但包括拉丁文为我们留下的罗马人的成果，而且也包括整个欧洲的中世纪和近代以至上世纪中叶的成果。9 世纪的苏格兰神学家艾利基，12 世纪的沙利斯伯里的约翰，13 世纪的西班牙哲学家勒里，还有其他许多人，他们一开始思考学术问题时，便用自己觉得自然和适宜的语言表达，我与他们保持直接接触，知道如何真正去了解他们。如果他们用当时自己本国的语文写作，情形会怎么样呢？我只会了解他们一半，而真正心灵上的接触也不可能，我会把他们看做远方的剪影，或比这更坏，好像是通过望远镜去看他们似的。为了防止这一点，所以，像培根明白表示的，他把自己的论文译成拉丁文题名为"不过"，在这方面，他曾得到霍布斯之助。

这里，我们应该说，如果想在学问范围中表现爱国心，那么，就像脏兮兮的人一样，应该把它抛出门外。因为，当我们纯粹以普遍的人类作为唯一关心的对象时，当真理、明晰和美乃唯一有价值的东西时，如果我们敢于把自己对所属国家的偏爱作为标准，因而破坏真理，并且为了夸耀自己国家次等人物而对其他国家伟大人物看法不公平，那么，还有什么比这更不应该的呢？

从我们智力的本质来看，概念应是通过抽象作用而产生于知觉活动的，因此，知觉应先于概念。如果实际情形如此，那么，就会很清楚什么知觉属于概念的知觉，并为概念所代表。我们可以称此为"自然的教育"。

相反地，在人为教育的情形下，通过听讲、教学和阅读，在与知觉世界广泛接触之前，脑子里就塞满了概念。因此，便以为经验提供我们符合这些概念的知觉。可是，这个时候，它们用得不对，因此，便对人物产生错误的判断、不正确的看法、不正确的处理。于是，教育便产生错误观念，这就是为什么我们在年轻时期虽然读得多学得多，然而却停留在半天真、半迷糊的状态，并且时而表现傲慢时而又表现羞怯的缘故。我们脑子里充满了概念，现在想要应用这些概念，但是，几乎常常用错。

根据前面所说的来看，可知教育中的主要因素是应该用正当目的认识世界，完成这个目的是一切教育的目标。可是，我们说过，这要依靠先于概念的知觉，也要依靠先于广泛概念范围的较为狭小的概念，还要依靠概念彼此互为条件情况中如此产生的整个教导过程。可是，一旦在这一连串东西中忽略某一东西，就会产生不健全的概念，而由于这些不健全的概念，最后对世界会产生一种不正确的看法，关于这个，几乎每个人脑子里都有自己的说法，有些人保持相当长的时间，大多数人永远保持着。只有当一个人年事稍长以后，才会对许多单纯事情具有正确的认识，有时候这种认识是突然产生的。人在认识世界时似乎有一看不见的瑕疵，这是由于早年教育中忽略这个问题所致，不管这个教育是人为的或是自然的。

由于早期犯下的错误根深蒂固，更由于推理能力成熟得最晚，所以，除非小孩子年满十六岁，否则，不应让他们接触任何可能产生大错的题目，即哲学、宗教和各种普遍性观点；只应让他们接触那些不可能有错的学科，如数学，或没有严重错误的学科，如语言、自然科学、历史等，不过，一般说来，只应让他们接触那种适于他们年龄并可彻底了解的科目。童年和青年时期是累积资料和彻底认识个别事物的时期；一般而言，推理和判断现在还未定，暂时不让他们对事物作究竟的解释。因为推理必以成熟和经验为前提，同时要听其自然，在推理能力成熟以前，偏见的印象将永久有害于它。

知识的成熟即每个人所能获得之知识的完整程度，是这样的，即在所有情形下，抽象概念和知觉理解之间达到了确切的符合，因此，每一概念都直接或间接地建筑在知觉基础上，唯有这样，概念才具有真正价值，并且，每一知觉也可以归属于适当的概念之下。成熟只是经验的结果，因而也只是时间的结果。因为，由于我们通常都是分别获得知觉的知识和抽象的知识，前者以自然方法获得，后者则通过或好或坏的教导以及从别人那里学来，所以，在幼年时期，在我们仅从文字得来的概念与由知觉得来的实际知识之间，通常都没有符合之处。这两种东西彼此渐渐地接近，也彼此相互改正，但是，只有当它们完全合在一起时，知识才算成熟。

动物的声音只能表示意志的兴奋和激动；可是，人类的声音还可以表达知识，这与下述事实是相符的，即前者几乎总是对我们产生不愉快的印象，只有少数鸟的声音例外。

当人类语言开始进化时，最初的阶段当然是感叹词，感叹词不表达概念，像动物的声音一样，只表达感情，只表达意志的激动。我们很快可以看到它们之间的不同，而由于这种不同，便产生了由感叹词到名词、动词、人称、代名称等的转变。

人类的语言是最耐久的。一旦诗人用适当的文字表现自己匆匆即逝的感觉以后，这些感觉就保存在那些文字里面数千年，而在感受力强烈的读者心里重新产生出来。

所谓外表反映内在，所谓面貌表达并显示一个人的整个本质，这是一个假设，这个假设的可靠性可以从人类的普遍期望中看出来，即任何人都想了解一个崭露头角的人，无论是因他的善行还是恶行，或创造过杰出作品的人；如果这个不可能，便要从别人那里知道他是什么样子。同样，在日常生活中，每个人都观察自己所遇到的人的面孔，想从他的面相中发现他的道德和心智本性。如果一个人的表面不含任何意义而肉体与灵魂的关系不比衣服与肉体的关系深的话，这种情形就不会产生。

可是，实际情形与此相反。每个人的面孔都是一种可以描画的神秘符号，的确，打开这神秘符号的钥匙现成地在我们内心。我们甚至可以说，通常，一个人的面孔比他嘴巴所泄露的更多，也比他的嘴巴表现出更多令人发生兴趣的东西，因为人类嘴巴所泄露的只是一切东西的概要，只是这个人全部思想和希望的大概。并且，嘴巴只表达一个人的思想，而面孔则表达自然的思想。因此，每个人都值得加以观察，即使他不值得交谈。

我认为，每个人都是看来的那个样子，这是一个正确的法则，困难的地方是如何应用。应用的能力一部分是天生的，一部分要从经验中获得，但是，没有一个人达到完美的地步，即使最有训练的人，也会在自己身上发现错误。然而，面孔是不会说谎的，我们可以看出面孔上不曾刻画出来的东西。可是，无论如何，描画人的面孔到底是一件艰巨的艺术。它的原理原则是绝不能以抽象方式学到的。描画人类面孔的第一个先决条件是必须完全客观地观察你所描画的人，这是不容易做到的。因为，只要有一点点嫌恶或袒护、恐惧或期望，甚至想到自己对他有什么印象时，总之，只要涉及主观的东西，这神秘的符号便模糊而瓦解了。只有当我们不了解一种语言时，才能听见它的声音，因为，不这样的话，语言所指的对象便立刻盖过我们对符号本身的意识，同样，也只有当我们看到陌生人时，才能看到他的面相。因此，严格说来，只有当我们第一眼看到一张面孔时，才能对它产生纯粹客观的印象，从而可以描画它。

我们不要掩饰一个事实，即这种第一眼看过去总是使人觉得很不顺眼。除了漂亮好看的、和善的或富有智慧的面孔以外，我认为每个新面孔总是使感觉力比较敏锐的人产生一种类似恐怖的感觉，因为它以一种新奇方式显现出不顺眼的东西。甚至有些人的面孔上现出那种性格低下的心地狭窄的样子，使我们不知道他们为什么会带着这副面孔而不戴上面具。的确，有些面孔，只要一看到就会令人觉得受玷污了。——这个事实的形而上的解释，将认为每个人的个性就是那样，由于他的生存，是应该把它祛除的。在另一方面，如果你对这种形而上的解释感到满意，便应该自问，在那些终生除了拥有心胸狭窄、低下、卑贱思想和平凡、自私、低下、有害欲望之外，我们想要发现哪一种面相呢？他们每个人都把自己的面相特征表现在自己的面孔上，由于一再地重复出现，因此深深地刻在面孔上。

康德写过一篇论文讨论"生命力量"。我却想写一首它们的挽歌和哀歌，因为，它们的继续用于发出声响和敲打，以及制造噪声，使我天天感到痛苦。我知道，有很多人讥笑这种事情，因为他们对噪声感觉迟钝；但是，这些人也是对观念、诗和艺术品感觉迟钝的人，总之，也是对种种智力的印象感觉迟钝的人，因为他们的大脑构造坚韧且组织坚固。另一方面，我几乎在所有伟大作家如康德、歌德、利克腾堡和尚保罗等人的传记或其他个人记载中发现许多对干扰思想家的噪声的埋怨；的确，如果他们作品中没有表示这种埋怨，那只是因为文章内容没有机会让他埋怨。我将这种情形解释如下：正如当一块大钻石被弄碎了时，它的价值只等于这许多小钻石，或当我们将军队化为小单位时就没有用一样，当一个伟大的心灵被干扰而分散时，就只是一个平凡的心灵，因为伟大心灵的优越之处就是集中一切心力于某一点或某一对象，正如凹镜集中所有的光线一样。这就是为什么杰出的人物往往很讨厌各种干扰和分心的缘故，特别是讨厌噪声所带来的强烈干扰的缘故，不过，其余的人却并不特别因为噪声而感到烦人。所有欧洲各国中感受力最强和最富于智慧的人，甚至称这种所谓"切勿干扰"的规则为第十一诚。无论如何，噪声是一切干扰中最粗野的干扰，因为，它会干扰我们的思想，分裂我们的思想。

两个游历欧洲的中国人第一次进戏院，其中一个人一心想了解舞台装置，结果他达到目的了。另一个人，尽管对当地语言一窍不通，却想了解剧情的意义。前者像天文学家，后者则像哲学家。

没有无刺的玫瑰，但有很多没有玫瑰的刺。

狗的确是忠实的象征。在植物界中，则是枞树。因为，只有枞树永远跟我们在一起，无论好的时光或坏的时光，像其他树木、植物、飞鸟、昆虫一样。太阳会离开我们——只有当天空重现蔚蓝色时，才会重照大地。当太阳离开我们时，枞树不离开我们。

有一个母亲，为了孩子们的教育和改良，便给他们一部《伊索寓言》。可是，他们却很快地把它交回母亲，非常聪明早熟的大孩子说："这不是适合我们读的书！它的内容太幼稚可笑。我们不相信狐狸、狼和乌鸦会说话，我们的年龄太大了，不能相信这种胡说八道！"——在这个有希望的少年身上，谁能看不出他将来会是一个开明的理性主义者呢？

有一次，当我在一株橡树下采集标本时，在许多同样大小的其他树木间，发现一棵树叶萎缩而树身笔直稳固的黑色小树。当我想要触摸它的时候，它以一种坚定的声调说："不要碰我！我不是适于你制作标本的东西，我不像那些短命的草木。我的生命要以世纪为单位来计算，我是棵'小橡树'。"——凡是要经过几百年之久才发现其影响力的人，都是这样地立身于世，像小孩、像少年、像那种生物，虽然无足轻重，但是，只要给他时间，只要有人知道如何认识他，就不会像其余的死去了。